KB210676

무조건
팔리는
카피
단어장

URERU COPYWRITING TANGOCHO ZOUHOKAITEIBAN

Copyright ⓒ 2024 Masanori Kanda, Junichi Kinuta

All rights reserved.

No part of this book may be used or reproduced in any manner
whatsoever without written permission except in the case of brief quotations
embodied in critical articles and reviews.

Originally published in Japan in 2024 by SB Creative Corp.
Korean Translation Copyright ⓒ 2025 by Dongyang Books Co., Ltd.
Korean edition is published by arrangement with SB Creative Corp.,
through BC Agency.

이 책의 한국어판 저작권은 BC에이전시를 통해
저작권자와 독점계약을 맺은 동양북스에 있습니다. 저작권법에 의해
한국 내에서 보호를 받는 저작물이므로 무단전재와 복제를 금합니다.

무조건 팔리는 카피 단어장

바로 써먹는 단어 800 + 예문 2400

간다 마사노리, 기누타 준이치 지음

김윤경 옮김

동양북스

일러두기

· 2021년에 출간된 『무조건 팔리는 카피 단어장』의 개정증보판입니다.

· 본문에 등장하는 예문 중 일부는 국내 실정에 맞게 수정·보완했습니다.

· 국내에 번역·출간되지 않은 책은 원서명을 기입했습니다.

· 외래어 표기법을 따르되 이미 굳어진 표현은 예외로 했습니다.

어떤 글이든 쓰다가 자꾸 막힌다면
언제든 이 책을 펼쳐보세요.

책에 있는 단어를 골라 사용하면
아이디어가 떠오를 것입니다.

_간다 마사노리

펜은
칼보다
강하다

이 책을 쓴 목적은 '펜은 칼보다 강하다'라는 말을 독자 여러분과 함께 증명하는 데 있다.

카피라이팅은 팔리지 않아서 바닥까지 내려앉은 자신감을 무엇이든 팔 수 있다는 압도적 자신감으로 바꾸는 기술이다. 게다가 카피라이팅으로 어떤 사회문제든 해결할 수 있다.

하지만 우선은 발등에 떨어진 돈 문제부터 해결해야 한다.

많은 직장인들이 매일같이 수치로 제시된 목표를 달성하느라 시달리고 있는 현실을, 가슴 아플 정도로 잘 알고 있다. 그래서,

여러분이 많은 시간을 들여 카피라이팅 이론을 배울 필요 없이

이 책을 곁에 두고 바로 자신의 상황에 맞게 적용할 수 있도록 돕고자 한다.

저자(간다 마사노리, 기누타 준이치)로서 우리의 목표는 성과를 낼 수 있는 카피라이팅 기술을 해설하는 것이 아니라, 25년 이상 언어와 수치를 다뤄온 전문가로서 당신이 글을 쓰다 막혔을 때, 좋은 카피가 도저히 생각나지 않아 괴로울 때, 바로 그때 필요한 단어를 고를 수 있도록 도움을 주는 것이다.

'베테랑이 옆에 앉아서 카피 단어를 알려주는 것 같은 책'이라고 하면 약간 과장일지 모르지만, 이 말에는 거짓이 없다. 이러한 책은 누구보다도 우리가 절실히 필요로 하기 때문이다.

오랫동안 카피를 쓰며 가르치고 있는 우리 같은 사람에게 이런 카피 단어장이 있으면 엄청난 시간을 절약할 수 있다. 또한 이 단어장을 클라이언트에게 전달하면 그곳의 상품이나 서비스를 무엇 하나 바꾸지 않고도 매출이 상승할 것이기에 서로에게 윈윈이다.

영업자부터 대통령까지, 누구나 '돈 버는 말의 기술'이 필요한 시대

이 책은 영업자나 마케터, 카피라이터만을 위한 것이 아니다.
세계적인 베스트셀러 작가인 다니엘 핑크가 조사한 바에 따르면, 직종과 상관없이 '타인을 설득하고, 영향을 끼치고, 납득시키는' 즉, 넓은 의미의 세일즈 업무에 근무 시간의 40%를 쓰고 있으며, 나이가 많아질수록 이 비율이 높아진다고 한다. 다시 말해, 자신의 일이 세일즈와는 무관하다고 생각하는 사람들에게도 **단어 사용법을 마스터하는 것이 성공에 꼭 필요하다**는 뜻이다.

정치 분야에서도 카피라이팅 기술은 선거전의 결정타를 쥐고 있다. 실제로 2008년 미국 대통령 선거에서 오바마 진영은 대선 캠페인 사이트 버튼의 표현을 '등록하기Sign Up'에서 '더 알아보기Learn More'로 바꾸면서 구독자를 18% 더 늘렸다.
2016년 미국 대통령 선거에서 트럼프 진영은 득표수 확보에 효과적인 단어를 가려내기 위해 광고 테스트를 5만 6000패턴이나 실시했다.

사람의 마음을 움직이는 단어는 통신판매 분야에서 축적해온, 약 100년에 걸친 광고 테스트 결과를 바탕으로 한다. 디지털 혁명에 힘입어 광고 효과를 측정하는 기술이 더욱 정교하고 치밀해지면서 성공 여부를 컨트롤하는 것도 훨씬 수월해졌다.
디지털 시대에 누구나 손에 넣을 수 있는 '마법의 램프'가 있다면, 그것은 바로 우리가 이미 일상에서 사용하고 있는 말의 힘을 최대한으로 이끌어내는 카피라이팅 기술이다.

사람의 마음을 움직이는
문장의 두 가지 요소

디지털 시대로 들어서면서 카피라이팅 기술의 효과를 실시간으로 파악하고 성과로 연결할 수 있게 되었지만, 안타깝게도 이 기술을 업무에 활용하고 있는 사람은 매우 적다. 카피라이팅의 세계가 무척 심오하기 때문이다.

30여 년 전, 외국계 기업의 대표로 일하며 목표 매출을 달성하지 못하면 해고될 상황에 놓인 적이 있다. 나(간다 마사노리)는 그 위기를 뛰어넘으려고 카피라이팅 기술을 배우기 시작했다. 처음에는 이 기술은 어디까지나 테크닉이고, 세일즈나 프로모션 등 영업 분야에서만 쓸 수 있을 것으로 생각했다. 하지만 카피라이팅을 알아갈수록 모든 분야와 서로 연결되는 게 신기할 정도로 놀라웠다.

한번은 '간다 씨가 쓴 카피를 읽었더니 우울증이 나았다'는 연락을 받고 임상심리사에게 그 이유를 물었더니, 단어 사용법이 심리 카운슬링과 거의 같다는 말을 들었다.

노벨경제학상 수상으로 세상의 주목을 받게 된 행동경제학자들은 '고객이 구매 결정을 할 때 합리성뿐만 아니라 감정도 중요하다'고 이야기한다. 이는 카피라이터들 사이에서는 이미 상식이었다.

카피라이팅 기술을 배우기 시작하면, 산더미처럼 쌓인 자료에 파묻혀 지내야 하며, 광고 미디어의 급속한 변화에 맞춰 진화에 진화를 거듭해야 한다. 결코 만만치 않은 과정이다 보니 사실 전문가가 아닌 이상 접근하기에 문턱이 너무 높았다.
한편 결과가 수치로 바로 나오는 까닭에, 많은 마케터들이 성공한 카피를 베끼는 데에만 매달렸다. '무조건 팔리는 단어'만 손에 넣으면 끝이라 착각하고, 상품이나 서비스의 본질을 파헤칠 생각을 하지 않았다. 그 결과 '단어'만큼, 아니 어쩌면 그 이상으로 '중요한 요소'를 놓치고 만 것이다.

그것은 무엇일까?
바로 문장의 '구성'이다.

구성을 중시하면 '무엇을 어떤 순서로 말할까?'가 기준이 되고
단어를 중시하면 '무엇을 어떻게 말할까?'가 기준이 된다.

즉, 사람의 마음을 움직이는 문장의 요소는 바로 이것이다.

$$구성 \times 단어 = 반응률$$

이 두 가지 요소를 씨실과 날실처럼 엮어서 카피로 제시할 때, 딱 맞는 '고객'이 모이게 된다.
그러면 지금 여러분이 손에 들고 있는 이 책을 한번 살펴보자.

그렇다. 씨실인 '구성'과 날실인 '단어'로 책은 이루어져 있다. 그렇기에 이 책을 곁에 두고 필요할 때마다 참고할 수 있는 것이다.

'PESONA 법칙'으로 배우는 문장 구성

여러분이 바로 사용할 수 있도록 구체적으로 설명하겠다.
사람의 마음을 움직이는 문장 '구성'은 보통 다음 순서를 따른다.

Problem 문제	고객이 안고 있는 '고통'을 명확히 짚는다.
Empathy 공감	고객의 '고통'을 이해하고, 해결할 기술을 갖고 있음을 느끼게 한다.
Solution 해결	고통의 근본 원인을 밝히고, '해결'로 가는 접근법을 소개한다.
Offer 제안	해결책을 쉽게 받아들일 수 있도록 구체적인 상품 · 서비스를 '제안'한다.
Narrow 범위 좁히기	제안에 만족할 고객층으로 '좁힌다'.
Action 행동	'고통'을 해결하기 위해 구체적 '행동'을 하도록 설득한다.

이처럼 첫 글자를 따서 'PESONA 법칙'이라고 부른다.

내가 마케팅 컨설턴트로 활동하기 시작했을 때, 클라이언트가 쓴 세일즈 카피를 수정해주었더니 갑자기 매출이 몇 배나 뛰곤 했다. 물론 팔리는 카피 단어를 사용했기 때문인데, 모두 PESONA 법칙을 철저히 따랐다는 공통점이 있다.

그렇다면 이 법칙을 어떻게 활용하면 좋을까?

예를 들어 설명해보겠다.

당신이 이 책의 카피를 써야 한다고 가정해보자.

초보자는 '무엇을' '어떻게' 이야기해야 책이 잘 팔릴지 좀처럼 감을 잡을 수 없기 때문에 일단은 자신이 알고 있는 상품 정보를 열거할 것이다. 흔히 이런 식이다.

희대의 마케팅 카피라이터가 목표 매출 달성에 쫓기는 모든 직장인에게 엄선해서 알려주는 카피 예문 2400개! 인생 100세 시대를 풍요롭게 살기 위한 필수 실용서, 드디어 출간!

이 문장은 온갖 단어를 끌어 쓰고 있지만, 한마디로 '실력 있는 베테랑이 쓴 책이니까 틀림없습니다. 카피라이터를 꿈꾼다면 우선 이 책부터 읽어보세요'라는 뜻이다.

결국, '나 대단하지?'라고 말하고 있을 뿐이다.

첫 데이트에서 '나 대단하지?'라는 말을 늘어놓는 셈이니 당연히 두 번째 만남을 기대하기 어렵다.

그러면 이번에는 PESONA 법칙을 따라가보자. 우선 고객, 즉 카피를 읽는 사람의 '고통'이 무엇인지를 생각해야 한다. 여기서 출발해야 자신의 관점에서 읽는 사람의 관점으로 자연스럽게 사고가 전환된다.

업무 성과를 구체적인 숫자로 보여줘야 한다는 강한 압박(P)을 느끼고 있는,

지금까지 성과가 별로 좋지 않았던 사람(E)이,

이 책을 빠르게 훑어보고 10분 만에 쓴 카피로 엄청난 판매량을 올린 비결은, 엄선된 2400개 카피 예문 × 검증된 구성 패턴(S)이다.

베테랑 카피라이터가 자신의 노하우를 독자들에게 알려주기 위해 정리한 카피 모음집(O)을 드

디어 공개한다.

카피가 안 나와 고민하는 사람, 판매 실적이 저조한 사람(N)에게 따라 쓰기만 해도 무조건 팔리는 기쁨을 선사한다.

이 책에 나온 카피를 써도 팔리지 않는다면 그것은 평생 팔리지 않는다. 인생 100세 시대를 풍요롭게 살아가기 위한 바이블을 당신의 손에(A).

두 카피를 비교해보자.

'PESONA 법칙' 활용 전

희대의 마케팅 카피라이터가 목표 매출 달성에 쫓기는 모든 직장인에게 엄선해서 알려주는 카피 예문 2400개!

'PESONA 법칙' 활용 후

인생 100세 시대를 풍요롭게 살기 위한 바이블 — 카피 예문 2400 × 검증된 구성 패턴으로 판매 실적이 저조한 사람도 무조건 팔 수 있는 달인으로

관점이 확실히 달라졌다는 것을 알 수 있다.

참고로, 이 프롤로그의 구성 역시 PESONA 법칙을 적용했다.

P 사회문제보다 우선은 발등에 떨어진 돈 문제부터 해결해야 한다.

E 당신이 목표 매출을 달성하기 위해 쫓기듯 생활하고 있다는 걸 아주 잘 알고 있다.

S 마치 베테랑이 바로 옆에서 노하우를 알려주는 것 같은 책을 목표로 했다.

O 구성 × 단어 = 반응률

N 이 책에 등장하는 카피라이팅 기술로 성과를 낼 수 있다고 생각한다.

A 꼭 이 책을 읽고 활용해보라.

물론 이는 기본형이다. 꼭 P부터 시작하지 않고 순서를 바꿔도 된다.
제한된 정보로 빠르게 고객의 관심을 끌어야 하는 모바일 환경에서는

S '엄선된 카피 예문 2400 × 검증된 구성 패턴'이라는 이 책만의 독특한 장점을 전달하는 것이 좋으며, 또한

O 이미 알려져 있는 브랜드나 상품이라면, 할인을 먼저 시작하는 것이 좋다.

실제로 프롤로그의 첫머리에 소개한,
'카피라이팅은 팔리지 않아서 바닥까지 내려앉은 자신감을 어떤 상품이든 팔 수 있다는 압도적 자신감으로 바꾸는 기술이다'라는 문장은,
타깃 고객의 이익, 즉 해결(S)에 대해 일찌감치 언급할 의도로 배치한 것이다.

한편, TV 광고와 같이 전파력이 높은 경우에는 고객이 안고 있는 고통에 대한 깊은 이해를 15초 안에 스토리에 응축해서 제공하고, 그 내용에 공감(E)하는 듯한 모델을 쓰는 것이 효과적이다.

이렇게 원리 원칙을 알아두면 경험이 쌓이면서 자유자재로 응용할 수 있게 된다.

생계를 위해 배우기 시작한 카피라이팅에 더욱 몰두하게 된 이유

'PESONA 법칙'에 따라 카피의 초안을 쓰기 시작하면, 상품은 이미 팔릴 준비가 된 것이다. 고객이 구매를 결정할 때 반드시 알아야 할 요소가 누락 또는 중복 없이 순서대로 제시되기 때문이다.

그 본질은 다음과 같다.

① 타인의 **고통**(Problem)을
② 자신의 **가치**(Offer)로
③ **해결**(Solution)한다

이것이 PESONA 법칙에서 이끌어낼 수 있는 카피라이팅의 핵심 메시지다.

당신은 업무에 바로 활용할 수 있다는 점 때문에 이 책을 구매했을지도 모르겠다. 그러나 PESONA 법칙은 정보의 흐름을 읽는 사람의 시점에서 정리할 수 있기 때문에 웹사이트의 레이아웃 구성이나 졸업 논문, 각본 등 모든 글쓰기에 활용할 수 있다.

나아가 타인의 고통을 사회의 고통으로 바꿔도 그대로 사용할 수 있으므로, 사회적인 난제 해결을 제안하는 문서에 활용한다면, 당신의 타고난 '가치'와 '재능'을 저절로 이끌어낼 수 있을 것이다.
그래서 프롤로그의 제목을 '펜은 칼보다 강하다'로 정한 것이다.

고백하자면, 이 책의 저자인 우리 두 사람 모두 처음에는 생계를 위해서 카피라이팅 기술을 배우기 시작했다. 하지만 즉각적인 판매 성과를 목격하면서, 단어의 힘으로 이렇게 다른 사람의 마음을 움직일 수 있다면 어떤 사회적 난제도 해결할 수 있겠다는 생각이 들었고, 그래서 더욱 카피라이팅에 몰두하게 되었다.

이 책을 선택한 독자 중에는 단어의 힘에 눈을 떠, 언젠가 우리와 같은 프로젝트를 함께할 분도 있을 거라 생각한다.
그런 인연과 만남을 기대하겠다.
우선은 이 책을 곁에 두고, 현재 맡은 업무에서 성과를 올려주길 바란다.

한발 먼저 태어나 카피라이팅 기술을 배운 덕분에
당신에게 이 힘을 전해줄 수 있게 되어 진심으로 기쁘다.

간다 마사노리

이 책을 120% 활용하는 법

이 책에는 실제 카피로 사용되었으며 효과가 입증된 단어 800개와 단어당 3개씩 총 2400개의 카피를 예문으로 수록했다. 인터넷 같은 데서 좋은 표현을 적당히 끌어다 모았을 거라 생각할지도 모르지만, 이 책은 카피라이팅의 세 가지 관점을 바탕으로 단어를 엄격히 선별하여 구성했다.

① **사업 전략의 관점**
② **행동경제학의 관점**
③ **구성 × 단어의 관점**

먼저 **사업 전략의 관점**이다. 전형적인 예는 183쪽의 '○ × ○'이다. 이것은 '단어'와는 약간 뉘앙스가 다르다. 이 패턴은 두 가지를 곱하여 새로운 콘셉트를 만들어내는 하나의 '포지셔닝 전략'으로 볼 수 있다. '디지털 × 아날로그'와 같이 디지털과 아날로그의 각 장점을 결합하여 차별화된 특징을 어필하는 것이다.

그 밖에도 181쪽에는 '맡겨주세요'가 있다. 예를 들어 '인스타그램 알고리즘 분석이라면 맡겨주세요'와 같이 자신의 전문 분야를 세분화하여 알기 쉽게 설명한다. 이렇게 사업 전략의 힌트가 되는 단어를 다수 선별했다.

그리고 카피 예문은 최대한 세일즈 현장에서 사용된 실제 카피로 채우고자 했다. 개중에는 대학교나 관공서 같은 '딱딱한' 기관에서 내세웠던 독특한 카피 사례들도 있어서 무척 흥미롭다. 한편, 출처가 명시되지 않은 예문들은 직접 쓴 것이다.

이처럼 이 책은 단순한 '빈칸 채우기'식이 아니라, 사업 전략의 관점에서 적합한 카피를 이끌어낼 수 있도록 구성했다.

다음으로는 **행동경제학의 관점**이다. 149쪽의 칼럼에서 나오듯, 행동경제학이란 기존 경제학에 심리학을 결합하여 인간의 의사 결정 메커니즘을 연구하는 학문이다.

예를 들어 49쪽에 [질문 던지기]라는 카테고리가 있다. 이는 사람이 어떤 질문을 받으면, 그 질문이 이후의 행동에 영향을 미친다는 행동경제학의 '프라이밍 효과'와 관련이 있다. '프라이밍 효과'가 무엇인지도 당연히 소개되어 있다. 이러한 행동경제학을 근거로 하여 카테고리를 분류하고, 고객의 행동을 유도할 수 있게 하였다.

각각의 카테고리는 'PESONA'로 분류한 6개의 '장'에 속한다. 각 장마다 해설문을 실어 그 해설문을 읽기만 해도 카피라이팅에 대한 윤곽을 잡을 수 있도록 구성했다. 또한 책 곳곳에 등장하는 '칼럼' 역시 카피라이팅을 이해하는 데 도움을 줄 것이다.

마지막으로 **구성 × 단어의 관점**이다. 이 책에 등장하는 단어는 책이나 기사의 '제목' 또는 상품 광고에 사용된 것이 많다. 여기서 그치지 않고, 마음을 움직이는 문장의 기본 구성인 'PESONA'에 어울리는 단어도 수록해놓았다.

예를 들어 182쪽의 '그래서'는 PESONA의 E에서 S로 넘어갈 때, 즉 문제를 제기하고 공감을 얻은 뒤에 해결책을 제시할 때 자주 사용하는 단어다. 또한 264쪽의 '지금 바로 ○○해주세요'나 '우선은 ○○해주세요'는 PESONA의 A, 행동을 촉구하는 전형적인 표현이다.

요약하자면 이 책은 'PESONA 〉 카테고리 〉 단어'의 흐름을 따른다. 예를 들어 PESONA의 P(Problem)에 해당하는 장인 '문제를 제기하는 카피' 아래에 [문제점 지적하기] [긴박감 나타내기] [질문 던지기] 등의 카테고리가 있고, 각각 그에 해당하는 단어를 수록했다.

주의할 점은 한 개의 단어가 여러 카테고리에 속할 수 있다는 점이다. 이를테면 281쪽의 '보증'은 PESONA의 A(Action)에 해당하는 장인 '행동을 촉구하는 카피'의 [고객 안심시키기]에 속해 있지만 O(Offer)로 분류된 장인 '조건을 제시하는 카피'의 [판매 조건 제시하기]에도 넣을 수 있다.

이렇듯 대응하는 카테고리가 하나만 있는 것은 아니므로 개정증보판에서는 다음 두 가지 부록을 제공하여, 당신이 생각하는 단어에 빠르게 접근할 수 있도록 했다.

① 게재순 단어 목록
② 예문(키워드) · 퀵 액세스

각각의 사용법을 알아보자.

먼저 게재순 단어 목록은 PESONA와 하위 카테고리 순서대로 800개의 단어를 한눈에 훑어볼 수 있다. 따라서 '어떤 단어를 사용할까?' '뭔가 좋은 아이디어가 없을까?'처럼 발상 단계에서 단어를 찾는 데 유용하다.

다음으로 예문(키워드) · 퀵 액세스는 '이런 단어가 어딘가에 있을 텐데' 혹은 '그 단어를 쓴 카피를 참고하고 싶다'는 생각이 들 때 사용할 수 있다. 즉, 단어가 당신의 머릿속에 들어 있을 때 효과적이다.

이 책에서는 단어당 3개의 카피를 소개하고 있지만, 일부 단어는 다른 단어의 예문에 사용되기도 한다. 가령 288쪽에 소개된 '가득한'이라는 단어는 다른 단어의 예문인 0467, 0480, 0785에도 사용되고 있다. 이처럼 다른 단어의 예문에 쓰인 것을 참고하면 더 많은 영감을 얻을 수 있을 것이다.

다만 134쪽의 '○○하는 방법'이나 200쪽의 '베스트 ○' 등 자주 나오는 단어에 대해서는 더욱 효과적이라 판단되는 예문의 번호를 기재했다.

천재 카피라이터로 불리는 존 케이플스는 '무엇을 말할까'는 '어떻게 말할까'보다 훨씬 더 중요하다고 강조했다. 이는 부정할 수 없지만, 한편으로는 '어떻게 말할까'에 해당하는 표현의 변형을 알지 못하면 '무엇을 말할까' 자체가 떠오르지 않는다.
이 책은 '어떻게 말할까'의 변형에 관해 망라하고 있으므로, 여기에서 '무엇을 말할까'를 이끌어내야 한다. 예를 들어, 당신이 중국어 강사라고 하자. 그렇다면 당신의 수업을 어떻게 어필할 것인가?

'손쉽게 중국어를 마스터하는 방법'을 내세울 것인가, '국내에서 가장 쉬운 중국어회화'를 내세울 것인가? 아니면 '중국어를 좀처럼 마스터하지 못하는 사람을 위한 처방전'이라고 표현할 것인가? 이와 같이 표현의 다양한 변형을 염두에 두고 '무엇을, 어떻게' 말할 것인지 생각해야 한다.

이 책에는 800개의 단어가 수록되어 있지만, 그 단어를 모두 기억하기는 상당히 어렵다. 결론은? 카피를 쓸 때 이 책을 옆에 두고 단어를 찾아보면 된다. 나아가 마음에 드는 단어의 '구체적인 사용법 = 예문'을 힌트 삼아 당신만의 독창적인 아이디어를 생각해낸다면, 읽는 사람의 마음에 '꽃히는 카피'를 분명 쓸 수 있을 것이다.

차례

프롤로그 펜은 칼보다 강하다   006

이 책을 120% 활용하는 법   016

Problem

**문제를
제기하는
카피**

문제 발견의 달인, 카피라이터   026

문제점 지적하기   030

칼럼 잘 알려지지 않은 카피라이팅의 역사   034

긴박감 나타내기   035

욕망에 호소하기   042

질문 던지기   049

호기심 유발하기   055

갭 만들기   062

비교로 흥미 끌기   067

주의 끌어모으기   073

칼럼 마케팅이란 무엇인가?   076

Empathy

공감하는 카피

카피만으로 공감을 불러일으키는 8가지 글쓰기 방법   078

스토리 담기   083

칼럼 시선을 사로잡는 헤드라인 쓰는 요령   089

읽는 사람의 감정에 공감하기   090

상황에 맞게 권유하기   097

동질감 높이기   102

칼럼 글이 써지지 않는 이유   106

오감 자극하기   107

성실하고 친절한 마음 표현하기   115

칼럼 위인들의 카피① 존 케이플스   120

Solution

해결책을 제시하는 카피

'이 상품을 사는 사람은 어떤 사람일까'를 생각하라   122

중요 포인트 짚기   127

방법 알려주기   134

칼럼 '카피라이터'의 호칭   140

간단함 강조하기   141

칼럼 행동경제학과 카피라이팅의 관계   149

효율성에 초점 맞추기   150

기대감 높이기   155

비밀스러운 분위기 만들기   161

칼럼 카피의 '주인공'은 바로 그 카피를 '읽는 사람'이다   168

배움의 요소 강조하기   169

칼럼 위인들의 카피② 데이비드 오길비   174

Offer
조건을 제시하는 카피

당신이 파는 상품의 '가치'를 높여서 제안하라	176
제안 내용 전달하기	181
칼럼 위인들의 카피③ 로버트 콜리어	186
새로움 강조하기	187
쓸모 있는 정보 제공하기	193
재미있는 정보 제공하기	200
독창성과 우월성 강조하기	207
칼럼 캐치 카피와 헤드라인	214
판매 조건 제시하기	215
칼럼 24시간, 365일 일하는 세일즈맨	220

Narrow
특정 고객을 타깃으로 삼는 카피

거절할 용기를 내야 딱 맞는 고객과 만날 수 있다	222
읽는 사람을 특정해서 말 걸기	227
칼럼 타깃 좁히기에 관한 오해	230
가치를 높이는 한정하기	231
칼럼 첫눈에 꽂히는 헤드라인, 연결이 중요한 서브헤드	235
특별함 나타내기	236
칼럼 문장력만으로는 팔 수 없다?!	243
수준 나누기	244
여성의 마음 사로잡기	250

Action
행동을
촉구하는
카피

행동하게 만드는 것이 카피의 진짜 목적이다   258

구체적인 행동 촉구하기   264

대세를 따르려는 심리 이용하기   267

칼럼 전문용어는 써야 할까, 말아야 할까   270

신뢰감 심어주기   271

권위에 기대기   275

고객 안심시키기   278

칼럼 이메일은 제목이 생명   282

분위기 끌어올리기   283

부록 1 게재순 단어 목록   291

부록 2 예문(키워드)·퀵 액세스   297

에필로그 '단어의 힘'을 알게 되면 새로운 인생이 펼쳐진다   315

Problem

문제를
제기하는
카피

판매, 즉 무언가를 파는 것은 자랑스러운 행위다.
그 본질이, 자신의 '재능'을 사용해
타인의 '문제'를 해결하는 일이기 때문이다.

문제 발견의 달인, 카피라이터

판매, 즉 무언가를 파는 것은 자랑스러운 행위다.
그 본질이, 자신의 '재능'을 사용해
타인의 '문제'를 해결하는 일이기 때문이다.

그러므로 '돈 버는 문장의 달인'이 지녀야 할 필수 무기인 'PESONA 법칙'은
'문제'를 생각하는 데서 출발한다.

업무 효율을 높이는 IT 서비스의
웹사이트용 카피를 지금부터 써야 한다고 가정해보자.
고객이 고민하고 있는 '문제'를 어떻게 표현할 것인가?

'저출산 고령화가 심각해지면서 인재 수급난이 예측되는 오늘날…'
'4차 산업혁명에 발 빠르게 대처하지 못하는 사장의 특징은?'
'일하는 방식을 개선하지 못하는 회사의 치명적인 실수…'

여기서 밑줄 친 단어를 사용하면 완전 실패다.

이 단어를 보자마자 읽는 사람은 흥미를 잃을 게 뻔하다.

카피라이터는 정치인이나 경제 평론가가 아니다.

사회문제를 언급할 게 아니라 고객의 개인적이며 큰 문제,

즉 '고통'을 언어로 표현해야 한다.

이는 매우 중요하므로 몇 번이나 강조하고 싶다.

포인트는, 사회문제가 아니라

개인의 '고통' **'고통'** **'고통'**이다.

개인의 고통에 초점을 맞추기 위해서는 이런 질문을 해봐야 한다.

[열쇠가 되는 질문]

• 고객은 어떤 상황에서 소리치고 싶을 정도로 분노를 느끼는가?

• 어떤 일에 밤잠도 못 이룰 정도로 불안을 느끼는가?

• 그러한 '분노, 불안'을 느끼는 상황을 '오감'을 사용해 묘사한다면?

질문에 답을 해본 후,

앞서 언급한 업무 효율을 높이는 IT 서비스의 카피를 써보면 어떻게 될까?

'저출산 고령화가 심각해지면서 인재 수급난이 예측되는 오늘날…'

→ 뭐? 지원자가 없다고? 채용 공고를 내긴 한 건가?

'4차 산업혁명에 발 빠르게 대처하지 못하는 사장의 특징은?'

→ 젊은 IT 엔지니어들이 회사에 어떤 불만을 갖고 있는지 아는가?

'일하는 방식을 개선하지 못하는 회사의 치명적인 실수…'

→ 일을 억지로 시키는 게 아니라 알아서 하게 만드는 방식으로 바꾸고 있는가?

위와 같이 타인의 고통을 깊이 생각하는 것에서 출발하면, 고객이 훨씬 더 공감할 수 있는 단어를 사용할 수 있게 된다.

"그런데 우리가 판매하고 있는 상품은 '고민 해결'이 아니라, '만족이나 기쁨'을 제공하는 거라서 이 논리에는 해당되지 않는데요."

이렇게 반론하는 독자도 있을 것이다.
물론 패션, 엔터테인먼트, 외식 서비스의 카피를 쓰면서, 고객의 '고통'을 고려하긴 힘들지도 모르겠다.

하지만, 이는 **표면적으로 그렇게 보이는 것일 뿐**이지 않을까?

- 퇴근길 지하철 안에서 패션 사이트에 푹 빠져 있는 직장인에게는
  직장에서 개성을 죽이고 있다는 **'고통'**이 있지 않을까?

- 아이돌에 빠진 프로그래머에게는
  집 밖으로 나가기 힘들다는 **'고통'**이 있는 게 아닐까?

- 미슐랭 레스토랑에서 우아하게 시간을 보내는 부부에게는
  평소에는 너무 바빠 대화할 시간이 없다는 **'고통'**이 있는 건 아닐까?

이렇듯…
여러모로 걱정해서 말을 걸어주는 사람이나
자신조차도 깨닫지 못한 고통을 알려준 사람에게
읽는 사람은 마음을 열고 귀를 기울이기 마련이다.

돈 버는 카피라이터의 조건은,
다른 사람의 고통을 알아차리는 '공감의 자세'를 갖는 것이다.

타인의 고통을 자신의 고통으로 느낌으로써
지금까지 드러나지 않던 문제를 마침내 언어화할 수 있게 되고,
해결을 위한 정확한 방법을 제시할 수 있게 된다.

역으로 말하자면, 매출을 올리기 위해서 '문제'를 발견하는 것이 아니라,
진짜 '문제'를 발견할 수 있어야 매출이 올라가는 것이다.

따라서 돈 버는 카피라이터는,
'문제 발견의 달인'이라고 할 수 있다.

우리가 살아가는 세계는 수많은 난제를 안고 있다.
이러한 문제를 카피의 힘으로 함께 해결해보자.

문제점 지적하기

상품이나 서비스는 누군가의 '문제'를 해결하기 위해 존재한다. 그러므로 **일단 문제를 언급하면 읽는 사람의 주의를 끌 수 있다.** 이때 기억해야 할 점은, **읽는 사람이 그 문제를 얼마만큼 자신의 것으로 느끼는가에 따라 제시해야 할 정보가 바뀐다는 사실이다.** 다이어트를 예로 들어 설명해보겠다. '여름이 오기 전까지는 어떻게든 살을 빼고 싶다. 당당하게 수상 스포츠를 즐기고 싶다'고 생각하는 사람이 있다고 하자. 그런 사람에게는 '효과적으로 살을 빼기 위해서는 이런 방법이 있어요'라고 권하면 된다.

반면에 내장지방형 비만이지만 '살을 빼야 한다'는 목적의식이 낮은 사람이 있다고 치자. 그 사람에게는 방금 전과 똑같이 '효과적으로 살을 빼기 위해서는 이런 방법이 있어요'라고 아무리 말해도 관심을 갖지 않을 것이다. 전자의 관심사는 '빨리 살을 빼는 방법은 무엇이 있는가what'이므로 그 방법을 알려주면 된다. 하지만 후자의 경우에는 먼저 '살이 찌기 쉬운 체질'이라는 것을 자각하게 하고, 이러한 체질이 '왜 문제인가why'를 알려주는 과정이 필요하다.

문제	다른 표현 고민, 리스크, 위험성	
'문제'를 제시해 관심을 끌면 계속 읽을 가능성이 높다. 더욱이 그 문제에 대한 '해결책'이 독창적이고 흥미로운 것이라면, 해결책을 함께 제시하라. 더욱 관심을 보일 것이다. 반대로 해결책이 얼마든지 예상 가능하고 평범한 것이라면, 문제 제시로 끝내는 편이 좋다.	0001	초등학교 학부모 모임에서 일어나기 쉬운 문제
	0002	구글의 이노베이션 전략이 안고 있는 문제점《포브스 재팬》, 2019년 4월)
	0003	택배회사의 재배송 문제 해결을 위한 '로테크 상품'《닛케이 MJ》, 2018년 10월)

실수	다른 표현 대실수, 착각, 함정	
실수만 제시하는 패턴이다. 단순한 만큼 설득력이 약하기 때문에 관심이 높은 다른 내용과 함께 쓰거나, 숫자를 넣거나, '대실수'라고 쓰면 더욱 강렬한 인상을 줄 수 있다.	0004	첫 데이트에서 흔히 하는 옷차림 실수는?
	0005	'눈 수술은 대학병원에서'라는 큰 착각(프레지던트 온라인, 2019년 8월)
	0006	누구나 반드시 하게 되는 5가지 실수 ~ 그러니까 고객이 늘지 않는다(『90일 만에 당신의 회사를 고수익 기업으로 바꿔라』 간다 마사노리, 경칩, 2023)

자주 하는 실수

다른 표현 전형적인 실수, 흔히 하는 실수

누구나 실수는 하고 싶지 않기 때문에 읽는 사람의 흥미를 끌기 쉽다. '실수'라는 표현은 몇 가지로 변형할 수 있는데, 이때의 포인트는 실수하면 곤란해지는 상황을 제시하는 것이다. 실수를 해도 큰 손해가 없는 경우라면, 읽는 사람의 흥미를 끌기 어렵다.

0007	부동산 처음 계약할 때 자주 하는 실수 7가지
0008	신입사원이 업무 메일 보낼 때 하는 전형적인 실수
0009	영어로 말할 때 자주 하는 실수 5가지

실수투성이

다른 표현 오류투성이, 오해투성이, ○○에 속지 마라!

'실수투성이'이므로 실수가 많은 내용이 아니면 사용할 수 없다. 실수가 두세 개뿐인데 '실수투성이'를 쓰면, 읽는 사람은 실망하게 된다.

0010	실수투성이인 학원 선택. 등록 전에 알아두어야 할 것
0011	마케팅 상식은 오류투성이(『저예산으로 우량 고객을 사로잡는 법小予算で優良顧客をつかむ方法』 간다 마사노리, 다이아몬드사, 1998)
0012	오해투성이인 이슬람교! 일본인은 왜 그렇게도 이슬람교를 오해하는가?(다이아몬드 온라인, 2019년 8월)

A만이 꼭 B는 아니다

다른 표현 B는 A만이 아니다

B에는 '가치'나 '목적'을 적고, A에는 '일반적으로 필요하다고 생각되는 내용'을 적는다. 0013처럼 '교사의 일은 일반적으로 교과서 내용을 가르치는 것이라고 생각하기 쉽지만, 그것만이 아니다'라고 짚으면서 관심을 끈다. 전반부가 복수일 경우에는 '만'이라는 조사는 뺀다.

0013	교과서에 나온 내용을 가르치는 것만이 교사의 일은 아니다
0014	시험만이 학생이 공부를 하는 목적은 아니다
0015	취준생 여러분, 돈 버는 것만이 일의 목적은 아닙니다

벽

다른 표현 어려움, 장벽, 걸림돌, ○○은 이제 그만!

앞길을 가로막는다는 뜻을 지닌 대표적인 단어는 벽이다. 비슷한 말로는 '허들'이 있다. 허들은 넘기가 어렵긴 하지만 '노력하면 넘을 수 있다'는 긍정적인 의미가 함축되어 있어서 벽과는 약간 뉘앙스가 다르다.

0016	스타트업을 가로막는 성장의 벽
0017	이직이 힘들어지는 나이의 벽을 감안해서 미리 해두어야 할 것
0018	지방이라는 장벽을 뛰어넘는 새로운 상식, 재택근무

환상

다른 표현 망상, 착각, 오해, ○○은 현실적이지 않다

좋다고 생각했던 것이 사실은 그렇지 않다거나 실존하지 않는 '공상'이었다는 의미로 사용한다. 넌지시 '당신 생각은 틀렸어요'라고 말하는 것이다.

0019	'나 같은 게 성공할 수 있겠어?'라는 오해
0020	승자가 될 수 있다는 착각(『입소문 전염병』 간다 마사노리, 한국경제신문, 2022)
0021	꿈과 현실의 갭. 결혼을 통한 신분 상승이라는 환상

거짓말

다른 표현 ○○의 착각, ○○을 믿어서는 안 된다

'사실이라고 생각했지만 실은 그렇지 않다'라고 문제를 제기하는 것이기에 주의를 끄는 힘이 강하다. 다만 '거짓말'이라는 어감이 부정적인 인상을 주므로 가벼운 주제보다는 심각한 문제에 사용해야 어울린다.

0022	'크루즈로 관광 진흥'은 말도 안 되는 거짓말(프레지던트 온라인, 2019년 8월)
0023	할랄 인증이라는 거짓말. 진짜 이슬람을 알면 비즈니스 기회가 보인다
0024	마케팅 상식의 11가지 거짓말

나쁜 습관

다른 표현 악습관, 자신도 모르게 손해 보는 ○○

나쁘다는 것을 알면서도 좀처럼 고치지 못하는 습관 한두 가지는 누구에게나 있기 마련이다. '그 습관이 나쁜 영향을 주고 있어요'라고 지적하면, 자신의 라이프스타일도 그에 해당하는 게 아닌지 확인하고 싶어진다.

0025	피부를 망가뜨리는 5가지 나쁜 습관
0026	금세 방이 더러워지는 사람의 나쁜 습관 15가지
0027	당신의 아이는 괜찮은가요? 초등학교 졸업 전에 고쳐줘야 할 11가지 나쁜 습관

잘 안되는 사람

다른 표현 ○○ 못하는 사람, ○○이 어려운 사람, ○○하수

0028, 0029처럼 '잘하고 싶은 일(연애, 발표)'을 전제로 그 일이 잘되지 않는 이유를 언급하는 패턴과, 0030처럼 '보통은 잘될 거라고 여겨지는 조건'을 전제로 두고, 그런데도 왜 잘 풀리지 않는 걸까 묻는 패턴이 있다.

0028	연애가 잘 안되는 사람들의 사고 패턴
0029	발표 못하는 사람들의 가장 큰 특징
0030	스펙 좋은 그 사람은 왜 회사에서 잘 안 풀릴까?

아쉬운	다른 표현	기대와는 다른, 나쁜, 안타까운
'결여되어 있다' '부족하다'와 같은 뜻이다. 무언가가 부족해 아쉽다거나 기대와 다르다고 느끼는 상태다. '실망'과 같이 주관적인 감정이 내포되어 있다. 또는 부정적인 느낌을 강조하는 뉘앙스로도 쓰인다.	0031	정장 입었을 때는 번듯한데 평소에는 패션 감각이 아쉬운 20대 남성이 옷 고르는 법
	0032	'일 잘하는 직원이 그만두는' 나쁜 회사의 특징(프레지던트 온라인, 2019년 1월)
	0033	안타까운 자산 운용. 그러니까 돈이 늘지 않는다

자주 일어나는 문제	다른 표현	흔히 생기는 트러블, 저지르기 쉬운 ○○
'자주 일어나는'이라는 말을 붙이면, '이 문제는 당신만 겪는 게 아니다'라는 공감을 불러일으킬 수 있다. 한편 0036과 같이 별로 일어날 것 같지 않지만 막상 일어나면 골치 아플 것 같은 문제를 언급하면 관심을 끌 수 있다.	0034	겨울철 자주 일어나는 동파 문제에 효과적인 해결책
	0035	학부모와 교사 사이에 자주 일어나는 문제
	0036	단독주택 이웃 간에 자주 생기는 5가지 문제

금기	다른 표현	해서는 안 되는, 아웃, 이런 ○○하고 있지 않나요?
'해서는 안 되는' '아웃' '상식에서 벗어난'이라는 뉘앙스로 사용한다. '설마 나도 해당되는 건 아닐까?' 하고 확인하고 싶게 만드는 효과가 있다.	0037	'힘내!'라는 말은 언제부터 금기가 되었나(도요케이자이 온라인, 2019년 7월)
	0038	반려견을 훈련할 때 절대 해서는 안 되는 5가지 행동
	0039	나도 모르게 팀원에게 이렇게 지시하고 있지 않나요?

매년 어려워집니다	다른 표현	날마다 어려워지는, ○○은 이제 무리?
기술의 발달 등으로 매년 수월해지는 일도 있지만 시대 변화와 경쟁 등을 이유로 매년 어려워지는 일도 있다. 해가 갈수록 어려워지므로 지금 해두는 게 이득이라고 생각하게 만드는 표현이다.	0040	신입생 모집이 해마다 어려워지고 있습니다
	0041	간병인 구하기가 갈수록 어려워지고 있습니다
	0042	부동산 가격 폭등으로 내 집 마련이 매년 어려워지고 있습니다

부끄러운 기억	다른 표현 망신, 창피, 얼굴이 빨개지는, 떠올리고 싶지 않은 ○○
창피를 당하는 일은 누구나 피하고 싶어 한다. 우선 창피를 당할 수 있는 상황을 묘사하여 상상하게 만든 다음, 구체적인 예를 언급하는 패턴이 일반적이다. 특수하거나 일어나기 드문 상황보다는, 머릿속에 퍼뜩 떠오르는 부끄러운 상황을 사용하면 관심을 끌기 쉽다.	**0043** 수업 중 창피했던 적 없나요?
	0044 프레젠테이션 자리에서 부끄러웠던 기억이 있는 사람에게
	0045 부하 앞에서 망신당한 기억은 없습니까?

○○에도 정도가 있다	다른 표현 너무 ○○하다, ○○하기 짝이 없다
이 표현은 부정적인 의미와 긍정적인 의미, 두 가지로 사용할 수 있다. 일반적으로 부정적인 표현이 더 많이 사용되는데 이를테면 '도가 지나치다' '적당히 좀 해'와 같은 뉘앙스다. 반면 너무 좋아서 '참을 수 없다'는 뉘앙스로도 사용할 수 있다.	**0046** 번거롭게 하는 데도 정도가 있다, 패스워드에 글자 수 제한이 있는 이유(닛케이 크로스 테크, 2018년 9월)
	0047 빨리 먹는 것에도 정도가 있다. 당뇨병 위험이 높아지는 식사 시간은?
	0048 너무 귀여워서 참을 수 없는 강아지 영상 모음

칼럼

잘 알려지지 않은 카피라이팅의 역사

미국에서는 카피라이팅 역사가 100년이 넘었다. 미국은 땅이 넓어서 집집마다 돌며 영업하는 것이 쉽지 않아 주로 '세일즈 편지'를 사용했기 때문이다. 이 긴 세월 동안 세일즈 편지에서 효과가 좋았던 단어들을 추려서 '강력한 단어 사용법'을 만든 이들이 바로 존 케이플스와 데이비드 오길비 같은 위대한 광고인이다.

그에 비해 일본은 미국처럼 땅이 넓지 않아 대면 세일즈가 가능했기에, 편지를 이용하는 판매 방식이 그리 발전하지 않았다. 그러다가 인터넷이 등장하면서 카피라이팅 수요가 급속도로 증가했다. 그리하여 1990년대 후반, 이 책의 저자인 간다 마사노리를 비롯한 광고인들이 미국의 카피라이팅 기법을 일본에 도입해 그 방법을 널리 퍼트리면서 일반인에게도 알려지게 되었다.

그러나 여전히 학교나 직장에서는 카피라이팅을 따로 가르치지 않는다. 카피라이팅 기술은 아직도 일부만 아는 희소성 있는 스킬이라 할 수 있다.

긴박감 나타내기

방 청소를 해야겠다고 생각만 하고 그대로 두거나, 정기 구독하는 신문을 바꾸고 싶다는 생각만 한 채 같은 신문을 계속 받아본 경험이 누구에게나 있을 것이다. 이처럼 **큰 변화나 결과를 알 수 없는 일은 피하고 현재 상태를 유지하려는 심리는 사람의 본성** 중 하나다. 분명 그만두고 싶어 하면서도 계속 하는 경우, 뭔가를 하려고 생각하면서도 행동으로 옮기지 않는 경우 모두 '현재 상태가 유지되고 있는' 상태다. 이러한 심리를 행동경제학에서는 '현상 유지 편향'이라고 부른다.

다른 사람의 마음을 움직인다는 것은 현재 상황을 바꾸게 하는 일이다. 카피를 써서 어떤 상품이나 서비스를 팔고자 할 때는 새롭게 뭔가를 시작하도록 독려해야 하므로, 이런 본성을 이기는 전략을 써야 한다. 어떤 방법을 써야 변화를 일으킬 수 있을까? 그중 하나가 지금 소개할 '긴박감'이다. '긴박감' 은 **'지금 하지 않으면 안 되는' 이유를 제시하는 것**이기 때문에 큰 위력이 있다. 다만, 이때 너무 과하 게 긴박감만을 강조하면 그저 위기감만 부채질하는 문장에 그칠 수 있으니 균형 감각이 매우 중요하다.

끝	다른 표현 마지막, 최후, 라스트, 파이널
'시대착오적'이라는 의미를 직접적으로 표현하는 단어다. '그만두는 게 좋다'는 뉘앙스도 함축하고 있다. 0049, 0050처럼 '끝이다'라고 단언하는 단정형과 0051처럼 질문을 던지는 의문형이 있다.	**0049** 청소 고민 이제 끝
	0050 검색할 때 '최저가순' 정렬은 이제 그만!
	0051 구글 광고는 이제 끝?

종말	다른 표현 최후, ○○에 안녕
'끝'과 같은 뜻이지만 어감상 '종말'이라는 단어가 훨씬 더 심각하고 무게가 느껴진다. '이제 끝'이라는 표현은 한 시대가 끝나고 또 다른 새로운 시대가 열린다는 희망적인 뉘앙스를 함축하는 경우가 많지만, '종말'의 경우에는 '앞이 보이지 않는' 비관적인 느낌이 강하다.	**0052** 『육식의 종말』(제러미 리프킨, 시공사, 2002)
	0053 폭풍 소비의 최후
	0054 황혼이혼. 위기인가, 기회인가?

요즘 누가?

다른 표현 한물간, 이미 끝난, ○○의 이노베이션

알고 있는 무언가가 실은 이미 구식이 되었음을 지적하고, 이어서 새로운 정보를 제공해 관심을 불러일으키는 표현이다. 동시에 그것을 알면 남들보다 한발 앞서갈 수 있다는 의미가 담겨 있다.

0055	요즘 누가 차를 사죠? 빌려 타도 충분하다!
0056	요즘 누가 신분증 들고 다녀? 모바일 신분증 발급법
0057	요즘 누가 세탁소에? 집으로 오는 세탁, 수선 서비스

한참 뒤처진

다른 표현 낡은, 뒤떨어진, 시대착오, 아날로그

얼핏 '시대에 뒤처진'과 비슷해 보이지만 의미도 사용법도 상당히 다르다. '시대에 뒤처진'은 기준점이 시대로 경쟁을 염두에 둔 표현은 아닌 데 반해 '한참 뒤처진'은 같은 분야에서 경쟁하고 있지만 압도적으로 뒤떨어져 있는 뉘앙스를 담고 있다.

0058	SDGs에서 한참 뒤처진 기업들의 절망적인 감도(JB프레스, 2021년 4월)
0059	인터넷 판매를 하지 않는 '돈키호테', 한참 뒤처진 듯 보이는 아날로그 방식의 강점(《닛케이신문》, 2023년 2월)
0060	한참 뒤처진 화석연료 감소 폭, 조속히 세계에 발맞추기 위해 필요한 일

심각한

다른 표현 중대한, 뿌리 깊은, 절실한

절실하고 중요한 상황을 뜻하며 문제의 중대성을 강조할 수 있다. 그 문제로 진지하게 고민하는 사람에게는 강렬하게 와닿지만 되는대로 사용하면 부추기거나 호들갑 떠는 것으로 느껴질 수 있으니 주의해야 한다.

0061	노화, 기억력 저하보다 심각한 '말이 없어지는 증상'의 폐해(도요케이자이 온라인, 2022년 12월)
0062	여름을 쾌적하게 보내려면? 심각한 피부 트러블 대처법 10가지
0063	나날이 심각해지는 인력난, 타개책은?

말로

다른 표현 끝장, 최후, 마지막

결과가 좋지 않은 경우를 표현할 때 사용한다. 어감상 긴장감이 감돈다. 따라서 긍정적인 단어와는 함께 쓰지 않는다.

0064	우쭐대던 동창의 말로(프레지던트 온라인, 2019년 9월)
0065	어느 자산가의 슬픈 말로
0066	상사와 심하게 싸운 신입사원의 말로

닥쳐오다

다른 표현 덮치다, 닥치다, 밀어닥치다

미래에 일어날 문제가 가까이 다가오고 있다는 의미를 나타낸다. 그 문제가 심각할 때 주로 사용한다. 공포심을 부르고 동요를 조장할 수 있는 표현이므로 신중하게 사용해야 한다.

0067	제2의 블랙먼데이? 또다시 닥쳐오는 세계공황의 공포
0068	닥쳐오는 신종 바이러스의 위협으로부터 몸을 지켜라
0069	'마지막으로 한 잔 더!' 당신은 괜찮은가요? 닥쳐오는 지방간의 위험

어제의

다른 표현 과거의, 시대착오적인, 지나간, 구식의

카피로 쓸 때는 글자 그대로의 '하루 전'이라는 의미가 아니라 <u>'과거의'라는 뜻으로 쓰이는 경우가 많다.</u> 따라서 '시대착오적인' '구식의'와 비슷한 용도로 사용할 수 있다.

0070	당신이 알고 있는 메모리는 어제의 메모리다!(애플)
0071	어제의 나에게 지지 않겠다!
0072	동료에게 '지나간 패션'이라는 말을 듣지 않기 위해 신경 써야 할 색상 코디법

이제 ○○이 아니다

다른 표현 이미 ○○은 아니다, 더 이상 ○○이 아니다

'예전에는 그랬지만 지금은 다르다'는 의미를 나타내며, 주장을 꽤 강력하게 전달할 수 있다. '시대가 달라졌다'는 사실을 강조하면 '그래서 어떻게 달라졌을까?' 하는 궁금증을 유발할 수 있다.

0073	GAFA(구글, 애플, 페이스북, 아마존)는 더 이상 위협적이지 않다('임팩트 컴퍼니 인파크트 컴퍼니」 간다 마사노리, PHP연구소, 2019)
0074	이제 똑똑하기만 해서는 통하지 않는다. 리더에게 필요한 4가지 요건(《포브스 재팬》, 2018년 8월)
0075	여성들에게 이제 결혼은 필수가 아니다

모르면 손해

다른 표현 ○○하지 않기 위해 알아둬야 하는

'앞으로 제공할 정보는 유익하지만, 아는 사람은 아는 반면에 모르는 사람도 많다'라는 뜻을 내포하고 있다. 그다음으로 밝히는 내용이 독자에게 도움이 된다면 신뢰를 얻을 수 있어 설득력이 강해진다.

0076	모르면 손해 보는 에어컨 기능
0077	모르면 손해! 의료비 절감 '비법과 함정'(다이아몬드 온라인, 2011년 1월)
0078	어렵게 구입한 신축 주택. 모르면 크게 손해 보는 세금 공제 혜택

알아둬야 할

'모르면 손해'와 같은 뜻이다. 다만 '손해를 본다'는 표현이 직접적이고 강한 인상을 주므로 완곡하게 전하고 싶을 때는 '알아둬야 할'로 바꿔 사용하면 된다. '알아두지 않으면 곤란하다'는 뉘앙스를 전달할 수 있다.

0079 사회인이 알아둬야 할 필수 에티켓

0080 이직자가 근로계약서 쓰기 전 알아둬야 할 것

0081 홈페이지를 제작하는 웹디자이너가 알아둬야 할 팁

모르면 망신

'알아둬야 할' 것을 역설적으로 말하는 표현으로, 훨씬 임팩트가 강하다. '망신'이라는 단어는 사회적인 체면이나 자존심을 자극하므로 읽는 이에게 매우 강하게 호소할 수 있다. 다만 뒤에 오는 내용이 그다지 망신이라고 여길 만한 상황이 아닐 경우에는 사용하지 않는 편이 좋다.

0082 모르면 망신당하는 조문 예절

0083 사람들 앞에서 처음 연설하는 분 필독! 모르면 망신당하는 스피치의 기본 원칙

0084 모른다고 그냥 넘어갈 수 없는 정치 현안

재등장

과거에 있었던 일이 다시 일어날 때 사용하는 표현으로, 긍정적으로도 부정적으로도 쓸 수 있다. 0085, 0086처럼 긍정적인 내용에 사용하면 '두근거리는 느낌'이 나고, 0087처럼 부정적인 내용에 사용하면 '불안감'이 드러난다.

0085 키링의 재등장. 요즘 아이들이 열광하는 이유

0086 활기를 되찾은 볼링장. 돌아온 볼링 붐의 주역은 60대

0087 이것은 외환위기 재연의 징조?

리스크

피하고 싶은 마음이 드는 전형적인 단어가 '리스크'와 '위험'이다. 위험을 알리는 문장은 문제를 알리는 문장보다 심각하게 느껴진다. 따라서 그다지 큰일이 아닌 경우에 사용하면 '양치기 소년' 취급을 받을 수 있으니 남용하지 말고 때와 장소를 가려서 사용해야 한다.

0088 개인 정보 유출 리스크를 막는 스마트폰 사용법

0089 리스크를 무릅쓰고 도전한 사람만이 거둘 수 있는 수익

0090 앞만 보고 달려가는 회사에 잠재된 세 가지 위험성(『간다 마사노리의 매니지먼트』간다 마사노리, 두드림미디어, 2023)

어둠

다른 표현 진상, 그림자, 그늘, 암흑

기본적으로 마이너스로 느껴지는 일이나 부정적인 측면을 강조하는 표현이다. 겉에서는 보이지 않는 사연이나 사정도 느낄 수 있어서 약간 신비로운 분위기도 자아낸다. 서프라이즈 선물이나 깜짝 만남처럼 '수수께끼' 같은 뉘앙스로 사용되기도 한다.

0091	인터넷 광고의 어두운 일면
0092	경종을 울리는 생성형 AI 개발의 어둠이란?
0093	마음의 어둠을 쉽게 알아차리는 방법

덫

다른 표현 음모, 계략, 속임수, 걸려들다

덫은 누군가가 의도적으로 놓아둔 것으로, 위험이 도사리고 있다는 것을 짐작하게 한다. '함정'과 비슷한 의미로 사용될 때도 있지만, '함정'은 어딘가에 떨어지거나 빠지는 이미지인 반면 '덫'은 누군가의 의도에 걸려드는 이미지다.

0094	손실액 40억! 과학자 뉴턴, 시세의 덫에 걸리다(《닛케이 비즈니스》, 2019년 5월)
0095	회사를 그만두고 창업하는 사람이 빠지기 쉬운 사회보장제도의 덫
0096	투자신탁의 덫. 퇴직금 절반을 날린 노부부의 실패에서 배운 교훈

함정

다른 표현 개미 지옥, 떨어지다, 빠지다

이 단어를 사용할 때는 현재 긍정적인 상황이라는 전제가 깔려 있어야 한다. 낙관적이라고 믿고 지속하고 있던 상황이었지만 생각지도 못한 곳에서 빠지는 것이 바로 함정이다. 복병이 숨어 있다는 것을 암시하면서 주의를 끌 때 사용한다.

0097	건강, 힐링 비즈니스에 숨은 함정
0098	당신의 행복을 소셜미디어가 빼앗는다? '행복감'을 둘러싼 정설의 함정(《와이어드 재팬》, 2019년 4월)
0099	"이렇게 될 줄은 몰랐어!" 순조로운 연애에 숨어 있는 함정

맹점

다른 표현 사각지대, 약점, 빠져나갈 구멍, 틈, 허점

'맹점'과 '사각지대'는 모두 '놓치기 쉬운 중요한 요소'라는 의미로, 비밀이나 비결과 비슷하다. 하지만 비밀이나 비결은 그 정보를 확보한 사람만 알고 있는 반면에 '맹점'과 '사각지대'는 알기 힘들 뿐이지 어느 정도 예상이 가능하다는 점에서 뉘앙스가 미묘하게 다르다.

0100	디지털 마케팅의 맹점은?
0101	'선택형 보험'에 맹점도! 보험사의 추천은 최선인가?(아사히신문 디지털, 2019년 8월)
0102	여론조사의 사각지대를 의심하라

한계	다른 표현 한도, 극한, 밧줄이 끊어짐
지금까지는 순조로웠지만 앞으로는 그렇지 않을 거라는 경고의 의미로 사용한다. '똑같은 방식으로 하다가는 언젠가 벽에 부딪힌다'라는 뜻을 암시한다.	**0103** 인사 평가 제도에서 드러난 성과주의의 한계
	0104 페이스북, '실패 존중' 문화의 한계가 보인다(닛케이 크로스 테크, 2019년 8월)
	0105 콜센터 상담원들의 애통한 절규! '고객은 왕이다'의 한계

격차	다른 표현 갭, 불균형, 차이, 간극, ○○푸어
원래는 '가격이나 자격, 수준 등이 서로 다른 정도'를 뜻하지만, 주로 좋은 것과 나쁜 것, 높은 것과 낮은 것의 차이를 나타내기 위해 사용한다. 콤플렉스를 자극하는 경우도 많다.	**0106** 갈수록 심각해지는 '빈부 격차'의 현실(도요케이자이 온라인, 2019년 1월)
	0107 세대에 따라 점점 더 벌어지는 IT 격차
	0108 학력 격차로 직결되는 초등학생의 방과 후 시간 사용법

적	다른 표현 라이벌, 적수, 방해, 과제, 대항마
경쟁 상대나 라이벌을 가리키는 단어이지만 카피라이팅에서는 '방해하는 것'이나 '과제'와 같은 뉘앙스로 사용하는 경우가 많다. 짧은 글자 수를 선호하는 인터넷에서는 '○○의 적'이라는 표현을 쓰기 좋다.	**0109** 좋은 리더십의 적은 시간! 속도 조절의 중요성(《포브스 재팬》, 2019년 1월)
	0110 간식은 다이어트의 적인가, 아군인가?
	0111 일찍 자고 일찍 일어나는 습관을 방해하는 최대의 적은 바로 이것!

무서운	다른 표현 위험한, 엄청난, 리스크, ○○에 숨어 있는 것
상상 이상으로 문제가 심각하거나 예상치 못한 문제점이 도사리고 있음을 제시하는 단어다. '사실은 무서운'이라는 표현을 쓰면, 일반적으로는 별일 아니라고 여겨지지만 실은 심각한 문제가 숨어 있다는 의미가 잘 전달된다.	**0112** 디지털 혁명의 무서운 이야기
	0113 멍청하고 화를 잘 내는 아이를 양산하는 '인터넷 의존증'의 무서움(프레지던트 온라인, 2019년 9월)
	0114 사실은 무서운 어깨 결림. 가벼운 통증이라 여기고 방치했다가는 엄청난 결과 초래!

결여되어 있는

다른 표현 부족한, 모자란, 빠져 있는

중요한 뭔가가 부족한 탓에 일이 잘되지 않는다는 뉘앙스로 사용된다. '그것이 부족하면 애써 노력해도 잘되지 않으니 반드시 미리 알아둬야 한다'는 메시지가 전달된다.

0115	일본 기업의 개방형 혁신에 결여되어 있는 것《다이아몬드 하버드 비즈니스 리뷰》, 2018년 10월)
0116	실무 경험이 모자란 관리자가 흔히 하는 실수는?
0117	'자주 무시당하는 사람'에게 부족한 것

긴급

다른 표현 선착순, 시급, 한정

긴급함을 강조하는 카피를 쓸 때 흔히 하는 실수는, 판매자만 서두르고 있을 뿐, 정작 고객에게 서둘러야 할 이유를 전하지 못하는 것이다. 자신의 입장만 생각하고 아무리 재촉한들 메시지가 전달되지 않으므로 고객에게 이득이 된다는 점을 제시하는 것이 중요하다.

0118	회원들에게 긴급 공지, 금일 한정 할인 실시
0119	긴급 해설, 세기의 합병 어떻게 바라볼 것인가?
0120	온라인 한정 세일!! 연말까지 특별가!

카운트다운

다른 표현 초읽기, 눈앞, 곧

어떤 일이나 결정적 사건을 앞두고 시간이 차츰 줄어들고 있다는 사실을 강조하는 표현이다. 카운트다운이라는 말을 듣기만 해도 왠지 두근거리고 서둘러야 할 것 같은 기분이 든다.

0121	10년 만의 컴백 카운트다운 시작
0122	조기 대선 카운트다운 돌입
0123	트럼프발 관세 전쟁 초읽기

잇따르다

다른 표현 거듭되다, 자꾸, 끊임없이

0126과 같이 긍정적으로 사용되기도 하지만, 부정적인 일이 계속해 일어날 경우에 많이 쓰인다. 단순히 '계속된다'는 의미보다는 '연달아 일어난다'는 뉘앙스가 있다.

0124	잇따른 식자재 가격 인상으로 위기에 처한 식당들
0125	함량 미달 영양제 적발로 SNS에서 비판이 잇따르다
0126	실적 호조로 잇따라 점포 개설. 사업 확장 가속화

욕망에 호소하기

인간의 욕망은 궁극적으로 '갖고 싶다'와 '잃고 싶지 않다', 이 두 가지로 집약된다.

갖고 싶다: 돈 벌고 싶다, 시간을 절약하고 싶다, 편해지고 싶다, 쾌적하게 살고 싶다, 건강해지고 싶다, 사람들에게 인기를 얻고 싶다, 즐기고 싶다, 교양을 갖추고 싶다, 칭찬받고 싶다, 유행에 맞는 세련된 옷차림을 하고 싶다, 호기심을 충족하고 싶다, 식욕을 채우고 싶다, 아름다운 것을 소유하고 싶다, 파트너를 사로잡고 싶다, 개성을 키우고 싶다, 남들과 어깨를 나란히 하고 싶다, 기회를 잡고 싶다

잃고 싶지 않다: 비판받고 싶지 않다, 재산을 잃고 싶지 않다, 고통을 피하고 싶다, 평판을 잃고 싶지 않다, 트러블을 피하고 싶다

(『성공하는 다이렉트 마케팅 방법Successful Direct Marketing Methods』 밥 스톤, 론 제이컵스, 맥그로힐, 2007)

이 두 가지 중에서 '잃고 싶지 않다' 쪽이 더 강하다고 알려져 있다. 이것이 바로 그 유명한 '손실 회피 편향'과 연결된다. 전기료가 한 달에 '만 원 더 저렴해요'라고 말하는 것보다 '만 원 손해 보고 있어요'라고 말해야 상대의 마음을 움직이기 쉽다.

인기 있는	다른 표현 사랑받는, 유행하는, 줄 서는, ○○붐	
이성에게 사랑받는다는 뜻으로 사용할 수도 있지만, 많은 사람에게 사랑받는다는 이미지를 살려 '인기가 있다' '인기를 끌다'라는 뉘앙스로도 사용할 수 있다.	0127	간다 마사노리 칼럼 '미래에 인기를 끌 마케팅'(《닛케이 MJ》)
	0128	사랑받는 브랜드에는 스토리가 있다
	0129	평일에도 줄 서는 라멘 전문점의 비밀

돈 버는	다른 표현 벌다, 수입을 늘리다, 매출 상승	
경제적으로 풍요로워지고 싶다는 욕망은 거의 모든 사람이 갖고 있기 때문에 돈에 관련된 표현은 카피에 자주 쓰인다. 그런 만큼 확실한 근거 없이 사용하면 수상하다거나 미심쩍다는 인상을 주므로 주의해서 사용해야 한다.	0130	식물 키워서 돈 버는 법
	0131	앞으로는 대차대조표로 돈 버세요!
	0132	회사를 그만두지 않고 '부업으로 월 100만 원 이상 버는' 방법 (도요케이자이 온라인, 2019년 1월)

돈 벌 수 있는

다른 표현 이득인, 수익화, 현금화

의미와 사용법 모두 '돈 버는'과 같지만, '돈을 벌 수 있다'라는 뉘앙스를 품고 있다. '돈 버는'이 주로 '업무 내용'에 초점을 맞춘다면, '돈 벌 수 있는'에는 '가능성이 있다' '기회와 능력이 있다'는 뜻으로 쓰인다. 문맥과 어감을 고려해 적절하게 골라 쓰면 된다.

0133	아직 한참 더 벌 수 있다
0134	돈 벌 수 있는 취미는 이것이 다르다
0135	일단 따기만 하면 돈 벌 수 있는 자격증

돈벌이가 되다

다른 표현 지갑이 두둑해지다, 한 방에 역전하다, 돈이 벌린다

'돈 버는' '돈 벌 수 있는'이 스스로 노력해서 돈을 번다는 뉘앙스인데 반해 '돈벌이가 되다'는 약간 자동적으로 돈이 벌린다는 뉘앙스가 내재되어 있다. 돈을 모은다는 점에서는 모두 동일하지만, 미묘한 차이가 존재한다.

0136	돈벌이가 되는 연말정산 노하우
0137	확실히 돈이 벌리는 비즈니스 아이템의 특징
0138	돈벌이가 되지 않는 상품을 포기하기만 해도 회사는 이득을 본다

떼돈을 벌다

다른 표현 불로소득, 한밑천 잡다, 한몫 잡다

'돈벌이가 되다'보다 더 강한 이미지를 주는 표현이며, 투자한 돈이나 노력에 비해 엄청나게 큰 이득을 봤다는 뉘앙스다. 격식을 차리는 상황에서는 피하는 것이 좋다.

0139	숏폼으로 떼돈 벌기. 한정된 기회를 어떻게 거머쥘까?
0140	부동산 투자법을 바꾸면 떼돈도 더 이상 꿈이 아니다
0141	역대급 호황기, 올해야말로 떼돈 벌 수 있는 찬스

부

다른 표현 돈, 재산, 자산, 저금

'돈'이라고 하면 속물스럽게 느껴질 수 있지만 '부(富)'라는 단어를 쓰면 조금 고상한 느낌을 준다. 단어 자체에 '풍부하다'는 뉘앙스가 내포되어 있다.

0142	부를 낳는 7가지 도구
0143	미국에서 진행 중인 부의 집중 현상, 상위 3인의 자산이 국민 50%의 자산 합계를 넘어서다(《포브스 재팬》, 2017년 11월)
0144	부와 명성을 손에 넣은 사람이 그다음에 바라는 것

성공

성공을 정의하기는 어렵지만 '잘되어간다'는 의미로 생각하면 여러 가지 상황에서 사용할 수 있다. 이 단어 앞뒤에서 구체적인 '성공 내용'을 금세 파악할 수 있어야 한다. 애매하게 표현하면 읽는 사람의 신뢰를 얻기 어렵다.	**다른 표현** 번영, 번성, 영화를 누리다

0145	『비즈니스 성공은 디자인에 달렸다(ビジネスの成功はデザインだ)』(간다 마사노리, 유야마 레이코, 매거진하우스, 2010)
0146	팔로워만 100만 명, 성공 비결은?
0147	성공하는 리더들의 4가지 특징(《포브스 재팬》, 2019년 6월)

즐거운

쾌감을 중시하는 사람에게 통하는 단어다. 그래서 '돈을 벌고 싶다' '효율적으로 일하고 싶다'처럼 다른 욕망을 지닌 사람들에게는 와닿지 않을 수 있다. 카피는 읽는 대상에 따라 표현을 달리해야 한다.	**다른 표현** 기쁜, 유쾌한, 행복한, 해피

0148	즐거운 100세(후지 필름)
0149	나이 들수록 즐겁게 사는 사람들의 생활 습관
0150	재봉틀을 자유자재로 사용하는 즐거운 수예

이기다

경쟁에서 이긴다는 직접적인 의미 이외에도 치열한 생존 경쟁에서 이겨 '살아남다'라는 뉘앙스로도 쓰인다. 경쟁 심리에 호소하는 단어라 할 수 있다.	**다른 표현** 쟁취하다, 제패하다, 승리의 여신이 미소 짓다

0151	앞으로는 시대에 역행해야 이긴다!
0152	'지식 경쟁'에서 이기기 위해서는 피터 드러커를 읽고 있을 여유 따윈 없다(《닛케이 비즈니스》, 2019년 6월)
0153	전 세계 전기차 시장 제패 전략

지지 않는

'이기다'가 정공법이라면 '지지 않는다' '손해 보지 않는다'라는 표현은 갖고 있는 것을 빼앗기기 싫어하는 인간의 본능을 자극한다는 점에서 훨씬 더 호소력 있다. 또한 0156처럼 '부정적인 것으로부터 자신을 지킨다'라는 뉘앙스로 사용하는 경우가 많다.	**다른 표현** 손해 보지 않는, 뒤지지 않는, 자존심을 건

0154	폭염에 지지 않을 여름 메뉴 15가지
0155	주식으로 손해 보지 않기 위해 반드시 알아둬야 할 차트 읽는 법
0156	함부로 말하는 사람 앞에서 지지 않는 대화법

싸우다	다른 표현	맞서다, 막다, 도전하다
원래 전투를 표현하는 말이지만, 질병 등 부정적인 일에 '맞서다' '막다'라는 의미로도 쓰인다.	0157	치주병 균과 싸우는 G.U.M 치약(제약회사 선스타)
	0158	24시간 만성피로와 싸우는 직장인들에게 필요한 영양소는?
	0159	탈모와 싸우는 이들에게 추천하는 샴푸 5종

공격적인	다른 표현	적극적인, 과감한, 활동적인, 열성적인
이 표현은 상대를 해치운다기보다는 '적극적인' '선수를 치는' '과감한' '활동적인'과 같은 긍정적 뉘앙스로 사용될 때가 많다. 반대로는 '수비적인'으로 표현할 수 있다.	0160	전기차 시대를 준비하는 자동차회사의 공격적인 전략
	0161	공격적인 브랜딩 vs 수비적인 브랜딩, 경영자가 고민해야 할 점
	0162	적극적인 에이징 케어(신일본제약)

지키다	다른 표현	막다, 방어, ○○프루프
안전에 대한 본능은 누구에게나 있다. '내 몸을 지키고 싶다' '가족의 안전을 지키고 싶다'는 욕구를 자극하는 표현이다. 0165처럼 '현재의 상황을 유지하고 싶다'는 감정에 호소하는 목적으로도 쓴다.	0163	불필요한 비교로부터 나를 지키는 방법
	0164	담배 연기로부터 아이의 폐를 지키기 위해 해야 할 일
	0165	자신의 페이스를 지키기 위한 업무 방식

대비하다	다른 표현	준비하다, 대책을 마련하다, 각오하다
역시 안전에 대한 본능을 자극하는 표현이다. 앞으로 일어날 부정적인 사건에 미리 대책을 세워둔다는 의미로 쓰이는 경우가 보편적이다. 0168처럼 긍정적인 일에 대해 '기대해주세요'와 같은 뉘앙스로 사용할 수도 있다.	0166	증가하는 '장수 리스크', 대비할 수 있을까?(《포브스 재팬》, 2019년 1월)
	0167	설마 했던 데이터 손실에 대비하는 효율적인 백업 방법
	0168	인사이트 탐색 강좌 - 'PESONA 법칙' 이상의 충격에 대비하라!

대책

다른 표현 방책, 방안, 안전망, ○○예방

미리 준비한다는 의미로 '대비하다'와 비슷하지만 '대책'은 더욱 중요한 사건이나 사태에 사용하는 경우가 많다. 또한 '대비하다'는 동사이고, '대책'은 명사이므로 문장 내에서의 역할도 다르다.

0169	상속세 대책, 빠르면 빠를수록 유리한 이유
0170	줄도산의 위기에 직면한 지방 건설사의 대책
0171	누구나 따라 할 수 있는 '노후 대책'

준비

다른 표현 마련, 대비, 사전 협의, 만일에 대비해

절박한 필요성이 없으면 아무리 중요한 준비라고 해도 사람들은 관심을 두지 않는다. 실제로 '예방' 관련 상품이나 서비스는 팔기 어렵다고 알려져 있다. '지금 준비하지 않으면 안 되는 긴박함'을 표현하거나, '준비 시 확실히 이점이 있다'는 것을 강조해야 한다.

0172	30대, 지금 집 살 준비를 하지 않으면 안 되는 이유
0173	내 아이, 초등학교 입학 전 꼭 준비해야 할 것
0174	10년 후를 준비하는 사람, 그렇지 않은 사람. 당신은 어느 쪽인가요?

○○하기 전에

다른 표현 앞서, ○○해도 되도록, ○○을 예견한

단순히 시간적으로 '이전'을 가리킬 뿐만 아니라, '잘 하기 위해서' '실패하지 않으려고 미리 준비해둔다'는 의미까지 포함해 사용하는 경우가 많다.

0175	글을 쓰기 전에 확인해야 할 '2가지'
0176	하와이 여행 전에 알아둬야 할, 현지에서 자주 생기는 문제 10가지
0177	프로 골퍼가 라운딩 전에 꼭 하는 스트레칭

이상적인

다른 표현 동경하는, 희망의, 바람직한, 모범의

문제와 이상 중에서는 문제 쪽이 더욱 절실하게 느껴지기 때문에 사람의 마음을 움직이는 힘도 훨씬 강력하다. 다만 이상을 추구하는 것이 나쁜 일은 아니다. 문제 측면에서 언급하면 무리가 되는 경우에는 이상 측면에서 어필하면 효과적이다.

0178	신혼부부가 살기 이상적인 동네는?
0179	사춘기 자녀와 이상적인 관계 맺는 방법
0180	다이킨이 생각하는 이상적인 공기 (다이킨공업)

몰입

다른 표현 열중, 무아지경, 몰두, 집중

열중과 거의 같은 의미로, 자신을 잊고 무언가에 몰두하는 것을 나타내는 표현이지만, 굳이 나누자면 몰입이 더 어른스러운 인상을 준다. 카피로 사용할 때는 열중보다 몰입이 더욱 강한 임팩트를 드러낼 수 있다.

0181	아침 30분, 몰입의 시간을 확보하라
0182	우주에 몰입, 발신 중!(일본과학미래관)
0183	몰입의 순간을 선사하는 완벽한 헤드폰

○○하고 싶어지다

다른 표현 가만히 있을 수 없다, 하고 싶어서 근질근질하다

'○○하고 싶어지다'에서 '○○'에는 다양한 단어를 넣을 수 있다. 또한 변형하여 '사고 싶어지다' '갖고 싶어지다' 등의 표현도 가능하다. '(자신도 모르게) 그만'이나 '절대로' '꼭' '반드시' 등과 짝을 이뤄 사용하면 더욱 임팩트 있다. 단순히 '○○하고 싶다'는 표현보다 '감정의 변화'를 더 확실히 나타낼 수 있다.

0184	반드시 참가하고 싶어지는 이벤트 기획법
0185	외출하고 싶어지는 봄 신상 펌프스 모음전
0186	읽으면 반드시 가고 싶어지는 오키나와의 숨은 관광 명소 10선

사고 싶다

다른 표현 원하다, 갖고 싶다, 손에 넣고 싶다

'어떤 물건을 사고 싶다'는 욕망이 꼭 '그 물건이 없으면 생활에 지장이 있기 때문에' 생기는 건 아니다. 단순히 그 물건을 소유하고 싶은 '감정의 고조'가 사고 싶다는 마음을 불러일으키는 경우가 있다. 이러한 소비자의 구매욕을 그대로 드러내는 표현이다.

0187	월급을 몽땅 털어서라도 사고 싶은 손목시계
0188	한번은 사보고 싶은 명품 브랜드 베스트 5
0189	크리스마스 선물로 사고 싶은 한정판 굿즈

놓칠 수 없는

다른 표현 지나칠 수 없는, 눈을 뗄 수 없는

'손해 보고 싶지 않다'라는 마음을 건드리는 표현이다. '그냥 지나치면 기회를 놓치고 만다'는 의미를 은밀하게 전하고 있다. 영상이나 상품처럼 눈으로 볼 수 있는 것뿐만 아니라 눈에 보이지 않는 가치, 지나치기 쉬운 대상에도 쓸 수 있다.

0190	놓칠 수 없는 특가 혜택
0191	이번 겨울 지나칠 수 없는 고성능 다운 재킷
0192	유럽 여행에서 절대로 놓칠 수 없는 미술관 전시

실패하지 않는

다른 표현 실수하지 않는, 잘못하지 않는, 유비무환

일반적으로는 이상적인 상태가 되기보다 싫은 상태에서 도망치고 싶은 마음이 더 강하다. 이러한 손실 회피 편향으로 인해 '성공하는 ○○'보다 '실패하지 않는 ○○'이 더욱 어필하기에 좋다. 다만 실패 가능성을 전혀 고려하지 않는 사람에게는 '성공하는 ○○'이 더 잘 먹힌다.

0193	퇴직금 운용자 필독! 실패하지 않는 자산 운용의 핵심
0194	실패하지 않는 SNS 마케팅 가이드
0195	실패하지 않는 영어 공부법

후회하지 않는

다른 표현 후회 없는, 아쉬움 없는

기본적으로는 '실패하지 않는'과 같은 맥락이다. 굳이 구분하자면 '실패'는 '일이 잘되지 않은 사실'을 가리키는 데 반해 '후회'는 '잘되지 않은 결과를 유감스럽게 여기는 감정'에 초점을 맞추고 있다. 어감의 차이를 알고 사용하면 좋다.

0196	후회하지 않는 자동차 선택 기준
0197	매각 시에 후회하지 않을 신축 아파트 구입법
0198	사회에 나와서 후회하지 않을 전공을 선택하려면?

탈

다른 표현 스톱○○, ○○으로부터의 탈출

'탈(脫)'은 '탈출하다' '빠져나가다'라는 의미이므로 싫은 상태로부터 도망치는 것을 매우 짧게 표현할 수 있다. 짧은 시간 안에 읽는 사람에게 의미를 전달해야 하는 카피에 적합하고 효과적인 표현이다.

0199	영상 제작사의 탈가격 경쟁(《닛케이 MJ》, 2017년 10월)
0200	탈원전 바람이 분다
0201	탈중국 검토하는 기업, '태국 겨냥'도 다수(《포브스 재팬》, 2019년 6월)

안녕

다른 표현 굿바이, 이별, 그럼 이만

앞의 '탈'과 같은 뉘앙스이지만, '탈'이 스스로 벗어나는 느낌이라면, '안녕'은 문제 쪽이 사라진다는 느낌이 강하다. 또한 '탈'보다 '안녕'이 더 부드러운 인상을 준다.

0202	프록시 작업은 안녕(Proxy Workflow RIP)(애플)
0203	불면증과 이별하는 가장 확실한 방법
0204	뱃살이여, 이제 안녕!

질문 던지기

질문 형태로 된 카피를 자주 볼 수 있는데, 이러한 질문형 카피에는 두 가지 효과가 있다.

1. 계속 읽게 만든다

질문을 받으면 뇌는 답을 찾으려고 한다. 실제로 '왜 ○○일까?'라고 질문하면 '○○이니까'라는 설명을 듣고 싶어져 그다음 내용을 읽게 된다.

2. 이후 행동을 촉구하는 효과가 있다

행동경제학에서는 이를 '프라이밍 효과priming effect'라고 한다. '프라임prime'이란 '선행 자극'이라는 의미로, **먼저 어떤 자극을 받으면 그 자극이 이후 행동에 영향을 미친다는 것이다.** 가령 '앞으로 6개월 안에 새 차를 구매하실 건가요?'라는 질문을 받으면 구매율이 35% 오르고, '이번 선거에 투표하러 가시나요?'라는 질문을 받으면 투표율이 높아진다고 한다.(『넛지』 리처드 탈러, 캐스 선스타인, 리더스북, 2022)

주목을 끌고 싶다면 문장 끝에 '?'를 붙여라. 물음표가 있느냐 없느냐에 따라 고객이 계속해서 읽을 확률이 달라진다.

○○이란?	다른 표현 ○○의 정의, ○○을 생각해보자	
가장 기본적이고 사용하기 쉬워서 자주 보이는 표현이다. 그만큼 '○○이란?'의 '○○'에는 반드시 흥미를 끄는 내용이 들어가야 한다.	0205	새로운 화폐의 등장, 비트코인이란?
	0206	자금 조달의 수단으로 빼놓을 수 없는 '크라우드 펀딩'이란?
	0207	프랑스의 아름다운 5개 도시 여행. 파리에 없는 매력이란?(〈닛케이신문〉, 2019년 9월)

왜 ○○은 ○○일까?	다른 표현 어째서 ○○은 ○○인가?, ○○이 ○○한 이유	
'○○이란?'과 더불어 매우 자주 쓰이는 표현 중 하나다. 먼저 질문을 던진 다음, 이어지는 문장에서 답을 말해준다. 보편적인 표현인 만큼 진부한 카피가 되지 않도록 유의해야 한다. 읽는 사람이 그 이유를 정말로 궁금해하는 흥미진진한 주제를 선택하는 것이 관건이다.	0208	왜 스포츠 선수는 포르쉐가 아니라 페라리를 타고 싶어 할까?
	0209	왜 고급 프렌치 레스토랑의 메뉴는 유난히 길까?(프레지던트 온라인, 2019년 9월)
	0210	『동네 철물점은 왜 망하지 않을까?』(야마다 신야, 랜덤하우스코리아, 2005)

어째서 ○○인 걸까?

다른 표현 ○○의 이유, ○○이 ○○인 까닭

'왜 ○○은 ○○일까?'와 같은 패턴이지만 '왜'보다 '어째서'의 사용 빈도가 낮기 때문에 흔하다는 느낌이 덜하다. 좀 더 구어체의 느낌을 풍기므로 가볍고 부드러운 인상을 줄 수 있다.

0211	어째서 그 사람은 퍼스트 클래스를 탈 수 있는 걸까? (『임팩트 컴퍼니インパクトカンパニー』 간다 마사노리, PHP연구소, 2019)
0212	어째서 폴더폰이 사라지고 스마트폰이 세상을 휩쓸게 되었나?
0213	컬러 사진? 어째서 흑백 사진이 컬러로 보일까?(《뉴스위크 재팬》, 2019년 8월)

어떻게

다른 표현 어떻게 하면, ○○하는 법, 어떤 방법으로

'어떻게' 한 건지 그 방법에 대한 궁금증을 유발하는 표현이다. 이어지는 문장이 '노하우'나 '수단'을 다루는 경우에 이 표현을 사용하면 좋다.

0214	회생하기 어렵다던 그 회사를 어떻게 상장시켰을까?
0215	우뇌를 어떻게 경영에 활용할까?
0216	어떻게 하면 대학 진학률을 높일 수 있을까?

왜 어떤 사람은 ○○할 수 있을까?

다른 표현 왜 소수의 사람만이 ○○할 수 있는 걸까?

'왜 ○○은 ○○일까?'와 비슷해 보이지만, 이 표현은 '당신 이외의 어떤 사람들은 이미 잘되는 방법을 알고 있으니, 그 비결을 공개하겠다'라는 뉘앙스를 전달한다.

0217	왜 어떤 사람들은 자기 전에 야식을 먹어도 살이 찌지 않을까?
0218	왜 소수의 사람만이 주식으로 돈을 버는 걸까?
0219	왜 어떤 사람들은 SNS 광고로 큰 효과를 보는 걸까?

왜 어떤 사람은 ○○하지 못할까?

다른 표현 왜 전혀 ○○하지 못하는 사람이 있는 걸까?

'왜 어떤 사람은 ○○할 수 있을까?'의 역버전이다. 할 수 없는 일에 초점을 맞춰서 뭔가 '원인'이 있다는 것을 지적하는 표현이다. 이 말에는 '당신만 못하는 게 아니다'라는 뉘앙스도 내포되어 있다.

0220	왜 어떤 사람은 술을 아예 마시지 못할까?
0221	왜 어떤 사람들은 아침에 일찍 일어나지 못할까?
0222	왜 어떤 사람들은 변화를 극도로 싫어할까?

이런 실수 하지 않나요?

다른 표현 자주 하는 실수, 자칫 ○○하기 쉬운 실수

이 표현의 핵심은 '이런'과 '실수'다. '이런'이라는 단어가 나오면 어떤 것인지 궁금해진다. 심지어 실수까지 나오니까 궁금증이 더 커진다. 이어지는 문장에서 '이런 실수'의 사례를 보여주는 식으로 사용하면 된다.

0223 존댓말 쓸 때 이런 실수 하지 않나요?

0224 미용실 선택할 때 이런 실수 하지 않나요?

0225 첫 해외여행에서 가장 자주 하는 실수는?

이런 증상이 나타나지 않나요?

다른 표현 짐작 가는 일 없나요?, 가장 흔한 ○○증상은?

문제가 되는 증상을 깨닫게 하는 데 효과적이다. 병의 증상뿐만 아니라, 기계의 고장 등에도 사용할 수 있다. 해결책은 다음 문장에서 제시하면 된다.

0226 이런 당뇨병 증상이 나타나지는 않나요?

0227 목 디스크의 가장 흔한 전조 증상은?

0228 반려견에게서 이런 증상이 나타나지는 않나요?

이런 징후 없습니까?

다른 표현 낌새, 조짐, ○○하지 않나요?

실제로 발생하면 곤란한 일을 쓰는 것이 포인트다. 사람은 예방에는 그다지 적극적으로 움직이지 않기 때문에, 예문에 나온 '등교 거부' '퇴사' '인지증(치매)'처럼 그냥 지나칠 수 없는 상황에 사용해야 효과적이다.

0229 자녀에게 이러한 등교 거부의 징후는 없습니까?

0230 신입사원에게 이런 퇴사 징후가 보이지는 않나요?

0231 부모님께 이러한 인지증 징후 없습니까?

어느 쪽?

다른 표현 어느 것, ○○ 또는 ○○, 좋아하는 ○○

이 표현의 장점은 몇 가지의 가능성을 제시할 수 있다는 점이다. 게다가 '어느 쪽?'이라는 질문을 받으면, 자신은 어느 쪽인지 확인하고 싶어져 몰입도가 높아진다.

0232 거절당했을 때의 4가지 반응. 일의 행복도를 높이는 반응은 어느 쪽?《〈포브스 재팬〉, 2018년 6월》

0233 당신이라면 다음 중 어느 쪽을 선택하겠습니까?

0234 자주 생기는 5가지 피부 트러블 - 당신은 어느 쪽?

어떤 타입?

다른 표현 무슨 타입?, 어떤 유형?

의문형으로 묻고, 선택하게 한다. 0236, 0237처럼 대상을 몇 가지 카테고리로 분류하거나, 0235처럼 '자신이 어디에 해당하는지'를 확인하고 싶게 만들 수도 있다.

0235 나쁜 일이 생겼을 때의 반응. 당신은 어떤 타입?

0236 이번 감기는 어떤 타입? 코, 목, 기침 타입별 대처법

0237 부동산, 주식, 코인. 투자자 유형별 추천 투자 상품

무슨 파?

다른 표현 무슨 족?, 어떤 유형?

'타입'과 같은 뉘앙스이지만, '타입'은 자연스럽게 그 유형이 된다는 느낌인 데 반해, '파'는 자신의 의사로 선택한다는 뉘앙스가 있다. 취향이나 자존심, 정체성과도 결부되어 있다.

0238 독서는 전자책파, 아니면 종이책파?

0239 아침 식사는 밥파, 아니면 빵파? 의외로 여성에게 많은 건 어느 쪽?

0240 2030 영끌족의 부활

무엇이 문제인가?

다른 표현 어디가 잘못되었는가?, ○○의 진실

언뜻 봐선 잘못된 점이 없어 보이는 것에 사용하면 효과를 볼 수 있다. 읽는 사람이 모르는 새로운 정보를 제공하는 목적으로 쓰인다. 단순히 알려주는 게 아니라 질문을 던져 관심을 불러일으키는 것이 중요하다.

0241 피케티의 이론, 무엇이 문제인가?(도요케이자이 온라인, 2015년 2월)

0242 부동산 정책, 무엇이 문제인가?

0243 영양제의 진실

○○하고 있습니까?

다른 표현 ○○했나요?, ○○했습니까?

'○○하고 있습니까?'의 '○○'에 들어가는 내용이 질문 덕분에 기억에 남기 쉽다. 0245처럼 상품명을 바로 넣으면 가장 임팩트가 강하지만, 관심 있는 화제로 흥미를 끌고 난 다음에 상품을 소개하는 방법도 좋다.

0244 퇴직 후 제2의 인생 준비하고 있습니까?

0245 세콤 하고 있습니까?(세콤)

0246 초봄 자외선 대책 세우고 있습니까? 방심하면 바로 생기는 기미, 주근깨

살 예정인가요?

다른 표현 **사실 건가요?, 구입하겠습니까?**

새 차를 살 계획인지 묻기만 해도 신차 구매율이 35% 상승했다는 사례가 있다. 단순히 질문하는 것처럼 보이지만, 그 후의 행동을 유도하는 '프라이밍 효과'를 기대할 수 있는 표현이다.

0247 배우자에게 줄 크리스마스 선물을 살 예정인가요?

0248 애쓴 자신에게 주는 선물로 향수를 사실 건가요?

0249 이번 명절 선물은 어디서 사실 겁니까?

알고 계신가요?

다른 표현 **알고 있습니까?, 알고 있었나요?**

이 표현은 두 가지 효과를 기대할 수 있다. 한 가지는 모를 법한 정보를 제공하여 관심을 불러일으키는 효과이고, 또 한 가지는 알고 있는 것을 다시 물어봄으로써 그 행동을 유도하는 효과다.

0250 알고 계신가요? 초미세먼지에 대해

0251 'OKR'을 아십니까?(〈닛케이 MJ〉, 2019년 2월)

0252 건강기능식품과 건강보조식품의 차이, 알고 계신가요?

갖고 싶지 않나요?

다른 표현 **손에 넣고 싶지 않나요?, 원하지 않으세요?**

욕망에 호소하면서도 질문을 던지며 여운을 남기는 표현이다 고객이 정말 갖고 싶어 하는 대상에 사용해야 효과가 있다.

0253 10대처럼 깨끗한 피부를 갖고 싶지 않나요?

0254 나만의 캠핑카, 갖고 싶지 않나요?

0255 스트레스 격감! 스스로 시간을 컨트롤할 자유를 원하지 않으세요?

할 예정인가요?

다른 표현 **○○할 생각인가요?, ○○하실 건가요?**

'살 예정인가요?'와 마찬가지로, 질문을 통해 행동을 유도하는 표현의 대표적인 예다. '투표할 예정인가요?'라고 묻는 것만으로 투표율이 높아진다는 사례가 있다.

0256 이번 선거에 투표할 예정인가요?

0257 영화관에 누구와 갈 생각인가요?

0258 연말연시에 해외여행을 갈 예정인가요?

만약 ○○이라면 어떻게 하겠습니까?

다른 표현 만약 ○○이라면 어떻게 할 건가요?

'어떻게 하겠습니까?'라는 질문을 받으면 누구나 '나라면 어떻게 할까?'라고 생각하게 된다. 0259처럼 '이런'이라는 단어와 함께 쓰면 읽는 사람은 더욱 흥미를 느끼게 된다. 이어지는 문장에서 구체적인 예시를 들어주면 된다. '내 일처럼 생각하게 만드는' 표현으로 광고에서 자주 사용된다.

0259	만약 당신의 결혼식에서 이런 일이 일어난다면 어떻게 하겠습니까?
0260	만약 상사에게 심하게 지적을 당한다면 어떻게 할 건가요?
0261	'만약 인류가 수중에서 살게 된다면?' 자연과 기술을 융합하는 디자이너의 물음《포브스 재팬》, 2018년 8월》

할 수 있나요?

다른 표현 할 수 있습니까?, 가능합니까?

'아니요' 또는 '모른다'라는 답변이 나온다는 전제가 깔려 있어야 그다음 내용을 제시할 수 있다. '네, 가능합니다'라는 답변이 나오게 카피를 쓰면 효과가 없다. 이 표현은 읽는 사람을 약간 도발하는 뉘앙스를 내포하고 있다.

0262	당신은 책에 관해서 제대로 이야기할 수 있나요?
0263	60세 이후, 당신은 일하지 않아도 걱정 없이 살 수 있습니까?
0264	싫은 사람의 부탁을 자연스럽게 거절할 수 있나요?

잊으신 건 없나요?

다른 표현 잊고 있지는 않나요?, ○○을 확인해주세요

재촉이나 확인을 할 때 위화감이 적은 표현이다. 0265처럼 제목으로 사용할 수도 있다. 내용에 흥미를 갖게 만든다.

0265	잊으신 건 없나요?(메일 등의 제목으로 사용)
0266	자동차 오일 교환, 잊고 있지는 않나요?
0267	의료비 공제 신청, 잊지는 않으셨죠?

어떻게 될까?

다른 표현 어떻게 달라질까?, 대예측!, ○○의 행방을 쫓다

미래를 전망하는 표현이다. 간단하고 기본적인 표현이지만 '앞으로의 상황이 궁금해지는 내용'을 쓰면 관심을 끌 수 있다.

0268	어떻게 될까? 황금연휴 판매 경쟁(『금단의 세일즈 카피라이팅』 간다 마사노리, 두드림미디어, 2023)
0269	보험, 어떻게 될까? 절세 방법 점검《주간 다이아몬드》, 2019년 6/15호》
0270	앗, 은행이…?! 그때 예금은 어떻게 되는 거지?(전국은행협회)

호기심 유발하기

이제부터 소개할 표현은 '호기심'을 자극하는 카피들이다. 예를 들어 '결혼하지 못하는 이유' '금요일 퇴근 무렵이면 새로운 업무가 생기는 이유' 같은 문장을 읽으면 **정말 왜 그럴까?**라는 생각이 들면서 내용이 궁금해진다.

이러한 표현을 사용할 때는 정말 호기심을 끄는 것인지 잘 생각해야 한다. '호기심'의 사전적 의미는 '새롭고 신기한 것을 좋아하거나 모르는 것을 알고 싶어 하는 마음'이다. 즉, 흔히 볼 수 있는 사물이나 이미 잘 알고 있는 상식은 호기심의 대상이 되기 어렵다. 가령 '앞치마가 흰색인 이유'는 '위생 상태를 한눈에 알 수 있기 때문이겠지'라고 바로 짐작할 수 있어 호기심을 자극하지 않는다.

그런데 같은 흰색이라도 '흰색 비행기가 많은 이유'라면 흥미를 보이는 사람이 늘어날 것이다. 또는 '앞치마가 흰색인 의외의 이유'라고 약간 변형하면 읽는 사람은 자신이 모르는 사실이 있을지도 모른다고 생각할 수 있다. 그러므로 카피를 쓴 다음에 정말 사람들의 호기심을 불러일으킬 수 있을지 다시 한 번 확인해야 한다.

이유	다른 표현 근거, 까닭, 연유	
'○○의 이유'라는 표현을 보면 그 이유가 궁금해진다. 간단한 표현이므로 사용하기 쉽고 자주 볼 수 있다. 하지만 기본적인 표현이다 보니 그만큼 평범하게 느껴질 수 있다. '그 이유의 내용'을 잘 생각해내는 것이 중요하다.	0271	비 오는 날 허리 통증이 더 심해지는 이유
	0272	아이폰으로 갈아 타는 이유(애플)
	0273	'줄도산 시대'가 올가을부터 시작된다고 말할 수 있는 그럴 만한 이유(다이아몬드 온라인, 2019년 6월)

사정	다른 표현 속사정, 까닭, 원인, ○○와 ○○의 인과관계	
'이유'와 같은 의미이지만 격식을 차리는 문장에는 '이유'가 더 잘 어울린다. 하지만 약간 편안한 느낌을 주고 싶거나 '숨겨진 진짜 이유'라는 뉘앙스로 사용할 때에는 '사정' 쪽이 더 적합하다.	0274	한국에서 전세 제도가 없어지지 않는 사정은?
	0275	성실한 사람일수록 돈이 모이지 않는 까닭
	0276	그녀가 신혼여행에서 돌아오자마자 이혼한 속사정

의미	**다른 표현** 의의, 가치, 본질, 핵심, 배경
'이유'나 '사정'과 비슷하지만, 이유와 사정이 배경에 무게를 두고 있다면, '의미'는 가치 그 자체에 더욱 무게를 두는 뉘앙스를 풍긴다.	**0277** 모든 형태에는 의미가 있다(애플)
	0278 환경영향평가의 의의를 묻다(WWF 재팬, 2023년 6월)
	0279 고층 아파트의 최상층에 출몰하는 바퀴벌레는 무엇을 의미하는가?

해야 할 이유	**다른 표현** 해야만 하는 이유, 왜 ○○해야만 하는가
누구나 '○○이니까 ○○해야 한다!'라는 말은 듣기 싫은 법이다. 옳은 말일지라도 명령조로 들리면 방어 본능이 일어나 거절할 가능성이 높다. 이 표현은 읽는 사람이 스스로 판단할 여지를 남김으로써 듣기 거북한 느낌을 완화해준다.	**0280** 빚을 내서라도 유학을 보내야 하는 이유
	0281 신년의 거창한 포부를 그만둬야 할 이유와, 그 대신 해야 할 일(《포브스 재팬》, 2019년 1월)
	0282 정년퇴직까지 기다리지 말고 회사를 그만둬야 하는 7가지 이유

실패하는 이유	**다른 표현** 잘되지 않는 이유, 왜 ○○하는 게 좋은가
'실패는 성공의 어머니' '실패에서 배운다'라는 말이 있듯이 실패에는 부정적인 측면만 있는 것은 아니지만, 피할 수 있다면 피하고 싶기 마련이다. 실패하는 이유를 미리 알 수 있다면 그보다 더 좋은 일은 없을 것이다. 이 표현을 사용할 경우 다음 문장에서 실패하는 이유를 명확히 제시해야 한다.	**0283** 디지털 시대, 고객 모집에 실패하는 2가지 이유
	0284 연애를 이론으로만 배운 사람이 실패하는 명확한 이유
	0285 집에서 햄버그스테이크를 구울 때 실패하기 쉬운 이유

진짜	**다른 표현** 진정한, 실제의, ○○의 속내
이 단어는 우리가 일반적으로 알고 있는 상식이나 어떤 사실의 이면에 또 다른 진실이 있을지도 모른다는 느낌을 풍기는 데 최적이다. 적재적소에 잘 사용하면 호기심을 불러일으킬 수 있다.	**0286** 업무 방식이 바뀌지 않는 진짜 이유
	0287 모두가 잊고 있는 '학교 숙제'의 진짜 목적(프레지던트 온라인, 2019년 9월)
	0288 조용한 퇴사가 유행하는 진짜 이유

진짜 이유

다른 표현 진짜 내막, 실은 ○○이 ○○였다!

열심히 노력하는데도 성과가 오르지 않는다거나 대책도 세웠지만 잘 풀리지 않는다. 이런 상황에서 '진짜 원인'을 알려준다고 하면, '내가 모르는 중요한 뭔가가 있다'고 생각하게 된다. 중요한 정보를 놓치고 싶지 않은 마음을 공략할 수 있는 표현이다.

0289	연봉 1억에도 가계가 적자인 진짜 이유
0290	당신의 연애가 잘되지 않는 진짜 이유와 3가지 해결책
0291	매출이 떨어진 진짜 이유는 따로 있다

사실은 대단한

다른 표현 실은 굉장한, ○○을 다시 생각하다, 재평가

별거 아니라고 생각한 것이 알고 보면 실은 굉장한 것이라는 의외성을 강조하면서 정보를 제공하는 방법이다. 잘 알려지지 않은 비밀이 있다는 것을 은근히 암시하여 호기심을 자극하는 표현이다.

0292	사실은 대단한 하루 한 시간 걷기의 효과
0293	단 3분. 하지만 사실은 굉장한 스트레칭의 위력
0294	디지털 네이티브 세대에게 알려주고 싶다. 사실은 굉장한 손글씨의 힘

저력

다른 표현 진면목, 진가, 진짜 실력, 본질

그다지 알려지지 않은 강점이라는 뉘앙스를 단 두 글자로 전달할 수 있는 표현이다. '○○의 저력'의 형태가 기본적이며, 사람과 장소 등 비교적 어디에든 붙이기 쉽고 사용하기 편하다.

0295	리모트 워커의 저력
0296	오늘날 재조명해야 할 발효 식품의 저력
0297	은퇴자들의 저력

근원

다른 표현 원천, ○○의 뿌리, ○○의 고향

'근본'이라는 의미다. '어떤 일이 일어난 근본적인 원인 또는 요소가 무엇인지'를 궁금하게 만든다. '뿌리를 찾아가다'라는 표현이 있듯이 탐구심을 자극할 수 있다.

0298	K-POP 붐의 근원은 무엇인가?
0299	영감이 떠오르는 순간! 현상학으로 본 발상의 근원
0300	사진가의 뿌리를 더듬어가다. 라이카 렌즈와 함께(파나소닉)

이렇게

다른 표현   이렇게 해서

'이렇게'라는 말을 들으면 '어떻게?'가 바로 튀어나올 정도로 그 이유가 궁금해진다. '이, 그, 저, 어느'란 말에는 모두 동일한 효과가 있다. 이 표현은 '도대체 어떤 일이 있었기에 잘 풀렸지?'라는 궁금증이 일게 만든다.

0301	줄 서서 먹는 수프는 이렇게 만들어진다. 24시간 밀착 취재!
0302	나는 유학 없이 이렇게 중국어를 정복했다
0303	이렇게 최연소 프로 기사의 기록이 경신되었다

미지

다른 표현   미공개, 비밀, 신비

글자 그대로 '아직 알지 못함'을 뜻한다. 잘 알려진 것과 잘 알려지지 않은 것 중 사람들이 호기심을 갖는 쪽은 당연히 후자이기 때문에 시선을 끌기 좋다.

0304	미지의 영역, 심해의 가능성을 엿보다
0305	미지의 나라 '티베트' 자유 여행
0306	뇌과학이 밝혀낸 동기부여의 비밀

이토록

다른 표현   이 정도, 이만큼, 이렇게

그다음 내용을 궁금하게 하는 단어 중 하나다. '이토록'이라는 말을 들으면 '어느 정도'인지 알고 싶어진다. 평균적인 수준보다 훨씬 좋거나 훨씬 나쁜 상황을 떠오르게 한다.

0307	이토록 작은데 이 정도 고성능!(애플)
0308	왜 물건을 버리는 게 이토록 어려울까?(라이프해커 재팬, 2016년 3월)
0309	파워 스톤은 이토록 아름답고 이토록 대단하구나!

밝혀지다

다른 표현   드러나다, 백일하에, 폭로, 고백, 해명

'불명확했던 이유나 원인을 알아냈다'는 사실을 강조한다. 비밀이 드러났다는 뉘앙스를 품고 있다. 문장의 끝에 '○○으로 밝혀져!'라고만 써도 그다음 내용이 궁금해지는 효과가 있다.

0310	중요한 프로젝트가 단번에 진척되는 요인, 학술적으로 밝혀져!
0311	초부유층의 개인 전용기 이용, 의외의 실태가 밝혀지다!(《포브스 재팬》, 2018년 11월)
0312	현지 조사로 밝혀진 난민 수용소의 실태

글로벌

다른 표현 월드와이드, 유니버설, 세계의, 국제적인

'세계적인' '세계적으로 진행되고 있는'의 뜻으로, 진취적인 인상을 주는 단어. 지금은 국내에 머물러 있지만, 언젠가는 전 세계를 무대로 활동하겠다는 목표가 있는 사람에게 효과적이다.

0313	글로벌 기업으로 성장하는 방법
0314	글로벌 인재를 모십니다
0315	글로벌 시장을 제패한 넷플릭스의 인재 관리법

거짓과 진실

다른 표현 진위, 검증, ○○의 실제와 허구

틀린 것(거짓)을 지적할 뿐만 아니라 올바른 것(진실)도 동시에 명시하여 '객관적인 정보를 알려준다'는 인상을 준다. 특정한 시각으로 치우치지 않고 제3자의 입장을 표명할 수 있다.

0316	장어와 매실 장아찌. 튀김과 수박. 음식 궁합의 거짓과 진실
0317	영양제 효능에 대한 거짓과 진실
0318	인구 감소 시대의 허구와 진실

주목

다른 표현 주의, 클로즈업, 지금 핫한 ○○

'주목!'이라고 서두에 쓰거나 '○○에 주목'이라고 문장 끝에 쓰는 등 다양한 위치에 넣을 수 있다. 단, 주목을 집중시키면 읽는 사람의 기대치가 커지므로 뒤에 나오는 문장에서 무엇을 보여줄지를 잘 생각해야 한다.

0319	주목! 알파 세대가 주도하는 시장의 트렌드
0320	구독 경제의 상승세에 주목하라!
0321	평론가들이 주목한 신작 영화

내비

다른 표현 안내, 가이드, 길잡이, 매뉴얼

내비게이션(navigation)의 약어로, 자동차 내비가 대표적이지만 카피에서는 '안내, 가이드, 길잡이'의 의미로 쓴다. 여기저기 흩어져 있는 수많은 정보를 모아 제공한다는 인상을 준다.

0322	도쿄 유니버설 디자인 내비(도쿄도 복지보건재단)
0323	꽃가루 알레르기 내비(제약회사 교와 기린)
0324	인터넷 광고 가이드

경향

다른 표현 트렌드, 추세, 경향성

트렌드나 추세처럼 대중의 선호를 짐작하게 하는 단어. 그 자체로는 가치 중립적인 단어이지만, 긍정과 부정 양쪽의 상황에 모두 쓸 수 있다.

0325	전자책 시장에서 나타나는 새로운 경향
0326	자기긍정감이 낮은 사람일수록 툭하면 남들과 비교하는 경향이 있다
0327	출제 경향 파악은 시험 준비의 시작

생생한 목소리

다른 표현 실제 후기, 사례, 고객의 소리, 감상, 속내

'실제 의견과 감상'이라는 의미이지만 '솔직한 마음'이라는 뉘앙스로 사용될 때가 많으며, 조사에 근거한 내용이므로 신뢰할 수 있다. 일반적인 경로로는 좀처럼 알기 어려운 정보를 얻을 수 있다는 기대감이 드는 동시에 비밀스러운 뉘앙스도 내포되어 있어 호기심을 불러일으키는 표현이다.

0328	고객 2500명의 생생한 목소리를 토대로 개발한 상품
0329	창업한 선배의 생생한 경험을 들을 귀중한 기회
0330	현장의 생생한 목소리로 알 수 있는 의료 분야의 구조적 문제

탐험

다른 표현 순회, 순례, 여행

원래는 '위험을 무릅쓰고 어떤 곳을 찾아가 조사한다'는 뜻이지만, 카피에서는 관심사를 쫓아 이곳저곳을 다니는 활동으로 쓰이는 편이다. 여행보다는 목적성이 느껴지는 표현이다.

0331	전국 국립미술관 탐험
0332	책으로 떠나는 지적 탐험
0333	여름철 기력을 보충해줄 맛집 순회!

그

다른 표현 예의 그 ○○, 저 ○○

'그것'과 마찬가지로 의도적으로 대상을 확실히 밝히지 않음으로써 흥미를 끄는 표현이다. 읽는 이의 상상력이나 감성을 자극하는 효과가 있다.

0334	고급 전통 일식당의 그 맛을 가정에서 재현!
0335	프로에서 은퇴한 지금도 후회가 남는 '그 한 번의 투구'
0336	그날엔(경동제약)

킬러 패스	다른 표현 타개책, 돌파구, 결정타
축구 용어로, 득점으로 이어지거나 형세를 단번에 역전시키는 한 방의 날카로운 패스를 뜻한다. 그 이미지를 이어받아 효과가 높은 방안이라는 것을 단적으로 나타내는 표현이다. '결정타'와 의미가 비슷하지만 결정타는 최종적인 이미지인 데 반해서 '킬러 패스'는 그 전에 효과를 발휘한다는 뉘앙스가 있다.	**0337** 예산 달성을 향한 킬러 패스
	0338 매출 부진 상황을 타개할 킬러 패스를 찾아라
	0339 공인회계사 시험 합격을 위한 킬러 패스!

○○으로	다른 표현 지금부터, ○○에 돌입
이 표현은 '○○에게'라는 타깃을 칭하는 말이 아니라 무언가가 앞으로 시작될 거라는 뉘앙스를 전하는 표현이다. 신문 기사의 헤드라인에서 자주 볼 수 있으며 '○○으로!'로 마무리하면 여운을 남길 수 있다.	**0340** 원자재만이 아니다. 소비재도 일제히 가격 인상으로!
	0341 전동 킥보드, 기준을 충족하면 자전거와 같은 규정 적용으로!(NHK)
	0342 차세대 신약, 3차 임상시험에 돌입

○○도	다른 표현 ○○도 있다, 예상된다
'○○이 있다'라는 표현 대신 '○○도'로 문장을 짧게 마무리함으로써 임팩트와 여운을 줄 수 있다. 제한된 글자 수로 주목을 끌어야 하는 헤드라인에 쓰기 유용하다.	**0343** 경기 부양책, 지속력에 의문도
	0344 어린이들의 건강에 대한 우려도
	0345 한밤중에 폭우가 쏟아지는 곳도!

뒤엎다	다른 표현 뒤집다, 반전하다, 바꾸다
'지금까지의 일을 부정하고 근본부터 바꾼다'는 의미로, 크게 달라지는 이미지를 떠올리게 표현이다. 뒤엎는 대상은 상식, 정설, 통설, 습관 등 다양하지만 일반적으로 바꾸기 어렵다고 생각되는 대상에 사용하면 한층 더 효과가 크다.	**0346** 패션업계의 상식을 뒤엎는 유통 개혁
	0347 '북향집은 춥다'는 정설을 뒤엎는 주택 설계
	0348 쌉쌀하다는 선입견을 바꿔버린 사케

갭 만들기

지금 다니는 직장에 껄끄러운 사람이 있는데, 매일 얼굴을 보는 것조차 견딜 수 없는 상황이라고 가정해보자. 그때 불쾌한 기분을 순식간에 바꿔줄 수 있는 스트레칭(물론 실제로 그런 스트레칭이 없다고 하더라도)이 있다는 것을 알게 되었고, 마침 그 방법을 가르쳐주는 동영상을 합리적인 가격에 볼 수 있다고 한다면, 돈을 쓰더라도 따라 해보고 싶을 것이다. 당신의 **'현재 상태'**와 **'되고 싶은 상태'** 사이에 갭이 생겨**났기 때문**이다.

나는 **고객의 반응이 갭의 양으로 결정된다**고 생각한다. **'현실'**과 **'이상'** 사이의 갭, **'현재'**와 **'미래'** 사이**의 갭이 크지 않으면, 사람은 굳이 행동하지 않는다.** 이 갭은 꼭 현재 상황에 불만이 있는 경우에만 생기는 것은 아니다. 생각지도 못한 멋진 미래가 보일 때도 갭은 생겨날 수 있다. 우선 읽는 사람이 처한 현재 상황을 파악하라. 당신이 제공하는 상품이나 서비스가 갭을 없애줄 수 있다는 것을 언어로 표현한다면 잘 팔릴 확률은 훨씬 높아질 것이다. 여기서 소개하는 단어를 잘 활용하여 그 '갭'을 표현해보길 바란다.

[게으름뱅이]가 [성공했다]	다른 표현 이런 내가 ○○, 어째서 그 사람이 ○○
'게으름뱅이가 부자가 되었다'처럼, 이상적인 상태가 되기 위해 일반적으로 알고 있는 상식과는 정반대의 내용을 내세움으로써 주목을 끄는 표현이다. 읽는 사람은 '나한테도 기회가 올지 몰라' 하고 기대하게 된다.	**0349** 잘 노는 사람이 돈도 잘 번다!
	0350 영업 경험이 전혀 없는데도 순식간에 매출을 올리기 시작했다(『불변의 마케팅』, 간다 마사노리, 두드림미디어, 2023)
	0351 골프를 한 번도 쳐본 적 없는 내가 2개월 만에 110타를 치게 된 연습법

인생을 바꾼	다른 표현 드라마틱한, 전환기가 된, 큰 계기가 된
큰 전환점이나 계기가 된 상황에서 사용된다. 인생이 바뀔 정도로 드라마틱한 일을 표현하는 데 적합하다. 너무 가벼운 일에 사용하면 과도한 표현으로 들릴 수 있으니 피하는 것이 좋다.	**0352** 인생을 바꾼 한 권의 책
	0353 5만 명 이상의 인생을 바꾼 행복론
	0354 개업 3년 만에 2000명 이상의 인생을 바꾼 재단사의 놀라운 치수 측정 기술

보통을 뛰어넘는

다른 표현 남다른, 뛰어난, 파격적인, 탁월한, 예사롭지 않은

'완벽하다' '탁월하다'는 뜻을 간접적으로 표현하는 말이다. 일반적으로 '이 정도가 보통'이라고 여겨지는 수준을 훨씬 뛰어넘는 상태를 나타낼 때 사용한다. 평균적인 수준과의 차이, 즉 그 갭이 독자의 흥미를 불러일으킨다.

0355	그 가게가 보통을 뛰어넘는 가성비를 자랑하는 비결
0356	게릴라성 폭우의 강우량이 보통을 뛰어넘는 이유
0357	보통을 뛰어넘는 차단력! 한여름 대낮에도 깜깜하게 만드는 암막 커튼

장난 아닌

다른 표현 대박, 미친, 엄청난, 심상찮은, 놀랄 만한

'보통을 뛰어넘는'과 같은 의미다. 캐주얼한 표현이므로 격식을 차려야 하는 상황에서는 쓰지 않는 것이 좋다. 다만 상황을 가려 센스 있게 사용하면 읽는 사람의 기대감을 높일 수 있다.

0358	장난 아닌 세척 효과!
0359	리조트에서의 저녁 식사 후 스파, 대박 힐링!
0360	화제의 딸기 케이크 직관. 장난 아닌 딸기 양!

비약적

다른 표현 급속, 척척 진척되는, 급격히, 일사천리로

크게 성장하거나 개선되는 모습을 나타낸다. 앞뒤에 근거가 될 만한 정보를 제시하면 더욱 좋은 효과를 낼 수 있다.

0361	매출을 비약적으로 늘리는 4가지 공식
0362	여름방학 때 공부한 아이가 2학기부터 비약적으로 성적이 오른 비밀은?
0363	정확도가 비약적으로 높아지는 서브 요령

전대미문

다른 표현 획기적, 역사를 바꿀, 기록적, 전인미답

'지금까지 들어본 적이 없다'라는 뜻이다. 이 말을 들으면 완전히 새로운 무언가를 기대하게 된다. 실제로 전례가 없을 정도로 드문 일이 아닐 때 사용하면 과도한 표현이 되므로, 딱 맞는 상황인지를 잘 살펴서 사용해야 한다.

0364	전대미문의 두 종목 동시 우승
0365	전대미문의 대규모 퇴사에 사장과 임원진이 아연실색
0366	실화? '접대 탁구'라니 전대미문!

마법

다른 표현 마술, 매직, 마력, 불가사의, 신비, 트릭

예상 이상의 결과가 나오거나, 기대 이상으로 빠르게 효과가 나타나면 마법 같다고 느끼기 마련이다. 이렇게 '상상을 뛰어넘을 정도로 좋은 상태'를 나타내는 비유로 사용한다. 아무 때나 남발하면 과장이라고 받아들여지므로 주의해야 한다.

0367 상사를 바로 설득시키는 숫자의 마법

0368 마법의 튀김가루(식품업체 쇼와산업)

0369 쇄골 라인을 살려주는 마법의 스트레칭

파괴적인

다른 표현 금단의, 금지된, 비상식, 역발상

관습이나 룰에서 벗어난 상품을 알릴 때 딱 맞는 단어다. 긍정적, 부정적인 의미에 모두 쓸 수 있으므로 쓰고자 하는 의도에 적합한지를 신중히 살펴보고 사용해야 한다.

0370 파괴적인 밸런타인 초콜릿. 남자가 여자에게 주고 싶다면 바로 이것!(프레지던트 스타일, 2019년 2월)

0371 파괴적 혁신을 이끄는 IT 제품들

0372 『비상식적 성공 법칙』(간다 마사노리, 생각지도, 2022)

극비

다른 표현 비밀, 대대로 이어져온, 비장

몇몇 한정된 사람이나 특정 커뮤니티 안에서만 공유되는 귀중한 물건 또는 정보라는 뉘앙스를 갖고 있다. 그 사람 혹은 그 커뮤니티만 찾아가면 대부분의 사람이 모르는 물건이나 정보를 얻을 수 있다는 기대를 갖게 한다.

0373 '극비의 컨설팅 노하우' 30일 한정 공개!

0374 5년 연속 전국 보험왕이 극비에 부쳐온 영업 전략을 한 권의 책으로

0375 대대로 이어져온 비장의 소스 레시피 전격 공개

차원이 다른

다른 표현 레벨이 다른, 클래스가 다른, 격이 다른

차원이 다르다는 말은 '세계관이나 가치관이 다르다'는 뜻이다. '대단하다'라는 뉘앙스를 강조하기 위한 표현으로 쓰일 때도 많다.

0376 차원이 다른 속도로 다운로드 가능

0377 언제 어디서나 휴대할 수 있는 차원이 다른 가벼움

0378 레벨이 다른 승차감

압도적

다른 표현 뛰어난, 크게 앞지른

다른 것은 얼씬도 못 할 정도로 큰 차이가 있다는 사실을 표현하는 단어다. 0379처럼 '질'에 대한 차이, 0381과 같이 '양'에 대한 차이 양쪽 모두 사용할 수 있다.

0379 압도적인 매력을 자랑하는 몰타섬의 오션뷰 호텔

0380 압도적인 성과를 올린 '동(動)과 정(靜)', 그 갭의 법칙(다이아몬드 온라인, 2016년 7월)

0381 압도적으로 불리한 점수 차를 극복한 대역전극!

놀라운

다른 표현 서프라이즈, 두 눈을 의심하게 만드는

갭을 만들어내는 것 중에 가장 인기 있는 요소는 '놀람'이다. 지금까지 보도 듣도 못한, 경험한 적 없는 요소가 놀라움으로 이어진다.

0382 이름에 어울리는 놀라움을!(애플)

0383 딱 한 스푼으로 놀랍도록 하얗게!(생활용품 기업 카오의 세탁 세제 '어택')

0384 휴일 출근 때 동료가 건네준 놀라운 간식은?

경이로운

다른 표현 놀랄 만한, 판타스틱, 기겁할 정도, 감격

'놀라운'과 같은 뉘앙스이지만, '경이로운'이 더 강한 인상을 준다. '경이적'이라고 표현하면 '놀랄 만한' 일이라는 뉘앙스에 가깝다.

0385 자연이 낳은 경이로운 풍경에 숨죽이게 되는 세계의 장관 24선(CNN 재팬, 2019년 6월)

0386 과학으로 밝히다, 철새들의 미스터리 그 '경이로운 방향 감각'

0387 멀리서도 셀카가 가능한 경이로운 카메라 기능

10배

다른 표현 텐 배거, 10루타, 10회분, 10X

수치상 10배라는 의미로도 사용하지만, 광고 카피에서는 10배인지 아닌지 측정이 불가능한 대상에도 '대단하다'라는 뉘앙스로 자주 활용한다. 다만, 명백하게 2배, 3배밖에 되지 않을 때는 사용할 수 없다.

0388 『포토리딩: 당신도 지금보다 10배 빠르게 책을 읽을 수 있다』(폴 R. 쉴리, 폴리매스랩, 2024)

0389 월드컵 축구를 10배 즐기는 방법

0390 목표를 10배 높여서 잡는 이유

잠 못 들 정도로

다른 표현 몰입할 정도로, 빠져들 정도로, 밤샘, 밤새

걱정스러운 일이 있어서 잠들지 못한 경험은 누구에게나 있을 것이다. 그 정도로 신경이 쓰이는 상태를 나타낸다. 또는 뭔가에 너무 열중하느라 잘 시간이 되어도 그만두지 못한다는 뜻이다.

0391	잠 못 들 정도로 흥미로운 괴담집
0392	잠 못 들 정도로 재미있는 아카데미상 무대 뒷이야기
0393	『재밌어서 밤새 읽는 화학 이야기』(사마키 다케오, 더숲, 2013)

평범한

다른 표현 보통, 흔한, 일반적인, 어디에나 있는, 별것 아닌

'평범한 사람이 큰 성과를 냈다'라는 의외성으로 갭을 만들어내어 주목하게 만드는 단어다. '나한테도 기회가 생길지 몰라'라는 기대를 하게 만든다.

0394	지방의 평범한 기업이 세계를 바꾸다!
0395	평범한 회사원이었던 내가 책을 내고 강연을 하게 된 정말 우연한 계기
0396	정년퇴직한 평범한 아저씨가 로또로 인생 역전한 이야기

충격

다른 표현 쇼크, 임팩트, 경악, 머리를 얻어맞은 듯한

'머리를 망치로 얻어맞은 것 같은 충격'이라는 표현이 있는데, 그 정도로 크게 자극을 받는다는 뜻이다. '임팩트'와 같은 의미이지만, '충격' 쪽이 더 극적인 느낌이 강하다.

0397	의사들만 아는 현대 의료 시스템의 충격적 사실
0398	전 세계에 한 번 더, 가벼움으로 충격을!(애플)
0399	음식에 관한 충격적인 사실 11가지

상상을 초월하는

다른 표현 상상을 뛰어넘는, 예상을 넘어선, 본 적 없는

말 그대로 받아들이면, '생각할 수 없는' '상식적으로 말도 안 될 정도의'라는 뜻으로 상당히 놀랄 만한 일에 사용한다. 강조 차원에서 '생각한 것보다 더' 정도의 의미를 표현할 때도 많이 쓴다.

0400	당신의 상상을 초월하는 경치를 볼 수 있습니다
0401	초고속 CPU 탑재로 상상을 뛰어넘는 처리 속도 실현!
0402	올림픽 첫 출전에 금메달. 상상을 초월하는 압박감 극복

비교로 흥미 끌기

흥미를 끌기 위한 효과적인 방법 중 하나는 **A와 B를 비교하는 것**이다. 비교는 읽는 사람의 흥미를 자극하는 '갭'을 만들어낸다. 세계적 베스트셀러로 유명한 『부자 아빠 가난한 아빠』라는 책이 있다. 제목만 봐도 알 수 있듯이 **'원하는 것'과 '원하지 않는 것'을 대비시키면, 자연스럽게 그 차이가 궁금해진다.** 카피라이팅 역사상 최고의 세일즈 레터로 손꼽히는 〈월스트리트 저널〉의 구독 광고는 **레터 한 장만으로 2조 넘는 매출을 올렸다고 알려져 있다.** 레터에는 비슷해 보이는 대학 동기 두 사람이 등장하는데, 두 사람은 25년 후에 재회했을 때에도 별 차이가 없어 보였다. 하지만 한 사람은 사장이고, 다른 한 사람은 관리직에 머물러 있었다. 그리고 그 결정적 차이는 〈월스트리트 저널〉 구독 여부에서 비롯되었다고 레터는 말한다.

이처럼 '비교'라는 연출법은 명암을 가르는 결정적 원인이 있다는 사실을 은근히 드러내어 읽는 사람의 마음을 사로잡는다.

할 수 있다 vs 할 수 없다	다른 표현 ○○은 할 수 있을까?, ○○의 조건	
할 수 있는 사람(조직)과 할 수 없는 사람(조직)을 대비해서 그 '차이'를 강조한다. '하지 못하는 원인'과 '할 수 있게 되는 방법' 양쪽 모두를 알게 되어 일석이조의 효과를 기대할 수 있다.	0403	거대한 중국 시장에서 기회를 잡는 회사 vs 잡지 못하는 회사
	0404	성공하는 사람과 실패하는 사람, 그 사이에 존재하는 5가지 차이(《포브스 재팬》, 2018년 8월)
	0405	이별 후 금방 애인이 생기는 사람과 필사적으로 노력해도 애인이 생기지 않는 사람의 가장 큰 차이점은?

우는 사람, 웃는 사람	다른 표현 승패(명암)를 가르다, 이득 보는 사람, 손해 보는 사람	
잘나가는 사람과 그렇지 않은 사람을 대비하는 것이므로 기본적으로는 '할 수 있다 vs 할 수 없다'와 같다. 다만 '할 수 있다 vs 할 수 없다'의 경우는 긍정적인 쪽이 앞에 나오는 반면에 '우는 사람, 웃는 사람'의 경우에는 부정적인 내용을 먼저 밝힌다.	0406	정년퇴직 후 노후 자금으로 우는 사람, 웃는 사람
	0407	지금까지 쌓아온 능력을 버릴 수밖에 없는 사람 vs 발전시킬 수 있는 사람
	0408	당신은 가난한 사람, 돈 잘 버는 사람 중 어느 쪽인가?(『돈이 되는 말의 법칙』 간다 마사노리, 살림, 2016)

되는 사람, 안 되는 사람	다른 표현 ○○의 자질, 잘 맞는 사람 vs 안 맞는 사람	
'우는 사람, 웃는 사람'의 변형 중 한 가지다. 이 표현은 0409~0411에서도 알 수 있듯이 직업이나 지위를 확실히 드러내는 경우에 사용하기 좋다. 노골적인 비교가 콤플렉스를 자극할 수도 있으니 반감을 사지 않도록 주의해야 한다.	0409	카리스마가 있는 사람, 없는 사람의 차이
	0410	컨설턴트가 될 수 있는 사람, 될 수 없는 사람(프레지던트 온라인, 2017년 1월)
	0411	연봉 3억 버는 사람, 1억 5천으로 끝나는 사람

좋다 vs 나쁘다	다른 표현 찬반, 선악, 호오, 안팎, 음양, 흑백	
이 대비 표현은 사람뿐만 아니라 물건에도 쓸 수 있다. 0413처럼 '좋다, 나쁘다'라는 형용사를 쓰지 않는 패턴도 있다. 이러한 패턴의 경우, 읽는 사람이 일반적으로 '좋다'고 인식하는 것과 '나쁘다'고 인식하는 것을 그대로 대비해서 사용하면 된다.	0412	운이 좋은 사람과 나쁜 사람, 당신은 어느 쪽?
	0413	읽히는 DM과 버려지는 DM은 무엇이 다른가?
	0414	패션 센스가 좋은 사람과 없는 사람의 옷차림 차이

A vs B	다른 표현 A와 B, A인가 B인가, A or B, A로 할까 B로 할까	
'좋다 vs 나쁘다'의 대비와 기본적으로는 똑같지만, 0416처럼 반드시 '나쁘다'고만 정의할 수 없는 경우에도 나란히 대비해서 표현할 수 있다.	0415	경영자의 고민, 내부 인사 중용 vs 외부 인사 영입
	0416	월급은 많지만 야근이 많은 회사 vs 월급은 적지만 정시에 퇴근하는 회사. 당신의 선택은?
	0417	지방의 명암을 가르는 '교토화' vs '오사카화'(《포브스 재팬》, 2015년 5월)

빛과 그림자	다른 표현 빛과 어둠, 음양, ○○의 장단점	
'좋다 vs 나쁘다'가 '다른 두 가지'의 좋고 나쁨을 대비해 비교한다면, 이 표현은 '한 가지 물건'의 좋은 측면과 나쁜 측면을 대비시킨다. 찬반양론이 존재하는 무언가를 두 가지 시점에서 설명하는 말이다.	0418	안정된 월급인가, 자유로운 라이프스타일인가? 샐러리맨에서 탈출한 기업가의 빛과 그림자
	0419	성공한 경영자의 빛과 어둠
	0420	무료 배달 서비스의 빛과 그림자

비교

다른 표현 대비, 대조

사람은 무언가를 구입할 때 대부분 '비교'의 과정을 거친다. 비교 대상은 같은 회사의 다른 제품인 경우도 있고, 아예 다른 회사의 제품인 경우도 있다.

0421	고품질 와규 3종, 비교 시식 세트
0422	애주가도 대만족! 전국 전통주 비교 시음, 2시간 무제한 코스
0423	클라우드 여정을 위한 맞춤형 지원 해결책, AWS Support 플랜 비교(아마존)

○○을 뛰어넘는

다른 표현 ○○을 능가하는, ○○초월, 오버○○, 넘어선

'상상을 뛰어넘는'이라는 표현은 읽는 사람에 따라 '상상'의 기준이 달라지므로 추상적이 되기 쉽다. 그에 반해 이 표현은 비교 대상이 구체적으로 명시되기에 이미지를 더욱 명확하게 떠올릴 수 있다.

0424	20년을 뛰어넘는 미래를 예측한 IT 거물들
0425	4K 해상도를 뛰어넘는 고화질
0426	고디바를 훌쩍 뛰어넘은 깊은 맛

파격적인

다른 표현 상상 이상의, 예외적, 유례 없는, 차원이 다른

앞서 소개한 '파괴적인'과 비슷한 의미를 전달한다. 스케일의 차이를 긍정적으로 표현하거나 상식을 초월하는 '대단한 상황'을 나타내는 단어다.

0427	홈런을 연일 터뜨리는 파격적인 근력의 원천
0428	국가의 미래를 바꿀 고교생들에게 배우는 파격적인 발상법
0429	파격적인 연봉을 자랑하는 벤처 경영자의 다이어리를 엿보다

A도 아니고 B도 아니다

다른 표현 A도 B도 아닌

비슷한 상품이 넘쳐나는 시대에 웬만한 상품에 대해서는 소비자가 이미 알고 있는 경우가 많다. 이 표현은 뻔한 내용이 이어지지 않을 거라는 기대를 품게 한다. 단, 제시하는 상품이나 서비스가 독창적이어야 효과를 볼 수 있다.

0430	학원이 아니에요! 교재, 학습지도 아니에요!(『금단의 세일즈 카피라이팅』간다 마사노리, 두드림미디어, 2023)
0431	지금 필요한 것은 창의력도 아니고 문장력도 아닙니다
0432	이것은 평범한 예능도, 딱딱한 다큐도 아닙니다

○○ 없이, ○○ 없이, ○○ 없이	다른 표현 ○○도 ○○도 ○○조차 없이
'없는 것' 세 가지를 열거하며 비교 대상과의 차이점을 리듬감 있게 전달한다. 반면에 '있다'는 것을 표현할 때 '○○ 있고, ○○ 있고, ○○ 있다'라고는 잘 쓰지 않는다.	**0433** '돈 없이, 연줄 없이, 기반 없이' 시작한 기업가들
	0434 사람 없이, 제품 없이, 돈 없이 사업을 다시 일으킨 경영자 이야기
	0435 입시에는 비법도 트릭도 테크닉도 없다! 학습 지도의 정공법

A가 아니라 B	다른 표현 A는 이제 구식? 앞으로는 B
일반적으로 바로 떠오르는 생각을 A 자리에 넣고 뒤이어 반전된 결론을 제시하는 패턴이 가장 좋은 반응을 얻을 수 있다. 가령 '미래의 의사는 사람이 아니라 AI'와 같은 식이다. 'A보다는 B가 좋다'라는 의미로도 사용할 수 있다.	**0436** 요리의 기본은 덧셈이 아니라 곱셈
	0437 '영합'이 아니라 '존중'을. 종신 고용제 붕괴 후 일본 기업의 이상적인 모습은?《포브스 재팬》, 2019년 5월)
	0438 회의는 '논의하는 자리'가 아니라 '결정하는 자리'

더 ○○, 더 ○○	다른 표현 좀 더 ○○, 한층 더 ○○
0439처럼 일반적으로는 한쪽이 성립되면 다른 한쪽이 성립되지 않는 상황을 양립시킬 수 있다는 사실을 전달한다. '더' 대신 '더욱'을 쓸 수도 있지만 '더'쪽이 글자 수가 적은 만큼, 속도감과 리듬감이 느껴진다. 예문을 '더욱'으로 바꿔보면 어감의 차이를 알 수 있다.	**0439** 더 적은 시간에, 더 많이 가동시키자(애플)
	0440 더 빨리, 더 높은 가격에 중고 상품 파는 법
	0441 '더 아름답고, 더 귀여운' 모습을 원하는 여성을 위한 뷰티 살롱

○○보다 효과적	다른 표현 ○○보다도 효과가 큰, ○○을 웃도는
비교 대상을 명확히 보여주고 그보다 더 효과가 있다는 것을 직접적으로 알리는 표현이다. '○○보다'의 '○○'에 들어가는 단어를 고를 때는 사람들이 최고라고 여기는 것인지 생각해야 한다.	**0442** 연봉보다 효과적? 직원들의 만족도를 높이는 탄력 근무제
	0443 매일 계속하는 것보다 효과적인 근육 트레이닝 방법
	0444 걷기보다 효과적으로 혈류를 개선하는 방법은?

보기보다

다른 표현 겉보기보다, 생각보다, 의외로

겉으로 보는 이미지와 실제의 갭을 메우고 싶을 때 편리하게 사용할 수 있는 표현이다. 특히 외양이 상대적으로 약할 경우, 기능 면에서의 우위성을 강조하는 데 효과적이다.

0445 보기보다 가볍다! 장마철 추천 우산

0446 보기보다 편안한 정장 구두

0447 보기보다 튼튼한 휴대용 장바구니

A인데도 B

다른 표현 그런데도, 그렇지만

상반된 두 가지를 대비해서 흥미를 끄는 표현이다. A와 B 사이의 갭이 클수록 임팩트가 강하다.

0448 고전적인데도 신선! 코르사주가 이번 계절의 패션에 꼭 필요한 이유(《엘르》, 2023년 4월)

0449 간단한데도 효과가 뛰어난 5가지 고객 모집 방법

0450 '진한 맛'인데도 건강에 좋은 파스타 소스 등장!

A일수록 B

다른 표현 정도로, A할수록 B

긍정적으로도, 부정적으로도 사용할 수 있는 표현이다. 주로 대비되는 A와 B 사이에서 갭을 강조하며 관심을 불러일으킨다.

0451 업무 경력은 평범할수록 좋다(닛케이 크로스 테크, 2021년 2월)

0452 스스로도 신기할 정도로 일이 즐거워지는 사소한 습관

0453 부자일수록 옷에 돈을 쓰지 않는 이유

○○개분

다른 표현 ○○잔분, ○○개만 한, ○○권분

구체적으로 실감하기 어려운 수치를 '예로 들어' 직관적으로 알게 해주는 표현이다. '비타민C 2000mg 배합'이라고 하면 비타민 함유량이 많은 건지 적은 건지 잘 와닿지 않지만, '레몬 40개분'이라고 하면 바로 느낌이 온다.

0454 비타민C가 레몬 40개분!

0455 도쿄돔 2개만 한 크기

0456 편의점 커피 한 잔분 가격

더 나은

다른 표현 더 좋은, 개선, 업데이트, ○○의 진화

무언가와 비교해서 '그것보다 좋다'는 것을 나타낸다. 비교할 대상을 실제로 쓸 경우에는 대부분 '○○보다' 형태로 쓴다. '현재 상태보다' '이미 있는 것보다'라는 전제하에 비교할 대상을 드러내지 않고 사용하는 경우도 있다.

0457 여러분에게 더 나은 선택을!

0458 지금보다 더 나은 인생을 꿈꿔보지 않겠습니까?

0459 이혼 위기를 피하는 더 좋은 부부 대화법이란?

종이 한 장

다른 표현 근소한, 약간의, 아슬아슬한, 간신히, 극히

큰 차이는 누구나 알아차리기 쉽지만 작은 차이를 알아차리는 사람은 많지 않다. '당신은 그 작은 차이를 눈치챘습니까?'라는 뉘앙스를 품고 있다. 눈치채기 어려운 작은 차이라면 읽는 사람은 '나도 모르고 있을 가능성이 있다'고 생각해 관심을 보이게 된다.

0460 채용 면접관만 알고 있는 종이 한 장 차이란?

0461 종이 한 장 차이로 1차 예선 통과

0462 조언과 참견은 종이 한 장 차이

유령

다른 표현 수상한, 미심쩍은

정체를 알 수 없는 대상을 표현할 때 가장 적합한 단어다. 주로 사기나 비리와 관련해 사용하는 단어인데, 일반적인 상태와 비교해서 몹시 '수상하다'는 뉘앙스를 풍긴다.

0463 유령 회사를 세워 세금을 피하는 기업들

0464 주소만 존재하는 유령 중개사무소의 실체

0465 유령 거리로 변한 지방 상권, 대책은?

○○급

다른 표현 최대급, 최상급, 프로급

'최대급' '최상급' '프로급' 등의 형태로 활용된다. '최대급'의 경우는 명확하게 순위를 검증하기 어려운 경우에 사용하기 좋다. '최상급' '프로급'은 '그에 가까운' 혹은 '동등한'이라는 의미를 잘 전달할 수 있다.

0466 간사이 지역 최대급 규모를 자랑하는 해바라기 축제, 7월 5일부터 일반 공개

0467 최상급 혜택이 가득한 신용카드

0468 프로급 요리 솜씨 대공개

주의 끌어모으기

'들여다보지 마시오'라는 말을 들으면, 왠지 더 들여다보고 싶어지는 게 사람의 심리다. 이를 심리학에서는 '칼리굴라 효과Caligula effect'라고 부른다. 로마 제국의 황제 '칼리굴라'를 모델로 한 동명의 이탈리아 영화가 자극적인 내용 때문에 미국 보스턴에서는 개봉이 금지되었는데, 그로 인해 오히려 화제가 되었다는 일화가 있다.

여기서는 명령이나 금지를 통해 주목을 끄는 표현을 소개한다. 금지당하면 더욱 하고 싶어지는 심리를 이용해서 카피의 세계에서도 '읽지 마라' '사지 마라' '하지 마라' 같은 표현을 자주 사용한다. 다만 이런 표현들을 쓸 때는 주의해야 할 점이 있다. **금지당하거나 명령 듣는 것을 좋아하는 사람은 없으므로, 그런 말을 하는 사람이 누구인가가 매우 중요하다.** 그 분야의 권위자나 달인, 신뢰하는 누군가가 그런 말을 한다면 관심이 가지만, 잘 모르는 사람에게 그런 말을 들으면 거부감이 생길 수 있다. 또한 '하지 마'라는 직접적인 표현이 너무 강하게 들릴 때는 '하지 말아주세요'처럼 부드러운 표현으로 바꾸는 게 좋다.

하면 안 되는	**다른 표현** 해서는 안 되는, 하지 말아야 할
실제로는 주의를 촉구하는 말이지만 '하지 마세요'보다 간접적이고 부드럽게 들린다. 예문처럼 앞뒤에 숫자를 넣거나 내용을 구체적으로 제시하면 전달력이 높아진다.	**0469** 요통 환자가 하면 안 되는 3가지 수면 습관
	0470 데이트할 때 식당에서 절대 하면 안 되는 행동 5가지
	0471 입사 면접에서 하지 말아야 할 5가지 실수

사면 안 되는	**다른 표현** 사서는 안 될, 사면 손해 보는
'하면 안 되는'의 변형으로, 범위를 '구매'로 좁힌 표현이다. 많은 사람이 돈을 지불하는 데 신중하므로 '사고 나서 후회하고 싶지 않다'는 보편적인 정서에 호소하는 효과가 있다. 특히 0472, 0474의 '아파트'처럼 가격이 비싼 상품일수록 설득력이 강해진다.	**0472** 고층 주상복합 아파트는 이제 한물갔다? 부럽다고 사면 안 되는 이유 (다이아몬드 온라인, 2019년 8월)
	0473 한의사가 알려주는 사면 안 되는 건강보조식품
	0474 절대로 사면 안 되는 구축 아파트 판별법

하지 마세요

다른 표현　기다려주세요, 필요 없어요

보통은 '하세요' 형태의 카피가 압도적으로 많다. 이 표현은 반대로 어떤 행동을 '할 경우'의 단점에 초점을 맞추고 그 대안을 권할 경우에 적합하다.

0475	이 사실을 알기 전에는 생명보험에 가입하지 마세요
0476	카 셰어링 서비스로 달라지는 자동차 라이프. 더 이상 차는 사지 마세요
0477	끝없이 늘어지는 회의를 좋아하는 사람은 다음 내용을 읽지 않아도 됩니다

○○은 이제 필요 없다

다른 표현　○○은 이제 끝, 폐기 처분

지금 사용하고 있는 물건의 대체 상품이나 방법을 제안하는 데 효과적인 표현이다. '필요 없는' 대상이 지금까지 중요하다고 생각해온 것일수록 효과가 크다.

0478	피어싱 홀은 이제 필요 없다? 젊은이들 사이에서 귀걸이가 인기인 뜻밖의 이유《포브스 재팬》, 2019년 7월)
0479	이제 가이드북은 필요 없다! 디즈니랜드에서 꼭 가야 할 곳을 테마별로 엄선하여 설명
0480	안 쓰는 기능으로 가득한 고급 가전은 이제 필요 없다. 심플 라이프를 위한 가전제품 선택법

○○은 잊어주세요

다른 표현　○○은 신경 쓰지 마세요

'이제 필요 없다'와 동일하게 쓰는 표현이다. 다만, '필요 없다'는 형태가 있는 물건에 사용하는 경우가 많고, '잊어주세요'는 형태가 없는 지식이나 기술 등에 많이 쓰는 경향이 있다.

0481	지금까지의 암기법은 잊어주세요
0482	지금까지의 스윙은 잊어주세요. 프로도 감탄할 드라이버 샷의 비결
0483	AI가 제공하는 완벽한 문장 교정. 이제 맞춤법은 신경 쓰지 마세요

버려라!

다른 표현　그만두세요, ○○은 쓰레기통으로

'필요 없다' '잊어주세요'에서 한 발짝 더 들어가, 버릴 것을 강력하게 지시하는 표현이다. 다만, 명령형이므로 읽는 사람과의 관계를 고려해야 한다. 모르는 사람, 권위가 없는 사람, 신뢰할 수 없는 사람에게 갑자기 명령을 받으면 거부 반응이 일어날 수 있다.

0484	재테크를 하고 싶다면 쓸데없는 소비 습관부터 버려라
0485	성공하고 싶으면 먼저 미루는 습관을 버려라!
0486	인간관계를 개선하고 싶다면 타인을 바꾸려는 마음부터 당장 버려라

경고!

다른 표현 위험, 교훈, ○○금지, 조언, 충고

금지함으로써 집중시키는 단어로, 'Caution!'이나 'Warning!'을 직역한 것이다. '경고!'라는 표현은 매우 강하기 때문에 그에 맞게 주의를 끌 수 있는 화제를 골라야 한다.

0487	의사가 경고! '내장지방'에 도사리고 있는 무서운 질병 리스크(도요케이자이 온라인, 2019년 4월)
0488	경고! 이 글을 읽기 전에는 땅을 사지 마라
0489	마이너스 금리가 우리에게 보내는 경고

주의

다른 표현 ○○주의보, ○○에 대비하라

'경고!'보다 부드럽고 자연스러운 표현이다. 경고할 정도는 아니지만 주의가 필요한 경우에 쓴다. '경고!'와 비교해 좀 더 읽는 사람 편이라는 느낌이 든다.

0490	가입을 결정하기 전, 3대 주의 사항!
0491	주의! 초등학생 자녀에게 처음으로 스마트폰을 사주는 부모님에게
0492	스마트폰 중독자는 주의! 무서운 '거북목' 치료법(도요케이자이 온라인, 2017년 4월)

잠깐만!

다른 표현 기다려!, 스톱!

경고하면서 주의를 끄는 패턴 중에는 이 표현이 가장 부드럽다. 다른 표현들이 약간은 '높은 지위나 위치에서 내려다보는 시선'인 반면, 이 표현은 그런 인상을 주지 않는 것이 특징이다.

0493	카피라이팅은 전문가에게 맡기면 되지 않을까요? 잠깐만요!
0494	콜센터에 전화? 잠깐만!
0495	그렇지만, 잠깐만요!(『불변의 마케팅』 간다 마사노리, 두드림 미디어, 2023)

○○하라!

다른 표현 ○○하세요!, ○○해야 할

명령을 당하는 건 누구나 싫어한다. 이 표현을 효과적으로 사용하려면 말하는 사람에게 어느 정도 권위나 신뢰가 있어야 한다. 자칫 잘못 쓰면 읽는 사람의 반감을 사게 되므로 주의해서 사용해야 한다.

0496	『바보가 될 정도로 책을 읽어라(バカになるほど本を読め)』(간다 마사노리, PHP연구소, 2015)
0497	50, 60대는 이렇게 공략하라!
0498	국가를 브랜딩하라! 에스토니아 정예 디자이너들의 도전(《포브스 재팬》, 2019년 2월)

고작	다른 표현 기껏해야, 겨우, 대수롭지 않은, 하찮은, 불과
원래는 '별것 아니다' '하찮다'라는 뜻이지만, 카피에서는 겉으로 보기에 중요하지 않은 것이 실제로는 중요하다는 사실을 전달할 때 자주 쓰는 표현이다.	**0499** 고작 디테일, 그렇지만 선택을 가르는 요소
	0500 고작 오토바이 모형이라고 얕보지 마라. 차체 구조 학습에 최적인 이유
	0501 '고작 입시!'라고 생각하는 부모의 아이는 합격한다(프레지던트 온라인, 2017년 7월)

가로막다	다른 표현 막다, 방해하다, 저지하다
'방해하다'라는 뜻이지만 그보다 더욱 강하게 '막는다'는 이미지가 있다. 하지만 '방해하다'나 '막아서다'보다 뉘앙스가 잘 전달된다. 0502를 '디지털 전환을 방해하다' 또는 '디지털 전환을 막아서다'로 바꾸면 의미는 비슷하게 전달되지만 미묘한 뉘앙스의 차이를 알 수 있다.	**0502** 중소기업의 디지털 전환을 가로막는, 알려지지 않은 3가지 장벽
	0503 실은 정반대! 팀원의 성장을 가로막는 최악의 지도법
	0504 테니스 실력 향상을 가로막는 '테니스 엘보'의 정체

칼럼

마케팅이란 무엇인가?

마케팅과 카피라이팅은 일심동체와도 같다. 마케팅 안에는 언제나 카피라이팅이 존재한다고 이해하면 된다. 그렇다면 애초에 마케팅이란 무엇일까? 마케팅과 세일즈는 어떻게 다를까? 경영의 신 피터 드러커는 이렇게 말했다.

"이상적인 마케팅이란, 세일즈가 불필요하게 만드는 일이다. 마케팅의 목적은 고객의 마음을 제대로 이해하고, 그에 맞춘 제품과 서비스를 제공해서 저절로 팔리게 하는 것이다."

(『피터드러커 명언집ドラッカー名言集』 피터 드러커, 다이아몬드사, 2010)

여기서 말하는 '고객의 마음을 제대로 이해하고, 그에 맞춘 제품과 서비스를 제공한다'는 것을 나는 'PMM(Product Market Matching)'이라고 부른다. 상품과 시장을 잘 매칭하면 상품은 저절로 팔리는 법이다. 뒤집어 말해서 상품과 시장이 서로 어긋나면 아무리 애를 써도 잘 팔리지 않는다. 그리고 상품 또는 서비스가 고객에게 딱 맞아떨어진다는 것을 언어로 표현하는 것이 카피라이팅의 역할이다.

Empathy

공감하는
카피

카피를 쓸 때 중요한 것은
논리보다 공감이다.
공감을 얻지 못하면 카피는 읽히지 않는다.

카피만으로 공감을 불러일으키는 8가지 글쓰기 방법

고객의 고통을 이해하고 문제가 명확해지면 그 문제에 대한 '해결책'부터 제시하고 싶겠지만, 우선 해야 할 일이 있다.

그것은 바로 '공감'을 불러일으키는 일이다.
논리적, 이성적 판단보다 정서적 반응이 먼저 일어나기 때문이다. 훌륭한 상품이나 서비스에 대해 논리적으로 설명하려 해도 일단 공감이나 호감을 느끼지 못하면 사람들은 이야기 자체를 듣지 않는다.

다시 말해, 카피를 쓸 때 중요한 것은 **논리보다 공감**이다.
공감을 얻지 못하면 카피는 읽히지 않는다.
곧바로 다른 사이트나 채널로 관심을 빼앗기고 말 것이다.

공감을 불러일으키는 8가지 글쓰기 방법은 다음과 같다.

1. **새로운 친구에게 이메일을 보내듯이** 쓴다.

2. 읽는 사람의 **실패를 정당화**한다.

3. 읽는 사람과 **공동의 적**을 상정한다.

4. 자신이 겪은 **실패나 부끄러운 비밀**을 털어놓는다.

5. 자신의 **가족이나 친구에 대한 이야기**를 공유한다.

6. 절체절명의 위기를 딛고 결국 성공하는 **한 방의 역전 스토리**를 들려준다.

7. 전문가만 아는 **전문용어**를 일부 사용한다.

8. 읽는 사람과 **사회적 지위와 같다는 뉘앙스**를 풍긴다.

이 방법들은 모두 효과적이지만, 이 중에서도 가장 중요한 것은 무엇일까?
정답은 '**한 방의 역전 스토리**'다.

한 방의 역전 스토리란 무엇일까?
10초 만에 이해할 수 있게 설명해보겠다.

'곤란한 문제에 부딪힌 사람이 그 역경을 자신의 힘으로 극복하겠다고 결심한다.
시행착오를 겪으며 앞으로 나아가려 하지만 적의 방해로 곤경에 처한다.
실패에 실패를 거듭하면서도 결코 포기하지 않는다.
어느 날 상상을 초월하는 위기에 직면해 이제는 마지막이라는 생각에 눈을 감았는데,
그때 생각지도 못한 돌파구가 열리면서 마침내 대성공을 이룬다.'

이런 극적인, 그러나 전형적인 스토리다.

히트작의 줄거리는 대략 위와 같은 패턴을 따른다. 이런 스토리가 왜 중요한 것일까?
바로 공감을 불러일으키는 방법들의 근원이기 때문이다.

한 방의 역전 스토리를 카피에 적용하면, 결국 '판매자가 고객과 같은 문제를 겪었으며 이미 극

복했다'는 이야기로 귀결되기 때문에

1. **같은 문제로 고민한 선배**(멘토) **혹은 친구**처럼 고객에게 다가갈 수 있다.
2. 고객과 같은 **실패를 경험**해보았다.
3. 적을 알고 있으므로 **효과적인 전략**을 제시할 수 있다.
4. 판매자의 **실패담이나 부끄러운 비밀**을 털어놓아 **고객에게 자신감**을 줄 수 있다.
5. 판매자의 **가족이나 친구 이야기**를 공유해 **고객을 안심**시킬 수 있다.
7. **숙련자로서 전문용어**를 사용할 수 있다.
8. 자연스럽게 고객도 판매자처럼 **지위가 높아진다**는 인상을 줄 수 있다.

이와 같이 한 방의 역전 스토리를 카피에 자연스럽게 녹여내면
판매자와 고객의 거리가 가까워지고
판매자를 고객의 멘토 같은 입장에 서게 할 수 있다.

이 멘토와도 같은 위치를 확보하는 일은
매출을 올리는 데 결정적 역할을 한다.
오늘날은 상품도 정보도 끝없이 흘러넘치는 시대다.
똑같은 상품도 인기 블로거나 유튜버가 소개하면
폭발적으로 팔려나가는 상황에서 알 수 있듯이,
'누가 말하느냐?'가 매출을 크게 좌우한다.
한 방의 역전 스토리를 통해
'누가 말하느냐?'와 직결되는 판매자의 가치와
'무엇을 말하느냐?'와 직결되는 상품의 가치,
두 가지를 모두 고객에게 전할 수 있는 것이다.

한 방의 역전 스토리의 예가 궁금할 것이다. 영화로 만들어지기도 한 '기적의 사과' 이야기를
소개하겠다. 줄거리는 아래와 같다.

회사에 다니다 귀농한 후 사과 농사를 시작한 기무라 씨.

그는 농약의 영향으로 병이 난 아내가 걱정되어 무농약 사과를 재배해보겠다고 굳게 결심한다.

하지만, 당시 농약을 쓰지 않고 사과를 재배하는 것은 절대 불가능한 일이었다. 죽을힘을 다해 여러 방법을 동원해서 애써봤지만 그의 노력은 결국 수포로 돌아가고 말았다. 몇 년 동안 실패만을 거듭했던 것이다. 빚에 쪼들리며 불안하고 힘든 하루하루를 보내던 기무라 씨. 그는 자포자기하는 심정이 되었고, 절망에 빠져 결국에는 자살을 결심하고 산으로 올라가게 된다.

그런데 목을 매려는 바로 그 순간, 그의 눈에 호두나무 한 그루가 들어왔다. 그 나무는 누군가 재배하는 것도 아니었는데, 해충도 없었고 열매가 주렁주렁 열려 있었다.

'호두나무도 이렇게 농약 없이 잘 자라는데, 사과나무는 왜 안 되지? 어쩌면 좀 더 도전해봐야 하는 거 아닐까?' 그는 그길로 산에서 내려와 다시 무농약 사과 농사에 도전한다. 그렇게 다시 몇 번이나 도전한 그는 결국 농약을 사용하지 않은 지 8년째가 되던 해에, 드디어 사과 두 개를 수확하게 된다. 놀랄 정도로 맛있는 사과였다.

이러한 역전 스토리를 들으면 기무라 씨가 더 이상 남처럼 느껴지지 않는다.

친근함과 함께 경의를 표하고 싶은 인물로 우리의 마음속에 자리 잡는 것이다.

그렇기에 기무라 씨의 이야기에 귀를 기울이게 되고, 기무라 씨가 재배한 농작물은 특별한 가치를 지닌 브랜드가 된다.

하지만 이 역전 스토리가 효과적이라는 말을 듣자마자,

'좋았어! 나도 기무라 씨 이야기처럼 내가 고생한 밑바닥 이야기를 풀어놓으면 되겠군' 하고 느닷없이 자신의 개인적 이야기를 꺼내면 곤란하다.

웬만한 유명인이 아니고서는, 아무도 당신이 고생한 이야기에 관심이 없다.

다시 한 번 'PESONA 법칙'을 되짚어보자.

읽는 사람에게 닥친 'P(문제)'에서부터 출발해야 한다.

그 후 'S(해결책)'에 귀를 기울이게 하려면,

읽는 사람이 느끼는 '고통'을

자신의 '고통'으로 느낄 수 있는 사람이 당신이라는 것을 알려야 한다.

다시 말해,
지금 읽는 사람이 직면하고 있는 문제를
당신 자신이 극복한 경험이 있다는 것을 알게 해야 효과가 크다.

'나한테는 그런 극적인 스토리가 없는데…'라고 생각하겠지만
사실은 자신만 깨닫지 못하고 있을 뿐인 경우가 많다.

그러므로 지금 이 글을 읽고 있는 여러분도
이번 기회에 자신만 갖고 있는 '한 방의 역전 스토리'를 떠올려보길 바란다.

그 스토리에는 분명 당신만이 갖고 있는 강점이나
읽는 사람이 공감할 수밖에 없는 요소가 들어 있을 것이다.

스토리 담기

이야기에는 사람을 끌어당기는 힘이 있다. 그중에서도 오랜 시간에 걸쳐 전해 내려오는 '신화'에는 사람의 마음을 휘어잡는 '보편적인 스토리 패턴'이 있다. 유명한 〈스타워즈〉 같은 영화 시나리오도 이러한 신화의 패턴에 따라 만들어진 것으로 잘 알려져 있다.

카피에도 스토리가 담기면 특별한 힘이 생긴다. 읽는 사람이 **등장인물에 자신의 감정을 이입해, 같은 경험을 하고 있는 것처럼 느끼게 되기 때문**이다. 이런 현상은 심리학에서 말하는 '에피소드 기억'으로 설명할 수 있다. 사람은 과거에 경험한 일을 기억할 때 '당시의 분위기'나 '심리 상태'에 관련한 정보까지 함께 떠올린다고 한다. 스토리는 바로 그런 에피소드 기억을 끌어내기 때문에 과거의 추억이나 감정을 불러일으킨다. 그러므로 **카피에 당신의 스토리를 담는다면, 사람들은 그 카피에 더욱 몰입하게 될 것이다.**

이야기	다른 표현 스토리, 히스토리, 다큐멘터리, 에피소드	
가장 기본적인 카피 단어로 '이야기'가 있다. 단순히 노하우나 일반론이 아니라, 뭔가 우여곡절 혹은 파란만장한 사연이 있다는 것을 알릴 수 있다.	0505	50대에 대기업을 그만두고 창업한 한 남자 이야기
	0506	유기견 한 마리에서 시작된 기적 같은 이야기
	0507	의사로 일하면서 기업을 상장시킨 남자의 리얼 스토리

비화	다른 표현 알려지지 않은 에피소드, 일화, 폭로	
'뒷이야기'와 비슷하지만 '뒷이야기'가 가벼워 보이는 데 반해서 '비화'는 더 공식적이고 진지한 화제에 적합하다. '종전(終戰) 비화'를 '종전 뒷이야기'라고 하면 어색하게 느껴진다. 또한 '비화'가 더 많은 기대감을 자아낸다.	0508	궁극의 인재 육성 매뉴얼 '무지그램(MUJIGRAM)' 탄생 비화
	0509	은둔의 경영자 취재 비화
	0510	JR서일본 '신형 열차 야쿠모' 개발진이 밝히는 디자인 비화(도요케이자이 온라인, 2023년 3월)

되살아나다

다른 표현 부활하다, 재기하다, 소생하다

낡은 것이 다시 무대로 나오는 인상을 강하게 나타내는 표현이다. '리뉴얼'은 예전 상태와 관계없이 새롭게 바뀌는 이미지인 데 반해, '되살아나다'는 한번 기세가 꺾였던 것이 부활하는 이미지이므로 더욱 강렬한 인상을 줄 수 있다.

0511	오래된 회사일수록 디지털로 되살아난다
0512	올해 되살아나는 복고 열풍
0513	누런 때가 거짓말처럼 사라지고 흰색이 되살아나는 가정용 세제 등장

모두가 웃었습니다. 하지만

다른 표현 모두가 무시했습니다. 하지만

'무시당했지만 결국에는 복수했다'는 전형적인 역전 스토리에 적합한 표현이다. 0514는 존 케이플스의 책에 등장하는 유명한 헤드라인 카피다. '하지만 ○○하자…'라는 형식을 취해 그다음 이야기를 궁금하게 만드는 기법으로, 영화나 TV에서 자주 사용된다.

0514	내가 피아노 앞에 앉으니 모두들 웃었다. 하지만 연주를 시작하자…(『광고, 이렇게 하면 성공한다』 존 케이플스, 서해문집, 1990)
0515	웨이터가 내게 영어로 말을 걸었을 때 모두가 웃었습니다. 하지만 주문하기 시작하자…
0516	동업자가 비웃었다. 하지만 내 책이 팔리기 시작한 순간…(『90일 만에 당신의 회사를 고수익 기업으로 바꿔라』 간다 마사노리, 경칩, 2023)

어쩌다 내가

다른 표현 어째서 내가

0517처럼 '어떻게 해서 이상적인 상태가 되었는지'를 전하는 경우가 많다. 한편, 0518처럼 '피하고 싶은 상황'을 넣을 수도 있다. 두 경우 모두 배후에 있는 스토리나 인과관계가 궁금해진다.

0517	어쩌다 내가 도쿄대에(요쓰야 학원)
0518	내가 만든 회사는 어쩌다 도산하게 되었나
0519	시골에서 농사 짓던 내가 왜 아프리카로?

벼랑 끝

다른 표현 절체절명, 궁지에 몰린, 속수무책, 사면초가

궁지에 몰린 상황을 실감 나게 보여주는 동시에, 그 후의 반전 스토리에 대한 기대감을 높이는 표현이다. 벼랑 끝에서 그대로 떨어져버리면 이야기가 성립하지 않기 때문에, 뒤에는 반드시 역전 스토리가 따라와야 한다.

0520	벼랑 끝에 몰린 샐러리맨이 영업 실적 1위를 거머쥔 사연은?
0521	졸업 후 3년 동안 백수였던 취준생. 벼랑 끝에서 시작한 사업 아이템은?
0522	벼랑 끝에 선 '지방 은행'에 결여되어 있는 시점(도요케이자이 온라인, 2019년 5월)

기적의

		다른 표현 미라클, 초자연적인, 초인적인

'기적'이라는 단어에는 '인간 세계에서는 생각할 수 없는 신기한 현상'이라는 뉘앙스가 담겨 있다. 그래서 그 일이 일어나는 배경이나 내용 자체가 신비한 느낌을 주어 궁금증을 자아낸다.

0523	커뮤니티가 지원하는 기적의 상점가
0524	기적의 40세 여성. 20대처럼 보이는 피부를 유지하는 비결은?
0525	학생들이 입을 모아 추천하는 기적의 수업

들려주고 싶다

		다른 표현 말해두고 싶다, 한마디, 공유

사람은 좋은 일이나 기쁜 일이 있으면 누군가에게 말하고 싶어진다. SNS에 자신의 이야기나 사진을 올리는 것도 같은 이치다. '공유'보다 좀 더 친근한 느낌을 주는 표현이다.

0526	'목표를 정하지 못해' 초조해하는 사람들에게 들려주고 싶은 3가지 시각(《포브스 재팬》, 2018년 12월)
0527	자신감이 부족한 아이들에게 들려주고 싶은 이야기
0528	산후 우울증에 시달리는 양육자에게 들려주고 싶은 공적 지원 정보

정말로 있었던

		다른 표현 리얼, 실록

'실화'의 힘을 잘 드러내는 표현이다. 주목을 얻기 용이할 뿐 아니라 비슷한 경험을 한 사람들에게는 공감까지 얻을 수 있다.

0529	놀이공원에서 정말로 있었던 감동적인 이야기
0530	현역 승무원이 말하는, 하늘 위에서 정말로 있었던 황당한 에피소드
0531	은행에서 정말로 있었던 100억 횡령 사건

거짓말 같은 진짜

		다른 표현 믿을 수 없는, 언빌리버블, 설마

뉘앙스로는 '기적의'와 비슷하지만, '기적'이라는 단어가 너무 거창한 느낌이 들어 부담스러울 때는, 이 표현을 사용하면 친근하고 유머러스한 인상을 준다.

0532	정말 있나요? 거짓말 같은 진짜 바닷속 생물
0533	거짓말 같은 진짜 절경을 볼 수 있는 시간대
0534	믿을 수 없는 기회가 찾아왔을 때, 놓치지 않는 법

부활

다른 표현 리바이벌, 기사회생, 부흥, V자 회복

단 두 글자이지만, 이 단어 안에는 몰락과 재탄생이라는 극적인 스토리가 들어 있다. 사람들은 그 '변화의 폭'에 묘한 스릴이나 공감을 느낀다.

0535	마쓰다 자동차 부활의 증언(〈닛케이 비즈니스〉, 2019년 4월)
0536	V자 회복을 이끈 히트작의 법칙(『USJ의 롤러코스터는 왜 뒤로 달렸을까?USJのジェットコースターはなぜ後ろ向きに走ったのか』 모리오카 츠요시, 카도가와, 2016)
0537	80년대의 특종 프로그램, 최신 CG 기술로 부활하다

선물

다른 표현 기프트, 하사품, ○○에서 보내는

'○○의 선물'에서 ○○에는 '사람'뿐만 아니라 추상적인 '개념'이나 '단체', '자연' 등 여러 단어가 들어갈 수 있다. 0539처럼 '제주도산' 대신 '제주도의 선물'이라고 하면 느낌이 매우 달라진다.

0538	가족을 사랑하는 사과 농장에서, 가족을 사랑하는 당신에게 보내는 인생 선물(『돈이 되는 말의 법칙』 간다 마사노리, 살림, 2016)
0539	제주도의 선물
0540	미스터리한 나라, 미얀마가 주는 선물

시작되다

다른 표현 막을 열다, 막이 열리다, 개시되다

미래를 향해 이야기가 전개되어간다는 기대감이 높아진다. 혹은 '그런 미래를 함께 만들어갑시다'라는 메시지를 전하기도 한다.

0541	실패를 인정하는 기업 문화가 시작된다
0542	당신의 책상 위 스크린에서 새로운 세상이 시작됩니다 (애플)
0543	일회용품 쓰지 않기, 제로 웨이스트로 가는 시작입니다

도전

다른 표현 챌린지, 대항, 도전장

영웅은 역경에 도전함으로써 탄생한다. 마치 드라마 주인공이 위기를 만나고 그것을 뛰어넘기 위해 고군분투하는 장면이 떠오르면서 흥미를 갖게 만든다.

0544	도전하는 사람이 미래를 바꾼다
0545	자연식품의 프로, 젤라토에 도전(〈닛케이 MJ〉, 2018년 2월)
0546	학급 붕괴에 도전. 초보 교사의 분투기

역습	다른 표현 반격, 역공, 카운터 어택

궁지에 몰린 상황에서 이겨냈다는 뜻이 담겨 있다. 열세에 몰린 배경과 어떻게 역경을 딛고 일어섰는지 궁금하기 때문에 몰입하게 된다.	**0547** 후발 기업의 역습
	0548 고령화 사회인 일본을 구하는 제조업의 역습이 시작된다!《포브스 재팬》, 2018년 11월)
	0549 취준생의 역습?!(NHK, 2019년 4월)

반격	다른 표현 역습, 역전, 묘수

역습과 마찬가지로 지고 있거나 불리한 상황에 처한 사람이나 집단이 뭔가 액션을 취해서 이긴다는 의미를 담고 있다.	**0550** 신제품 출시로 선두 기업에 반격
	0551 백신의 반격이 시작되었다
	0552 꼴찌들의 이유 있는 반격

이유가 있어서	다른 표현 까닭이 있는, 여러 사정으로, 특별한 이유로

'이유가 있어서'라고 말하면 그 이유를 알고 싶어지기 마련이다. 또한 그 이면에는 뭔가 사연이 숨어 있다는 느낌을 준다.	**0553** 이유가 있어서, 저렴하다(무인양품)
	0554 『이유가 있어서 멸종했습니다』(마루야마 다카시, 위즈덤하우스, 2019)
	0555 이유가 있어서 재고 처분하지만, 품질에는 전혀 문제가 없습니다

무대	다른 표현 스테이지, 장면, 광경, 주역

'동경'이나 '화려함' 같은 분위기를 자아내는 표현이다. 또한 '무대 = 주역'이라는 이미지도 있어서 주인공이 된다는 뉘앙스도 내포되어 있다.	**0556** 음악과 영화를 위한 완벽한 무대(애플)
	0557 무대가 거리에서 집으로, 핼러윈의 트렌드 변화(《포브스 재팬》, 2017년 10월)
	0558 자신의 인생이라는 스테이지에서 빛나기 위해 오늘부터 한 발 앞으로!

운명	다른 표현 명운, 숙명, 천명, 운, 팔자	
여러 가지 뜻을 지닌 단어이지만 일반적으로 '앞날' '미래'라는 의미를 나타낸다. 운명의 결과가 궁금해지기 때문에 계속 읽게 된다.	0559	전기차는 가솔린 엔진의 운명을 바꿀 것인가?
	0560	기후위기 속 북극곰의 운명은?
	0561	블랙먼데이로 망한 회사와 살아남은 회사를 가른 운명의 주가

유전자·DNA	다른 표현 정신, 소질, 성질	
유전자와 DNA는 과학적으로는 다르지만 카피에서는 엄밀하게 구별되지 않고 과거의 좋은 점을 이어받는다는 의미로 쓰인다. 과거로부터 계속되는 뉘앙스이므로 흥미로운 스토리를 기대하게 한다.	0562	포르쉐의 DNA는 고성능입니다(포르쉐)
	0563	엔터테인먼트의 DNA를 계승하다. 예술과 문화의 성지, 시부야역 주변(《BRUTUS》, 2022년 12월)
	0564	F1 유전자를 이어받은 하이그립 타이어

정체	다른 표현 본성, 실태, 진짜 모습	
실제 모습이나 실태를 나타내며 대부분의 사람들이 알지 못하는 비밀을 밝히는 표현이다. 부정적인 사실이나 현상의 진짜 원인이라는 뉘앙스로 사용되는 경우가 많지만, '비결'이나 '진짜 모습'과 같이 긍정적인 의미로도 많이 쓰인다.	0565	서울 학원가를 지나는 중고생에게 나눠준 '집중력 향상, 메가 ADHD'의 정체는?(《뉴스위크 재팬》, 2023년 4월)
	0566	젊은 여성들에게 인기. 통원이 필요 없는 치아 교정의 정체
	0567	직장인을 괴롭히는 월요병의 정체

문이 열리다	다른 표현 시작되다, 베일을 벗다, 막이 오르다	
'미래로 가는 문이 열린다' '성공을 향한 문이 열린다' 식으로 사용해 바람직한 상태로 나아가는 첫걸음이라는 느낌 또는 지금부터 시작된다는 뉘앙스를 표현할 수 있다. '시작'이나 '첫걸음'보다 설레는 느낌을 준다.	0568	이 간단한 방법으로 당신에게도 작가의 문이 열린다
	0569	드디어 베일을 벗는 역대급 콘서트
	0570	이상적인 인생의 문이 열리다

시선을 사로잡는 헤드라인 쓰는 요령

블로그, 뉴스레터 등의 헤드라인(제목)을 쓸 때 어떤 단어를 사용해야 좋을지 고민이 될 수밖에 없다. 이 책에는 800개의 단어가 수록되어 있다. 단순히 단어를 모은 것이 아니라 PESONA 법칙과 그 하위 카테고리에서 각 단어를 분류하고 있으니, 이를 힌트 삼아 시선을 사로잡는 헤드라인을 쓸 수 있다. 더불어 '무엇을 말할까?'라는 관점에서 보는 다른 접근법이 있어 소개하고자 한다. 우리가 연구한 임팩트 있는 헤드라인에는 다음의 8가지 요소가 있었다.

Benefit :   읽는 사람에게 유익한 정보가 포함되어 있는가?

      (예: 0009 영어로 말할 때 자주 하는 실수 5가지)

Trust :   읽는 사람이 신뢰할 수 있는 정보인가?

      (예: 2252 벨기에 왕실 납품용 최고급 다크 초콜릿)

Rush :   읽는 사람이 서둘러야겠다고 느낄 수 있는 요소가 있는가?

      (예: 2150 내일까지 신청하는 분에 한해서 샘플 3종 세트를 무료로 드립니다)

Number :   숫자가 포함되어 있는가?

      (예: 2229 30년 경력의 전문가들이 시공합니다)

Unique :   독창성이 잘 드러나는가?

      (예: 1634 직장인 3000명 취재로 알아낸 '이상적인 상사 유형')

Trendy :   최근 화제가 되고 있는 주제와 관련이 있는가?

      (예: 1502 MZ에게 인기인 힙한 패션 브랜드 5)

Surprise :   읽는 사람이 모르는 의외의 정보가 포함되어 있는가?

      (예: 0223 존댓말 쓸 때 이런 실수 하지 않나요?)

Story :   읽는 사람이 공감하고 몰입할 수 있는 흥미로운 스토리가 있는가?

      (예: 0514 내가 피아노 앞에 앉으니 모두들 웃었다. 하지만 연주를 시작하자…)

모든 요소를 다 담을 필요는 없다. 어느 한 가지 요소라도 좋으니, 8가지 요소에 맞춰 생각해보자. 그리고 몇 가지 변형된 헤드라인 후보를 여러 개(최소 10개 이상) 만든 후에, 그 가운데서 선택하면 읽는 사람의 시선을 끄는 헤드라인을 완성할 수 있다.

읽는 사람의 감정에 공감하기

처음 만난 사람과 이야기를 하다가 우연히 같은 지역 출신이라는 것을 알게 되었다. 게다가 내가 자란 곳과 매우 가까운 곳이었다. 반가운 마음에 동네 이야기를 하면서 대화가 무르익었고 순식간에 가까운 사이가 되었다. 혹시 이런 경험을 해본 적 있는가? 이런 상황에서는 처음 만난 사람일지라도 아주 친근하게 느껴진다. 출신지나 연령대가 달라도 같은 대학을 나왔다는 이유로 당장 선후배 사이가 되기도 하는데, **사람은 자신과 '공통점'이 있는 타인에게 친근감을 느끼기 때문**이다. 이것이 바로 '유사성의 법칙'이다.

나아가 공통점을 발견하는 것뿐만 아니라 **읽는 사람의 감정에 다가감으로써 한층 더 강한 공감대를 형성할 수 있다.** 다른 사람의 감정에 다가간다는 것은 '나는 당신의 편이고 당신의 상황을 이해합니다'라고 말해주는 것이다. 실제 커뮤니케이션에서도 사람들은 자신의 생각을 이해하고 동의해주는 사람에게 호감을 느낀다. 카피를 쓸 때도 앞에 누군가가 있다고 생각하고 말을 걸어보자. 상대방의 입장에 다가가서 말할수록 상대도 내 말을 이해하기 쉽다. 한마디로 '공감 능력'은 마케팅에서 든든한 무기가 된다.

지긋지긋	다른 표현 싫다, 진절머리가 난다, 딱 질색, 질렸다, 지겹다
'싫다'라는 기분을 대변하는 표현이다. '혐오감'이라고도 말할 수 있을 정도의 강한 거부감, 또는 '매번 같은 일만 반복되어 질리고 싫어진다'는 불쾌함과 스트레스를 묘사한다. 그러한 부정적인 기분에 공감을 유도하는 단어다.	0571 무조건 굽실거리기만 하는 영업은 이제 지긋지긋
	0572 당신은 지금 상사가 지긋지긋하지 않나요?
	0573 연공서열은 지긋지긋. 수평적 조직에서 일하고 싶다

귀찮은	다른 표현 성가신, 번거로운, 곤란한
'번거롭게 느끼는 사람은 당신뿐만이 아니다'라는 메시지가 포함되어 있어 공감을 얻기 쉽다. 나 혼자만이 아니라 다른 사람도 똑같이 고민하고 있다는 안도감이 든다.	0574 약 86% 여성이 화장 고치는 게 귀찮다고 해요(시세이도)
	0575 직장인 약 80%가 점심 식사 후의 양치질을 귀찮게 여깁니다
	0576 저녁 메뉴 고민이 귀찮은 전업주부들에게

고민할 필요가 없다

다른 표현 ○○으로부터 해방

'이제 고민하지 않아도 돼요' 하고 고객의 걱정을 덜어주는 표현이다. 또한 '고민이 사라진다 = 문제를 해결한다'이므로 해결책이 있다는 것을 암시한다.

0577	더는 고민할 필요가 없다. 여행지에서 숙면할 수 있는 호텔 고르기
0578	비 오는 날 출근용 신발, 더 이상 고민할 필요가 없다!
0579	탈모 고민으로부터의 해방

함께

다른 표현 같이, 동석, ○○은 잘 압니다

정중하고도 범용성이 높은 표현이므로 사용하기 쉽다. 0580처럼 '곁들인다'는 의미나 0581처럼 변형해 '(당신과 나는) 같다'라는 의미로도 쓸 수 있다. 또한 0582처럼 '동행하다' 혹은 좀 더 발전시켜서 '동료가 되지 않겠습니까?'라는 맥락으로도 사용할 수 있다.

0580	멋진 디너 타임은 가을 한정판 스페셜 와인과 함께!
0581	가족을 위해 좋은 일을 하고 싶다. 그 마음은 저희도 같습니다(애플)
0582	새로운 출발을 함께할 수 있어 영광입니다

포기한

다른 표현 기권, 단념한

과거에 시도해봤지만 결국 포기하고 만 경험은 누구에게나 있을 것이다. 포기하기는 했지만, 마음 깊은 곳에서는 여전히 '할 수 있기를' 바라고 있는 경우도 많다. 이 단어에는 그런 사람들에게 다시 한번 희망을 주는 힘이 있다.

0583	잠이 안 올까 봐 저녁 커피를 포기한 분에게는 디카페인을 권합니다
0584	영어회화를 포기한 분에게, 다시 도전할 기회입니다!
0585	마요네즈를 포기한 사람에게 희소식!(식품업체 큐피)

포기할 수 없는

다른 표현 주저앉지 않는, 꺾이지 않는, 버티는

'불가능할지도 모른다'고 어렴풋이 느끼고 있지만, 그래도 쉽게 포기하고 싶지 않은 심정을 대변하고 있다. 구체적 해법을 제시하면 설득력이 높아진다.

0586	그래도 야구를 포기하지 않겠다. 현역을 고집하는 선수의 마음
0587	포기할 수 없는 내 집 마련의 꿈, 국민임대주택 자격 기준은?
0588	남자 50대, 아직 포기할 수 없는 모발

당신 편	다른 표현	지지, 서포트, 응원
읽는 사람이 처한 힘든 상황에 공감하면서, 지지와 응원의 메시지를 보내는 표현이다. 친근감을 주면서도 위로받는 느낌이 들게 한다. '지지' '응원' 등 다양하게 변형해서 사용할 수 있다.	0589	늘 당신 편이 되겠습니다
	0590	『무조건 당신 편』(한창수, 알에이치코리아, 2020)
	0591	올해 당신이 보낸 연하장 개수는 당신을 지지하는 사람들의 숫자입니다(일본 우편사업주식회사)

○○세부터도 가능한	다른 표현	○○세에도 가능한, ○○세부터 해도 괜찮은
일반적으로 어떤 일을 시작하기에는 '아직 이르다'(0594) 혹은 '이미 늦다'(0592, 0593)라고 생각되는 일에 사용하면 효과적이다. '○○세에는 불가능하지 않을까?' 하는 심리적인 불안을 없애준다.	0592	60세부터도 가능한 AI 입문 강좌
	0593	20세부터도 세계 정상을 노릴 수 있는 스포츠
	0594	두 살부터도 축구가 가능하다! 시작하기 전에 알려주고 싶은 3가지

늦지 않다	다른 표현	아직 충분하다, 기한 안에 ○○, 세이프
'정말 이루고 싶었던 꿈이나 소망이 있지만 시작하기에는 이미 늦었다'고 단념하려는 사람을 격려하고 행동으로 옮길 수 있도록 용기를 주는 표현이다. 인생 100세 시대로 불리는 오늘날 다양한 영역에서 사용할 수 있다.	0595	창업하기에 '너무 늦은' 나이란 없다(《다이아몬드 하버드 비즈니스 리뷰》, 2019년 6월)
	0596	지금부터 시작해도 늦지 않다! 과감히 도전해보자. 시니어 컴퓨터 교실
	0597	40대의 코딩 공부, 결코 늦지 않다

기준이 되는	다른 표현	표준에 맞는
누구나 지금 상태보다 더 성장하고 남들보다 앞서 나가고 싶은 욕망이 있지만, 그것보다 더 강렬한 것은 평균에서 뒤처지고 싶지 않은 마음이다. 어떤 상황에서도 중심을 잡아주는 뭔가를 표현하는 데 제격이다.	0598	모바일 마케팅의 기준이 되는 툴 제공
	0599	노블레스 오블리주의 기준이 되는 기업
	0600	5성급의 기준이 되는 호텔

작은 회사

다른 표현 소규모 기업, 영세 기업, 스몰 비즈니스

여기서 '작다'는 대기업에 비해 규모가 작다는 뜻이다. 자영업자나 스타트업, 소규모 사업체 운영자를 타깃으로 한 서비스나 상품을 홍보할 때 효과적인 표현이다.

0601 작은 회사를 급성장시키는 확장 전략

0602 작은 회사를 위한 SNS 마케팅 강의

0603 경리 업무 프로그램이 작은 회사의 경영을 지원합니다

혼자

다른 표현 혼자서, 혼자 힘으로, 독학으로

'새로운 것에 도전하는 사람에게 보내는 응원'을 전할 때 적합한 단어다. 혼자서도 잘할 수 있게 도와주겠다는 형태로 쓰면 친근한 느낌을 줄 수 있다.

0604 혼자 공부하는 블록체인 혁명

0605 자영업자라면 알아야 할 '혼자 일 잘하는 법' 5가지

0606 독학으로 끝내는 영어 원서 읽기

부드러운

다른 표현 마일드한, 온화한, 자극적이지 않은, 친환경적인

'강하지 않은'의 의미로, 사람들의 '불안한 마음'을 헤아려주는 표현이다. '입에서 녹는다' '피부에 자극적이지 않다' 등 미각이나 촉각에도 사용할 수 있다.

0607 부드러운 조언의 기술

0608 부드러운 카페라테로 시작하는 기분 좋은 하루

0609 노인들이 먹기에도 부드러운 건어물

공유

다른 표현 ○○을 당신과 함께, 윈윈, 셰어

필요한 정보를 공유한다는 말에 사람은 솔깃할 수밖에 없다. 비법, 비밀, 정보를 공유한다고 하거나, 함께 체험할 기회가 있다는 식으로 사용한다.

0610 절세 꿀팁 오늘까지만 공유

0611 라면을 맛있게 끓이는 비밀 레시피를 공유합니다

0612 사랑하는 자녀와 수확의 기쁨을 공유할 수 있습니다

동반

	다른 표현 동행, 곁에 있다, 이인삼각으로, 힘을 합치다
'곁에서 함께한다'는 의미를 단 두 글자로 나타낼 수 있다. 혼자가 아닌 누군가와 함께할 때 이점이 있다는 것을 알리기에 좋은 표현이다.	**0613** 유럽 전문 가이드 동반 여행에 당신을 초대합니다
	0614 표정이 어두웠던 점장들을 변화시킨 '함께하는 모티베이션 개혁'(《포브스 재팬》, 2018년 4월)
	0615 반려동물 동반 가능한 호텔을 소개합니다

마음을 사로잡는

	다른 표현 매혹하는, 첫눈에 반한, 마성의, 마음을 훔친
원래는 '생각이나 마음을 온통 한곳으로 쏠리게 하다'라는 뜻이다. 하지만 실제로는 단순히 '정말 마음에 든다'는 뜻으로 쓰일 때가 많다. '호감을 사다'라는 표현보다 훨씬 더 강렬한 이미지를 준다.	**0616** 마음을 사로잡는 동영상을 프레젠테이션에 활용하는 방법
	0617 '육식파'의 마음을 사로잡는 맛, 와규 스페셜 스테이크
	0618 여성의 마음을 꽉 사로잡는 인테리어 디자인

우선

	다른 표현 ○○우선주의, ○○이 먼저다, ○○제일
'첫 번째로 생각한다' '다른 무엇보다도 우선시한다'는 뉘앙스를 지닌 표현이다. 상품이나 서비스, 기업이 지향하는 가치를 확실하게 드러낼 수 있다.	**0619** 우리 기업의 성장 비결은 '고객 우선주의'
	0620 당신의 건강을 먼저 생각합니다
	0621 안전을 첫 번째로 생각하는 자동차 브랜드

인생의

	다른 표현 일생의, 생애의, 한평생, 이번 생
일상생활에서 큰 비중을 차지하는 일에 사용할 수 있다. 0623에 나오는 '인생의 절반'과 같은 표현은 이미 익숙할 것이다. 수치상 엄밀함을 따지기보다는 우리 삶에 미치는 지대한 영향을 드러내는 데 초점이 있다.	**0622** 『인생의 선율人生の旋律』(간다 마사노리, 고단샤, 2007)
	0623 인생의 절반 이상을 누구와 보낼 것인가?
	0624 오늘의 나를 만든, 인생의 문장들을 소개합니다

사랑

다른 표현 ○○에게 사랑받는, 러브, 인연

'사랑'이라는 단어는 개인적인 인간관계나 그 사이에서 나눴던 감정을 떠오르게 한다. 좀 더 가볍게 표현하고 싶을 때는 '호감'으로 바꿔 써도 좋다.

0625	돈에게 사랑받는 사람과 미움받는 사람의 결정적인 차이는?
0626	지역에서 사랑받는 빵집이 되기 위해 매일 밤낮으로 노력하고 있습니다
0627	책을 각별히 사랑하는 이들을 위한 24시간 무인 서점

자랑

다른 표현 ○○이 자랑하는, 강추하는, 제일가는

누군가에게 인정받고 싶어 하는 '인정 욕구'는 사람이라면 누구나 갖고 있다. 하지만 지나친 자기 자랑은 오히려 빈축을 살 수도 있기 때문에 사용에 주의해야 한다.

0628	지역민이 자랑하는 토산품
0629	우리 집의 자랑, 사시사철 꽃 피는 정원을 소개합니다
0630	SNS에서 저지르기 쉬운, 바쁘다는 자랑은 백해무익

휴식 같은

다른 표현 여행 같은

1분, 1초를 쪼개어 써도 항상 시간이 모자라는 현대인에게 '휴식 같은'이라는 표현은 보기만 해도 편안한 느낌을 준다. 친근하면서도 편안한 서비스를 제공하는 상품에 사용하면 효과적이다.

0631	휴식 같은 인테리어로 편안함을 드립니다
0632	휴식 같은 여행의 시작은 숙소
0633	열심히 일한 당신에게 휴식 같은 공연을 선물하세요

구하다

다른 표현 ○○으로부터의 구원, 손을 내밀다, 돕다

'돕다'는 문제가 있든 없든 지원한다는 뜻이지만, '구하다'는 '곤란한 상황에서 구출한다'는 인상이 강하다. 어려움에 처한 사람들에게 확실한 도움을 줄 수 있을 때 사용하면 제격이다.

0634	『당신의 고민이 세상을 구한다!あなたの悩みが世界を救う!』(간다 마사노리, 다이아몬드사, 2006)
0635	의사를 '번아웃'에서 구하는 AI 앱, 진료 기록의 자동화 (〈포브스 재팬〉, 2019년 7월)
0636	육아에 지친 양육자를 구하는 심리 상담 서비스

○○답다	다른 표현 본래의, 무리하지 않는, 있는 그대로의
'○○다운' '○○답게' 형태로 널리 쓰이며, '○○'에 들어갈 말로는 '자신' '당신' '나' 정도가 일반적이다. 읽는 사람의 개성을 존중하는 태도로, 무리하지 않아도 된다는 의미가 있어 공감을 불러일으킬 수 있는 표현이다.	0637 자신다운 화법으로 설득력 높이는 법
	0638 당신답게 돈 벌기 위해 필요한 것
	0639 나다운 업무 방식, 새로운 나(파견회사 Tempstaff)

○○해버렸다	다른 표현 하고 말았다
'○○하고 말았다'를 약간 장난스럽게 표현하는 말이다. 진지한 상황에서 사용할 수 없지만 스스럼없고 친근한 분위기를 연출하고 싶을 때는 의외로 사용하기 좋다.	0640 순식간에 다 먹어버린 저당 초콜릿
	0641 스마트폰이 망가져버렸다…?! 이럴 때 어떻게 하면 좋을지 가르쳐드립니다(소프트뱅크)
	0642 결국 사버렸다. 인생 첫 고급 손목시계

사항	다른 표현 안건, 의제, 문제
의식 또는 사고의 대상을 말하며 추상적인 것을 가리킨다. 약간 뉘앙스는 다르지만 0645처럼 '자신의 일'과 같이 사용하기도 한다.	0643 중소기업에서 채용 시, 유의해야 할 사항은?
	0644 안경에 관한 사항이라면 뭐든지 상담해주세요
	0645 환경문제를 자신의 일로(문부과학성)

추억의	다른 표현 노스탤지어, 향수를 불러일으키는, 지난날의
향수를 자극하는 상품을 알리는 데 적합한 표현이다. 또한 옛 히트작을 다시 시장에 내놓을 때도 제격이다. 읽는 사람이 향수를 느껴야 효과가 나기 때문에 과거에 어느 정도 인기를 끌었던 상품이 아니면 큰 효과를 기대할 수 없다.	0646 추억의 레트로 게임(소니 인터랙티브 엔터테인먼트)
	0647 추억의 그 시절 만화 특집
	0648 추억의 오므라이스를 맛볼 수 있는 도쿄 근교 양식집

상황에 맞게 권유하기

누군가 당신에게 책을 추천한다고 생각해보자. 다음 네 문장은 각각 어떤 느낌인가?

① 이 책을 읽으세요.　　　　② 이 책을 꼭 읽어주세요.

③ 이 책을 읽어보세요.　　　④ 이 책을 읽어보지 않으시겠어요?

①에 가까울수록 강요처럼 느껴지고 반대로 ④에 가까울수록 거절하기 쉽게 느낄 것이다. 그렇다면 뭔가를 권하는 내용의 카피를 쓸 때 어떻게 해야 할까? ①과 같이 명령하면 역효과가 날 수 있다. ②는 어감 자체는 정중하지만 선택의 여지를 남기지 않아 조금은 무례하게 들릴 수 있다. ③은 관심 있는 사람이라면 거부감 없이 받아들이지만 관심 없는 사람이라면 귀찮게 여길 수 있다. ④는 선택권이 여전히 읽는 사람에게 있음을 느끼게 한다.

똑같이 권유하는 문장이더라도 **톤에 따라서 '정중/무례', '거절하기 쉽다/거절하기 어렵다'로 갈리게 된다.** 읽는 사람에게 거부감이 없는 표현은 거절하기도 쉽다. 장단점이 다르고 답이 정해져 있는 것도 아니니 상황에 맞춰 적절하게 사용하는 것이 중요하다.

자,	다른 표현 어서, Let's ○○
같은 눈높이에 서서 무언가를 재촉하는 표현이다. 단독으로도 쓰지만, '○○합시다'와 함께 쓰는 경우가 많다.	**0649** 자, 시작하자. 온몸으로 음악을 즐길 수 있는 엘렉톤(야마하 뮤직)
	0650 자, 이 간단한 방법으로 도심에 집을 지읍시다
	0651 간병인 동반 택시로 휠체어도 걱정 제로. 자, 여행을 떠나보자

자, 이제	다른 표현 자, 지금이야말로
'자, 어디 해보자!' '자, 이제 시작해볼까!' 같은 식으로 자주 사용한다. '자'와 비슷하지만, '자'보다는 조금 예스럽거나 중후한 인상을 준다.	**0652** 자, 이제 미뤄왔던 여행을 떠나볼까?
	0653 자, 이제 정년퇴직. 자산을 조금씩 헐어 쓰느냐, 다시 일을 하느냐(《닛케이신문》, 2019년 9월)
	0654 자, 이제 여름! 땀에도 지워지지 않는 메이크업

○○하자

다른 표현 ○○합시다, Let's ○○

'○○하자' '○○합시다'는 의문형인 '하지 않겠습니까?' '해보지 않겠습니까?'와 비교하면, 약간 강압적인 느낌을 줄 수도 있지만, 전문가나 가이드 같은 사람이 권유하는 표현으로는 적당하다. 하지만 좀 더 부드럽게 권유하고 싶다면 '○○하지 않겠습니까?'가 더욱 적합하다.

0655	웃음 가득한 세상으로 만들자(제과업체 에자키 글리코)
0656	경험이 없어도 OK. 시작하자! 클래식 기타 레슨
0657	좋아하는 음악을 어디서든 즐기자(애플)

○○하지 않으시겠어요?

다른 표현 ○○하시겠어요?, Shall we ○○?, ○○의 권유

부드럽게 권유하는 표현이다. 의문형을 사용해 강요하는 느낌이 들지 않는다. 더욱 적극적으로 권유하고 싶을 때는 '○○합시다'라는 표현이 적합하다.

0658	한 달 수입을 50만 원 더 늘리지 않으시겠어요?
0659	무료 앱으로 외국어를 배우지 않으실래요?
0660	추억이 깃든 고향으로 돌아가 일하지 않으시겠어요?

○○해보지 않으시겠어요?

다른 표현 ○○은 어떤가요?, ○○으로 초대합니다

'해보다'라는 표현은 '하다'보다 부드럽고 간접적인 인상을 준다. 가볍게 권유하고 싶을 때 적합하다. '하지 않으시겠어요?'보다 '해보지 않으시겠어요?' 쪽이 상대적으로 덜 부담스럽게 들린다.

0661	시티 투어에 참가해보지 않으시겠어요?
0662	마케팅 자동화를 도입해보지 않으시겠어요?
0663	휴일에 자원봉사를 해보지 않으시겠어요?

○○처럼 ○○하자

다른 표현 ○○같이 ○○하자, ○○과 같은 ○○을

단순히 '○○하자'라고 권유하기보다는 '○○처럼 ○○하자'라고 구체적 예를 들어 제안하면 읽는 사람의 머릿속에 생생한 이미지가 떠오른다. 그러면 메시지의 전달력도 높아진다.

0664	네이티브 스피커처럼 영어를 구사하자
0665	스냅 사진을 찍는 것처럼 재빨리 담아내자(애플)
0666	컴퓨터처럼 정확하게 기억하자

깔끔하게 ○○합시다

다른 표현 ○○하는 것은 그만둡시다, 완전히, 미련 없이

싫은 것에서 벗어나 편안한 상태가 되기를 권하는 표현이다. 지금 안고 있는 고민이나 불쾌한 상황을 언급할 필요가 있다.

0667	깔끔하게, 퇴직 후 돈 걱정에서 해방됩시다
0668	입 냄새 고민은 깔끔하게 털어냅시다
0669	헤어진 남자 따위, 깔끔하게 잊어요

힘들게 ○○하는 건 이제 그만둡시다

다른 표현 애써 ○○하는 것은 이제 그만둡시다

단순히 무언가를 '그만두는' 것이 아니라, '힘들게'라는 말이 앞에 붙는다는 점이 중요하다. 이 표현을 통해 더 편한 방법이 있다는 것을 넌지시 내비친다.

0670	집에서 힘들게 염색하는 건 이제 그만둡시다
0671	힘들게 인사 평가하는 건 이제 그만둡시다. 모든 것은 이 매트릭스 평가 시스템에 맡겨주세요
0672	힘들게 홈페이지 만드는 건 이제 그만둡시다

고민인 분은 상담해주세요

다른 표현 고민이 있다면 연락 주세요

바로 신청하는 것이 아니라, '상담'이기 때문에 행동으로 옮기기가 쉽다. 각종 웹사이트에서 자주 볼 수 있듯이 어떤 상황에서도 부담 없이 사용할 수 있다.

0673	출산이나 육아로 고민인 분은 상담해주세요
0674	알레르기성 비염 증상으로 고민인 분은 상담해주세요
0675	상속 문제로 고민인 분은 상담해주세요

구해주자

다른 표현 도와주자, 알려주자

'○○으로부터 구해주자'의 '○○'을 적 또는 방해가 되는 존재로 설정하면 읽는 사람을 내 편으로 만들 수 있다. '개인의 고민'뿐 아니라 '사회적인 문제'에도 쓸 수 있다.

0676	에어컨에서 나오는 먼지로부터 자녀를 구해주자!
0677	전쟁으로 집을 잃은 아이들을 도와주세요
0678	길고양이들을 살처분으로부터 구해주세요

모집	다른 표현 대모집, 모으다, ○○ 모여라!
인재 채용이나 고객을 모을 때 사용할 수 있다. 사람 뿐만 아니라 응모작이나 사연을 모집하는 경우에도 쓸 수 있다. '대모집'이라고 쓰면 규모가 크다는 인상을 주어 더 많은 사람이 지원할 확률이 높아진다.	**0679** 10년 만에 신입사원을 모집합니다
	0680 긴급 안내. 간다 마사노리와 함께 일할 인재 대모집!(『금단의 세일즈 카피라이팅』 간다 마사노리, 두드림미디어, 2023)
	0681 면접 실수 에피소드 대모집!

급구	다른 표현 긴급 모집
말 그대로 '급하게 구하고 있다'라는 의미다. 이 표현은 다급한 상황임을 나타내므로 '모집'이라고 할 때보다 강한 인상을 준다. 지원하는 쪽에서도 가능한 한 빨리 지원하고 싶다고 느끼게 된다.	**0682** 발리섬 투어, 동행자 급구!
	0683 급구! 주말 근무 가능한 사람을 찾습니다
	0684 간병인 급구. 경험자 우대

구함!	다른 표현 오세요, 찾고 있습니다, ○○한 분 안 계십니까?
사람을 구하는 광고에서 자주 쓰는 표현이다. 0685, 0686처럼 조건을 뒤에 제시하는 패턴과 0687과 같이 조건을 앞에 제시하는 패턴이 있다.	**0685** 구함! 랜딩 페이지 전문 웹디자이너
	0686 도전자 구함! 초대용량 카레라이스 5접시 먹기
	0687 운전 가능한 단기 알바 구함!

○○ 가능한 분 구합니다	다른 표현 ○○경험자 환영
'구함!'의 다음은 명사가 아니면 어색하지만 '구합니다'는 융통성 있게 표현할 수 있다. 다만 '구합니다'는 글자 수가 많기 때문에, 짧게 표현하고 싶을 때는 '구함!' 쪽이 낫다.	**0688** 웹디자인 가능한 분 구합니다
	0689 야간 근무 가능한 분 구합니다
	0690 적극적으로 일할 수 있는 분 구합니다

찾습니다

다른 표현 ○○환영, ○○을 기다리고 있습니다

'구함!'보다 읽는 사람이 더 편안하게 느낄 수 있다. '찾는다'는 넓은 범위에서 물색하는 것이고 '구하다'는 손에 넣는 것이라는 뉘앙스 차이가 있다.

0691	1종 대형 면허 소지자를 찾습니다
0692	토요일 저녁에 자원봉사 하실 분을 찾습니다
0693	안락사 직전에 구조된 유기견의 가족을 찾습니다

또 없습니까?

다른 표현 또 누구 없습니까?, 더 안 계십니까?

사람을 모을 때 사용하는 또 다른 표현이다. '모집'이나 '구함!'은 직접적이지만, 이 표현은 간접적으로 '권유'하는 느낌을 전달할 수 있다. '또'라는 말에서 이미 신청자가 있다는 사실을 유추할 수 있기에 안도감이 든다.

0694	세계 최대의 북클럽 퍼실리테이터가 되고 싶은 분 또 없습니까?
0695	편의점 점주가 되고 싶은 분 더 안 계십니까?
0696	단 30일 만에 영어회화를 마스터하고 싶은 사람 또 없습니까?

불문

다른 표현 무조건, 필요 없음, ○○ 일절 불필요

'묻지 않겠다'는 의도를 단 두 글자로 나타내는 편리한 표현이다. 특히 자신감이 떨어져 있는 사람에게는 용기를 주는 단어다.

0697	경력 불문, 상시 채용 정보
0698	학력 불문, 초보도 지원 가능한 업무
0699	자격, 경력 불문. 누구나 할 수 있는 아르바이트

챌린지

다른 표현 콘테스트, 도전

'도전'이나 '도전하다'는 무거운 느낌이 있어 가볍게 해보자는 분위기를 내기가 어렵다. 이에 반해 '챌린지'는 호기심을 자극하고 마음을 설레게 하여 즐거운 분위기를 자아낸다.

0700	디지털 마케팅 30일 챌린지
0701	고등학생을 위한 코딩 챌린지
0702	아이 대상 빵 만들기 챌린지

동질감 높이기

사람은 자신과 비슷한 사람에게 호감을 갖는 경향이 있다. 여기서는 공통점을 내세워 집단을 한데 묶는 방법을 소개한다. 나이나 취미 등으로 공통점을 드러내는 패턴이 가장 많이 쓰인다. 물론 표현 방법은 다양하다. 같은 것을 봐도 사람에 따라 각각 다른 이미지를 떠올리는 것과 같은 이치다. 심리학에서 말하는 '라벨링' 혹은 '낙인 효과'와 유사하다.

'A 하면 B'라는 표현이 대표적이다. 예를 들어, 햄버거 하면 사람들은 어떤 브랜드를 떠올릴까? 아마도 맥도날드를 말하는 사람이 많을 것이다. 물론 버거킹이라고 답하는 사람이 있을지도 모른다. 무엇이든 상관없지만, **중요한 것은 대답이 머릿속에 바로 떠오르느냐 아니냐다.** 검색 엔진을 생각해보면 이해하기 쉽다. 키워드로 검색했을 때 보통 위에 있는 것부터 클릭한다. 즉, 우리 **머릿속에 떠오르는 순서가 곧 그 상품이 시장에서 차지하고 있는 위치**인 것이다.

A 하면 B	다른 표현 ○○이라 하면 ○○
'A 하면'이라는 말을 들었을 때, 그 상품이나 사람이 가장 먼저 떠오른다면 효과가 크다. 1등이 될 수 있는 분야를 찾아내 A에 넣는 것이 중요하다.	**0703** 나고야 하면, 역시 장어!
	0704 콜록! 하면 용각산 (제약회사 류카쿠산)
	0705 '가을 하면 야구', 야구 팬 필독

○○인간	다른 표현 ○○인, ○○피플
'특징 + 인간'의 형식으로, 자유롭게 변형하여 표현할 수 있다. 특히 '○○을 매우 좋아하는 인간'이나 '○○을 싫어하는 인간' 같은 형태라면 얼마든지 만들어 낼 수 있다.	**0706** 24시간 일하는 일중독 인간
	0707 저녁형 인간에서 아침형 인간으로
	0708 『편의점 인간』(무라타 사야카, 살림, 2016)

나의	다른 표현	저의, 저만의
주로 네이밍에 사용하는 표현으로 개인적인 느낌을 드러내 공감을 얻을 수 있다. 그와 동시에 '나만의'라는 뉘앙스를 내포하고 있어 맞춤형 상품이나 서비스라는 인상을 준다.	**0709**	나의 이사(야마토 운수)
	0710	나의 햄버그스테이크
	0711	나의 피부 관리 필수템

○○녀·○○남·젠더리스	다른 표현	○○남친, ○○여친, ○○맨, ○○우먼
문과남, 이과녀 또는 초식남 등으로 응용되어 쓰이는 표현이다. '○○인간'과 마찬가지로 다양하게 변형하여 만들 수 있다. 성별에 구애받지 않거나 양쪽에 어필할 수 있는 상품에는 '젠더리스'를 쓸 수 있다.	**0712**	공대남을 위한 데이트 팁 전격 공개
	0713	등산맨이 꿈꾸는 명산 베스트 10
	0714	지금 주목받는 젠더리스 의류 브랜드

싱글	다른 표현	혼자 사는 사람, 1인용, 혼○
1인 가구의 숫자가 엄청나게 늘어나면서 이들을 위한 상품이나 서비스도 이제는 종류가 다양해졌다. 아예 1인분만 포장해서 판매하는 음식뿐 아니라 가구나 가전 등도 싱글을 타깃으로 한 제품이 많은 만큼 자주 볼 수 있는 단어다.	**0715**	싱글들을 위한 재테크는 달라야 한다
	0716	혼밥, 혼술을 위한 초간단 레시피
	0717	혼자 사는 사람들을 위한 1인 생활용품 모음전

7080	다른 표현	3040, 2030, 1020, 5060
처음에는 복고풍이 유행하면서 7080을 썼는데 이후에는 1020, 2030, 3040, 4050처럼 나이대를 묶어서 광범위하게 사용되고 있다. 이 나이대에 해당하는 사람이라면 자연스레 눈길이 가게 된다.	**0718**	4050 일하는 여성을 위한 프리미엄 패션몰
	0719	7080을 위한 포크 콘서트
	0720	3040 무주택자를 위한 내 집 마련 강의

○○세대	다른 표현	제너레이션, 년대, ○○둥이
어느 일정 시기에 태어난 사람을 가리키는 표현이나, 동시대에 같은 경험을 한 사람들을 묶어서 표현하는 경우도 많다. 특정한 세대를 타깃으로 하는 상품이나 서비스를 알릴 때 효과적이다.	0721	밀레니얼 세대의 30%가 '부업을 하는' 이유는 추가 수입과 만족감 (《포브스 재팬》, 2016년 10월)
	0722	포켓몬 세대인 경영자 (《닛케이 MJ》, 2018년 6월)
	0723	Z세대 소비 트렌드는 이것이 다르다

○○라이프	다른 표현	○○생활, ○○인생, ○○이 있는 생활
특정한 생활 스타일을 가리킨다. '그것에 둘러싸인 생활' '몰두하는 생활'이라는 의미로 사용된다. '○○'에 들어가는 것을 '충분히 만끽하며 만족한다'는 뉘앙스를 표현한다.	0724	12마리와 함께하는 토이푸들 라이프
	0725	노마드 라이프를 실현하기 위해 미리 해둬야 할 일
	0726	캠퍼스 라이프에 꼭 필요한 아이템 10가지

○○대부터	다른 표현	○○대부터 시작하다, ○○대부터라도 늦지 않다
특정 연령대에게 공감을 불러일으키는(E) 동시에, 타깃을 명확히 하여 범위를 좁히는(N) 두 가지 효과를 거둘 수 있는 표현이다. 해당되는 연령대에 더욱 강하게 어필할 수 있다.	0727	60대부터 시작하는 건강 관리법
	0728	10대부터 시작하는 연예 활동은 아이들의 장래를 어떻게 바꿀까?
	0729	100세 시대, 40대부터는 세컨드 커리어를 구상하라

아침·점심·저녁	다른 표현	모닝, 데이, 나이트
아침, 점심, 저녁으로 각각 나누어 브랜드 네이밍으로 활용할 수 있는 표현이다. 이렇게 카테고리를 나누는 방법으로 성공한 대표적인 예가 아사히 음료에서 출시한 '아침 전용 캔커피, 원더 모닝샷'이다. 아침에 커피를 마시는 일은 흔하지만, 아침 전용이라는 카피로 대히트를 쳤다.	0730	하루의 에너지를 올리는 아침 러닝
	0731	점심 시간을 활용한 15분 화상 영어 수업
	0732	저녁의 커피 (주류회사 산토리)

시대

다른 표현 년대, 세기, ○○에이지

'○○시대' '○○의 시대'라는 형태로 사용해 유행하는 것이나 사회현상을 표현한다. '트렌드'라는 단어보다 딱딱한 인상을 준다.

0733	채용난 시대의 인재 육성 《닛케이 MJ》, 2018년 12월)
0734	디지털 시대, 중소기업의 비즈니스 전략
0735	마스크가 '필수 액세서리'가 된 시대, 뉴욕 패션쇼에도 등장 《뉴스위크 재팬》, 2020년 3월)

응원

다른 표현 서포트, 지지, 격려, 지원

응원도 지원도 누군가를 돕는다는 의미는 같지만 뉘앙스가 미묘하게 다르다. 지원은 물질적 도움을 전제로 하는 데 반해, 응원은 정신적인 격려인 경우에도 사용한다. '사업을 응원한다'와 '사업을 지원한다'를 비교해보면 그 차이를 쉽게 알 수 있다.

0736	배우고 싶은 의지를 응원합니다 (문부과학성)
0737	초보 부모 응원 캠페인
0738	당신의 이직을 응원합니다

○○계

다른 표현 카테고리, 업계, 세계, 바닥

분야를 한정 짓는 표현으로, 포지셔닝과 연결된다. 해당 분야에서 우위를 점하고 있는 경우 매우 효과적이다. 한편 '어떤 일에 빠져 있거나 관련된 사람, 집단'을 가리키기도 한다.

0739	게임계를 뒤흔들 초대형 신작 출시
0740	로맨틱 코미디계의 일인자가 정리한, 감동을 부르는 스토리 만드는 법
0741	인디계의 시선을 빼앗는 신예 등장

이웃의

다른 표현 가까운, 친한, 이웃집

자신과 가까운 존재라는 뉘앙스로 친근감을 드러낼 수 있는 표현이다. 동료 의식으로 연결되는 말인 동시에 갭을 의식하는 표현이기도 하다. 일반적으로는 친근하지 않다고 생각되는 내용에 사용함으로써 의외의 효과를 발휘할 수 있다.

0742	이웃의 전업주부가 ETF로 지속적인 수익을 올리고 있는 비밀
0743	『이웃집 백만장자』 (토머스 J. 스탠리, 윌리엄 D. 댄코, 리드리드 출판, 2022)
0744	가까운 동료가 남몰래 하고 있는 관계의 기술

평소	다른 표현	통상, 평상시, 늘
자주 쓰는 말이지만, 잘 들여다보면 '항상'이라는 뉘앙스와 '평상시'라는 뉘앙스가 둘 다 있다. 일상을 떠올리게 해 친근한 느낌을 전한다.	**0745**	평소 먹는 식재료로 만드는 건강 식단
	0746	평소 마시는 커피(세븐일레븐)
	0747	평소 즐겨 입는 니트로 완성하는 가을 코디법

파트너	다른 표현	동료, 협력자, 반려자, 동반자
배우자의 의미도 있지만, 카피에서는 주로 '동반자'나 '어드바이저'의 뉘앙스로 통한다. '동반' 또는 '함께하는 사람'이라는 의미도 있다.	**0748**	생활 속의 안심 파트너가 24시간 365일 대응!
	0749	당신의 자산 형성에 든든한 동반자
	0750	마이크로소프트 파트너가 선사하는 협업의 진가(마이크로소프트)

칼럼
글이 써지지 않는 이유

블로그에 글을 쓰거나 이메일을 쓸 일이 있어 컴퓨터 앞에 앉기는 했지만, 텅 빈 화면만 바라본 채 한숨만 쉰 적 없는가?

글이 써지지 않으면 보통 글솜씨가 없어서라고 생각하기 쉽지만 진짜 원인은 '시장 조사 부족'에 있다. 프로 카피라이터들도 순수하게 글을 쓰는 시간보다 글감을 모으거나 구성을 생각하는 데 더 많은 시간을 들인다. '현대 광고의 아버지'라 불리는 데이비드 오길비도 카피를 쓰기 전에 조사에만 3주 정도의 방대한 시간을 쏟았다고 한다.

따라서 카피를 비롯해 글이 도무지 써지지 않을 때는 쓰는 것을 말끔하게 포기하고, 주제와 관련된 소재를 찾아보자. 글쓰기는 요리와 같아서 모아놓은 재료 이상은 쓸 수 없다. '좋은 문장'을 쓰려면 '좋은 재료'가 필요하다.

오감 자극하기

문자만으로는 생각을 전달하는 데 한계가 있다. 카피 단어를 알려주는 책에서 뜬금없이 왜 이런 이야기를 하는 건지 의아할지도 모르지만, '**메라비언의 법칙**Mehrabian's law'에서 답을 찾을 수 있다. 이 법칙에 따르면 대화를 할 때 사람들은 시각 정보 55%, 청각 정보 38%, 언어 정보 7%의 순서로 영향을 받는다고 한다. 또한 'VAK모델'에 의하면 사람에 따라 선호하는 영역이 다르다. V(Visual)는 시각, A(Auditory)는 청각, 그리고 K(Kinesthetic)는 촉각을 의미한다. 눈으로 보는 데 뛰어난 사람, 귀로 듣는 데 뛰어난 사람, 또는 만지거나 몸을 움직이는 데 뛰어난 사람이 있기 때문에 효과적인 학습, 커뮤니케이션 스타일도 다르다.

이렇듯 인간의 다양한 인지 성향에 대응하기 위해서도 이미지와 음성, 영상을 함께 사용하는 것이 훨씬 더 효과적이다. 하지만 문자만을 사용해야 하는 상황이라면 오감을 어떻게 언어로 표현할 수 있을지를 고민해봐야 한다. **읽는 사람의 상상력과 오감을 자극하는 표현을 알아두면 언어의 힘을 최대한 끌어낼 수 있다.**

상상해보세요	다른 표현 이미지를 떠올려주세요	
기본적으로는 0751, 0752처럼 '이상적인 상태'를 상상하게 하는 경우가 많다. 물론, 0753처럼 피하고 싶은 상황을 상상하게 할 때도 쓰인다.	0751	상상해보세요. 연설이 끝나고 박수갈채를 받는 모습을
	0752	상상해보세요. 회사를 그만두고 스트레스에서 해방되는 모습을
	0753	개업했는데 손님이 한 명도 오지 않는 상황을 상상해보세요

○○처럼	다른 표현 ○○과 같이, ○○하듯이	
'○○처럼'이라고 구체적인 예를 들면 읽는 사람의 머릿속에 그 이미지가 떠오른다. '○○'에 추상적이고 개념적인 단어를 사용하면 효과가 떨어진다.	0754	사장처럼 생각하는 직원을 만드는 12가지 육성법
	0755	잠재 고객이 자석에 끌리듯이 전화를 걸게 하는 방법 (『저예산으로 우량 고객을 사로잡는 법小予算で優良顧客をつかむ方法』 간다 마사노리, 다이아몬드사, 1998)
	0756	새 옷처럼 색감이 살아나는 세탁 세제

마치	다른 표현 흡사, 완전히, 그야말로, 진짜
기본적으로는 '○○처럼'과 동일하지만 '마치'라는 말을 덧붙이면 더욱 비슷하다는 뉘앙스가 느껴진다. 0759에서 알 수 있듯이 강력한 이미지를 갖고 있는 단어를 쓰면, 판매하려는 상품에도 그 이미지를 부여할 수 있다.	**0757** 눈으로도 귀로도, 마치 영화관처럼(애플)
	0758 마치 소파에 앉아 있는 것처럼 편안한 승차감
	0759 마치 마시멜로와 같은 감촉

두근두근	다른 표현 들뜬, 신이 난, 설레는
'즐겁다' '흥분된다'는 감정을 신체적인 감각으로 표현한 것이다. 가슴이 두근거리거나 등골이 오싹한 느낌을 전달할 수 있는 단어다.	**0760** 두근두근거리는 비즈니스에 불황은 없다
	0761 『마음을 두근두근 설레게 하는 것이 인생에 돈을 벌어다 준다ワクワクすることが人生にお金をつれてくる』(혼다 켄, 포레스트사, 2014)
	0762 두근두근, 쿵쿵. 아이도 어른도 대흥분!

시선을 빼앗는	다른 표현 눈길을 끄는, 시선을 강탈하는
아름다워서 넋을 잃고 쳐다보게 하는, 즉 시선을 고정시킨다는 뜻으로 약간 수사적인 표현이다. 단순히 '계속 보게 된다'는 표현보다는 읽는 사람의 머릿속에 장면이 자연스럽게 떠오른다.	**0763** 시선을 빼앗는 400만 픽셀. 눈부신 데뷔(애플)
	0764 CF에 등장하는 푸르른 바다에 시선을 빼앗깁니다
	0765 시선을 빼앗는 명화 컬렉션이 한자리에!

눈이 휘둥그레지는	다른 표현 입이 다물어지지 않는
'시선을 빼앗는'과 비슷하지만 쓰임새가 약간 다르다. '시선을 빼앗는'이 시각적인 아름다움에 놀라 넋을 잃고 바라보는 이미지인 반면에, '눈이 휘둥그레지는'은 학업 성적이나 효과, 실적 등 현상이나 결과에 놀라는 것을 의미한다.	**0766** 관심 밖의 성장 분야 '농업'. 눈이 휘둥그레질 만한 성장 《닛케이신문》, 2020년 1월
	0767 눈이 휘둥그레지는, 신입사원의 활약으로 직장 전체가 활성화
	0768 눈이 휘둥그레지는 발전을 이룬 태블릿 단말기의 최신 정보 모두 공개

경쾌한

다른 표현 가뿐한, 상쾌한, 가벼운, 산뜻한

단어 자체에 '매우 가볍고 상쾌한' 분위기가 감돈다. 금세라도 위로 떠오를 듯한 이미지다. 물리적인 중량이 가볍다는 의미로도 쓸 수 있지만, 그보다는 '사람의 기분'을 나타내는 표현으로 더 많이 사용한다.

0769 완전히 새로운 맥북 에어, 경쾌한 등장(애플)

0770 '신념'을 지키면서도 '경쾌하게' 살아가는 비법은?(《포브스 재팬》, 2019년 1월)

0771 외출할 때는 산뜻한 착용감이 드는 리넨 셔츠로!

시각화

다른 표현 가시화, 비주얼화, 구상화

복잡하거나 모호한 것, 또는 어수선해서 알기 힘든 것을 정리할 때 '시각화'는 매우 효과적이다. 다만 보이는 것만으로는 의미가 없고, '알기 쉽게' 보여야 하는 것이 전제 조건이다.

0772 랜딩 페이지의 구성 요소를 '시각화'할 수 있는 궁극의 템플릿

0773 후각의 시각화가 바로 코앞에!

0774 『빅데이터 시각화』(제임스 밀러, 에이콘출판사, 2019)

속속

다른 표현 연달아, 잇달아, 차례차례, 끝없이, 끊임없이

계속해서 이어지는 모습이 떠오르는 표현이다. '활기찬 상태' '흥분된 상태'를 암시하고 있어, 그 밖에 또 어떤 것이 있는지 자연스레 궁금해진다.

0775 게임 시장이 뜨겁다! 다른 업종도 속속 진출(NHK, 2023년 10월)

0776 대기업들이 속속 AI 개발에 힘을 쏟는 이유

0777 계절감 넘치는 가을 신상이 속속 등장

날려버리다

다른 표현 웃어넘기다, 떨치다, 내던지다

'날리다'라는 표현에서 '한 번에 사라진다'라는 이미지가 떠오른다. 단순히 '없앤다'라고 말할 때보다 더 통쾌한 울림이 있다.

0778 돈 걱정 따위 날려버리자!

0779 이제 인간관계의 고민 따위는 웃어넘길 수 있습니다

0780 내 집 마련 걱정 날려버리자

농후

다른 표현 질다, 진하다, 깊이가 있다, 100%, 리치

'맛에 깊이가 있다'라는 의미로 음식이나 음료 등을 묘사할 때 가장 많이 쓰인다. 다른 사용법의 예로는 '패색 농후'처럼 운동 경기 등에서 질 가능성이 높다는 사실을 나타낼 수도 있다.

0781	막 로스팅한 원두의 농후한 맛과 향을 느껴보세요
0782	농후하게 만든 크림 스튜
0783	농후한 단맛의 완숙 망고를 오키나와에서 직송

즙이 많은

다른 표현 촉촉한, 물기가 많은, 싱싱한, 육즙 가득한

오감을 자극하는 대표적인 단어 중 하나다. 육류는 물론 채소류에도 쓰인다. 과일처럼 원래 즙이 많은 것보다는 통상적으로 수분이 별로 함유되지 않은 것에 사용하면 효과가 높다.

0784	즙이 많은 복숭아를 선별해 만든 수제 잼
0785	집에서도 육즙 가득한 스테이크를 굽는 팁
0786	촉촉한 닭튀김을 집에서도 손쉽게. 포인트는 딱 3가지!

따끈따끈

다른 표현 후후, 뜨끈뜨끈, 보글보글

오감에 호소할 뿐만 아니라 '방금 막 요리했다'는 뉘앙스도 내포하고 있어 음식의 매력을 더욱 돋보이게 한다.

0787	따끈따끈 갓 구워낸 맛!(도미노피자)
0788	따끈따끈! 후후 불면서 먹는 것이 야외 바비큐 파티의 묘미
0789	따끈따끈한 국물 요리의 계절

바삭바삭

다른 표현 사각사각, 사박사박, 바삭한

음식을 씹을 때 나는 소리를 표현하는 단어로 읽는 순간, 미각과 청각을 동시에 자극한다. 적절한 상품에 잘 사용하면 큰 효과를 볼 수 있다.

0790	바삭바삭한 식감을 참을 수 없다
0791	겉은 바삭, 속은 촉촉한 요리의 비밀
0792	노릇노릇 바삭바삭, 맛있는 전을 만드는 부침가루

향기로운

다른 표현 구수한, 고소한, 은은한, 그윽한

향기가 좋다는 의미로, 후각을 자극하는 표현이다. 화장품, 음식 등에 고루 쓸 수 있는 단어다.

0793 향기로운 아로마 오일로 하루의 피로를 날려버리세요

0794 기억에 남는 향기로운 핸드크림 베스트 3

0795 향기로운 커피와 함께 느긋한 시간을 보내세요

녹는다

다른 표현 녹아들다, 스며들다

단순히 '녹는다'라기보다는 '입 안에서 사르르 녹아내린다'는 이미지를 표현한다. 식감뿐만 아니라 '촉감'을 나타낼 때도 사용할 수 있다.

0796 입에서 살살 녹는 참치 회

0797 입에서는 녹고 손에서는 녹지 않아요(M&M's 초콜릿)

0798 혀에 닿는 즉시 녹아내리는 생크림 케이크

폭신폭신

다른 표현 푹신푹신, 말랑말랑한, 부드러운, 몽글몽글한

'부드러운 상태'를 나타내는 대표적인 표현이다. 글자만 봐도 그 촉감이 고스란히 전해지는 듯하다. 그냥 '부드러운 빵'이라고 하기보다 '폭신폭신한 빵'이라고 말하면 느낌이 확연히 달라진다.

0799 폭신폭신 눈꽃 빙수가 인기를 끄는 이유

0800 폭신폭신 오믈렛, 손쉽게 만드는 법

0801 폭신폭신한 베개로 최고의 수면을

부드럽고 말랑한

다른 표현 폭신하고 말랑한, 폭신하고 부드러운

'폭신폭신'과 '녹는다'의 느낌이 합쳐진 표현이다. 식감이나 촉감이 중요한 상품에 쓰기 좋으며, 남녀노소에게 어필할 수 있다.

0802 부드럽고 말랑한 계란찜 만드는 법

0803 부드럽고 말랑한 소재로 감싼 이어폰

0804 아이들도 좋아하는 부드럽고 말랑한 비타민 젤리

실컷

'확실히' '충분히' '넉넉히'와 같은 느낌을 표현한다. 식품뿐 아니라 여러 상품을 묘사하는 단어로도 많이 사용되며, 어떤 상황의 정도를 표현할 때도 유용하다.

0805	4인 가정에서도 실컷 드실 수 있습니다
0806	아이들이 실컷 뛰놀 수 있는 공공 키즈카페
0807	확실히 가르쳐드립니다! 주말 기타 레슨

저격하다

상대방에게 잘 전달된다는 뉘앙스를 풍기는 단어다. 카피로 쓸 때는 어떤 특정한 계층이나 집단에 강력하게 어필된다는 의미로 자주 쓰인다. 화살이 목표 지점을 꿰뚫는 듯한 시각적인 이미지를 수반한다.

0808	취향 저격 비주얼
0809	우수한 영업사원이 일하는 방식! 경영자의 마음에 제대로 꽂힌 '허심탄회 토크'(프레지던트 온라인, 2016년 5월)
0810	40세 전후 여심을 저격하는 칭찬은 바로 이것!

아삭아삭

씹는 맛을 표현하는 말이다. 예문과 같이 채소, 과일 등의 식감이나 감촉을 전할 수 있다.

0811	양배추를 아삭하게 데치는 방법(NHK)
0812	아삭아삭한 피망 고추잡채
0813	사각대는 사과 과육으로 가득 찬 애플파이!

찰랑찰랑

막힘없이 보기 좋게 흐르는 모습을 나타낸다. 대개 물결이나 머리카락 등에 사용된다. 어떤 일이 순조롭게 진행되는 상황을 표현할 때는 '술술'이 더 잘 어울린다.

0814	바람에 찰랑찰랑 나부끼는 머릿결을 당신에게!
0815	페이지가 술술 넘어가는 추리소설
0816	움직임에 따라 찰랑대는 플레어 스커트

점점 더

다른 표현 더, 더더욱, 더욱더, 점차적으로, 더욱이

전보다 한 단계 더 나아감을 뜻하며, 긍정적으로도 부정적으로도 쓰인다. 상태나 상황이 차츰 좋아지거나 악화되어 그 현상이 멈추지 않고 계속된다는 뉘앙스를 나타내고 싶을 때 사용하기 좋다.

0817	점점 더 편리하게 사용할 수 있도록 리뉴얼
0818	점점 더 끌리는 소도시 여행
0819	점점 더 좋아지는 사람들의 대화법

순식간에

다른 표현 눈 깜짝할 사이에, 금세, 단기간에

'아주 짧은 동안에'라는 의미로, 짧은 시간에 변화하는 모습을 나타낸다. 효과나 결과가 단시간에 재빠르게 나타난다는 사실을 강조하기에 좋다.

0820	순식간에 고객이 모여드는 SNS 광고 활용법
0821	순식간에 스몰토크 잘하게 되는 단 하나의 습관은?(다이아몬드 온라인, 2023년 3월)
0822	단기간에 능숙해지는 비즈니스 영어회화

돋보이다

다른 표현 눈에 띄다, 두드러지다, 뛰어나다, 빼어나다

비교 대상 중에서도 단연 눈에 띈다는 의미를 한 단어로 전달할 수 있다. 비교 심리를 자극하여 주목을 끈다.

0823	평범하면서도 돋보이는 화이트 셔츠 10선
0824	돋보이는 고도(古都)의 근대 건축(NHK)
0825	토론에서 돋보이는 질문법 예시

터지다

다른 표현 튀다, 터져 나오다, 튀어나오다

톡톡 튀는 이미지를 전달할 수 있다. 식품류에 사용하는 경우, 탄산처럼 '톡톡' 터지는 맛을 표현하는 경우가 많지만, '확 퍼진다'는 뉘앙스로 사용되는 경우도 많다. 뒤에 나올 단어 '넘치다'보다 '터지다'의 임팩트가 더 강하다.

0826	입자마자 탄성이 터지는 결혼식 드레스 선택법은?
0827	거주자의 극찬이 터져 나오는 주택 건축을 목표로!
0828	개봉 즉시 반응이 터진 신작 영화

넘치다		다른 표현 뿜어져 나오다, 흘러나오다, 흘러넘치다
가득 차서 밖으로 나오는 이미지로, 예문에 제시한 것 외에도 '넘친다'고 표현할 수 있는 대상은 수없이 많다. 눈에 보이는 것과 보이지 않는 것 양쪽에 다 쓸 수 있다.	**0829**	꽃과 신록이 넘쳐나는 정원 도시! 요코하마의 꽃 명소 특집(요코하마시)
	0830	매력 넘치는 중년의 비밀
	0831	웃음이 넘치는 부부에게는 '이것'이 있다

화려한		다른 표현 강렬한, 선명한, 또렷한, 절묘한, 훌륭한
색을 표현할 때 사용하는 경우가 많지만, 눈에 띄게 아름답다는 의미나 동작 또는 기술이 훌륭하다는 뜻으로도 쓰인다.	**0832**	화려한 색채, 하모니의 세계로!(도쿄 디즈니랜드)
	0833	스시 장인의 화려한 칼 솜씨가 자랑인 식당
	0834	화려한 점프 기술로 라이벌 압도!

신		다른 표현 새로운, 최초의, 뉴○○
새로운 상품이나 서비스를 단 한 글자로 임팩트 있게 소개하는 표현이다. 기존의 것과 순식간에 차별화하는 장점이 있다.	**0835**	신메뉴
	0836	뉴미디어
	0837	신기술

줄줄이		다른 표현 차례로, 잇따르는, 빽빽이, 끊임없이
'차례차례로' '잇따르다'와 거의 같은 의미이지만 더 밀집해서 꽉 차게 모여 있는 인상을 준다.	**0838**	올여름, 주목해야 할 이벤트가 줄줄이 몰려온다
	0839	흥미로운 경기가 줄줄이 잇따르는 월드컵에 눈을 뗄 수 없다
	0840	3일 동안 혜택이 줄줄이

성실하고 친절한 마음 표현하기

뭔가 곤란한 일이 생겨서 누군가에게 도움을 청하고 싶을 때는, 성의 있는 태도로 상황을 솔직하게 전하는 것이 가장 좋은 방법이다. **약점을 감추려 하기보다는 오히려 자신을 솔직히 내보이는 편이 공감을 얻기 쉽다.** 이러한 심리나 현상을 심리학에서는 '**언더독 효과**underdog effect'라고 부른다. 요약하자면 **약자의 입장에 있는 사람을 응원하고 싶어지는 심리**다. 카피를 쓸 때도 마찬가지다. "사실은…" 하고 전부 털어놓는 순간, 읽는 사람이 마음을 열고 그다음 이야기를 읽을 가능성이 높아진다. 다만, "솔직히 말하면…"이라고 해놓고는 뻔한 거짓말을 한다면 단번에 신뢰를 잃을 수 있다는 사실을 기억해야 한다.

또한 기업이 '○○주년 기념 캠페인'과 같은 이벤트를 진행하면, 고객에게 감사의 마음이 전해져 호감을 얻을 수 있다. 단순히 정보를 알리는 경우에도 이런 식으로 감사의 마음을 전한다면 신뢰 관계를 구축할 수 있다. 이처럼 성실하고 친절한 마음을 표현하는 것은 개인 대 개인, 판매자 대 소비자의 관계에서도 통하는 기본적인 커뮤니케이션 전략이다.

부탁	다른 표현 요청이 있습니다, 의뢰, 부디	
'부탁이 있습니다'라는 카피는 심플하면서도 효과가 뛰어나다. 읽는 사람 입장에서 바로 지나치기 어려워 잠깐이라도 눈길을 주게 된다.	0841	부탁이 있습니다(제목에 사용)(『금단의 세일즈 카피라이팅』 간다 마사노리, 두드림미디어, 2023)
	0842	제 부탁은 매우 간단한 일입니다
	0843	비밀로 해주셨으면 하는 부탁이 있습니다

도와주세요	다른 표현 헬프, SOS, 메이데이	
솔직하게 도움을 청하는 표현이다. 진짜 곤란하여 도움이 필요한 상황이라는 것이 전제되어야 하며, 그것을 제대로 설명해야 거절당하지 않는다.	0844	도와주세요(제목으로 사용)
	0845	당신의 힘으로 도와주세요
	0846	실수로 삭제한 파일 복구하는 방법 아시는 분, 도와주세요!

○○주년 감사

다른 표현 기념 ○○주년, 덕분에 ○○주년

'○○주년'이라고 하면, 일반적으로는 창업이나 개점을 떠올리지만, 개별 상품의 경우도 출시일로부터 ○○주년 등으로 아이디어를 낼 수 있다. 또한 헤어컷이나 네일처럼 지속적으로 이용하는 서비스의 경우는, 고객이 처음 이용한 날로부터 ○○주년을 계산해 기념하는 것도 효과적이다.

0847	창업 10주년 감사 세일
0848	서비스 개시 1주년. 감사의 마음을 담아 전 상품 5% 할인 이벤트
0849	첫 방문일로부터 1년이 지났습니다. 이번 달에는 감사의 마음으로 헤어컷 10% 할인!

감사 이벤트

다른 표현 감사 세일, 감사제

어떠한 이유를 찾아내 고객에게 감사의 마음을 표현하는 것은 고객과의 신뢰 관계를 만드는 데 매우 효과적이다. 다만, 너무 지나치면 역효과를 일으킬 수도 있다. 할인을 위한 구실보다는, 감사의 마음을 그대로 전할 수 있는 기획을 하는 것이 중요하다.

0850	10만 부 판매 기념 감사 이벤트
0851	매장 확장 기념 감사 이벤트
0852	유니클로 감사제

어서 오세요

다른 표현 ○○에 어서 오세요, 웰컴, 어서 오십시오

'감사합니다'에 가까운 환영의 뉘앙스를 포함한다. 그뿐 아니라 이 표현에는 지금부터 시작될 체험에 대한 기대감을 상승시키는 효과가 있다. 신제품 출시, 서비스 개시 등 다양한 상황에서 사용할 수 있는 표현이다.

0853	어서 와. 너는 음악이 있는 별에서 태어난 거야(소니)
0854	혼돈 속에서 새로운 세계를 창조하는 매니지먼트에 오신 것을 환영합니다(『간다 마사노리의 매니지먼트』간다 마사노리, 두드림미디어, 2023)
0855	새로운 세대의 iPad로, 어서 오세요(애플)

당신의 힘

다른 표현 당신의 도움, 당신의 재능

'도와주세요'라는 말을 에둘러 전달하는 표현이다. '당신의 힘'이라는 말에서 경의와 신뢰를 느낄 수 있기에, 이 표현으로 부탁을 받으면 단번에 거절하기 어렵다. '도와주세요'와 함께 사용할 수도 있다.

0856	우리에게는 당신의 힘이 필요합니다
0857	부디 당신의 힘을 보여주세요
0858	소방대원 모집. 당신의 힘이 지역을 지킨다!(도쿄도)

솔직하게

카피를 쓸 때 솔직함은 매우 중요한 요소다. 어설프게 읽는 사람을 속이려 하거나 결점을 숨기고 자랑만 하는 것은 더 이상 통하지 않는다. 차라리 결점을 밝히거나 정직하게 이야기하면 진정성이 느껴져 좋은 결과로 이어지는 경우가 많다.

0859	솔직하게 말하겠습니다. 부디 모니터 요원이 되어주세요
0860	솔직하게 말하겠습니다. 이번 세일은 발주 실수로 쌓인 재고를 처분하는 데 목적이 있습니다
0861	단도직입적으로 말씀드리겠습니다. 이 메일은 신제품 광고입니다

고백

이성에게 좋아한다고 말하는 것을 '고백'이라고 하듯이 긍정적인 감정을 밝히는 데 사용할 수 있다. 하지만 카피에서는 별로 말하고 싶지 않은 일이나 숨기고 있는 사실을 털어놓는다는 뉘앙스로 쓰는 경우가 많다.

0862	『성공자의 고백』(간다 마사노리, 김영사, 2024)
0863	마지막에 진짜 목적을… 고백하겠습니다
0864	『나는 광고로 세상을 움직였다』(데이비드 오길비, 다산북스, 2012)

실토

의미는 '고백'과 같지만, 이 말을 사용하면 '무언가 충격적인 경험을 흥분한 상태로 털어놓는다'라는 느낌을 전달할 수 있다.

0865	과자회사 직원이 실토한 불편한 진실
0866	카레 전문점 코코이치방야 사장이 실토! '성지' 인도 진출의 승산(도요케이자이 온라인, 2019년 8월)
0867	전 미스 유니버스 일본 대표, 심사 뒷이야기 폭로

사실은…

진실이나 솔직한 마음을 말할 때 자주 쓰는 표현이다. 카피에서도 마찬가지로, 읽는 사람은 이 표현을 보면 '진짜 속마음이나 비밀 이야기를 해주겠지'라는 기대를 하게 된다.

0868	굿즈 효과, 사실은 이렇습니다
0869	온라인 게임, 사실은 성적 상승에 공헌(CNET Japan, 2016년 8월)
0870	사실은… 저도 고소공포증이었습니다

꼭	다른 표현	분명, 반드시, 틀림없이, 의심할 여지 없이

의미로는 '반드시'에 가깝지만 '반드시'라고 하면 상당히 단정적인 느낌을 주는 데 반해 '꼭'은 조금 더 부드러운 느낌이다. '내일은 꼭 맑을 거야'를 '내일은 반드시 맑을 거야'라고 바꿔보면 뉘앙스 차이를 잘 알 수 있다.

0871	당신에게 꼭 도움이 될 것입니다
0872	일상에서의 혜택을 꼭 찾을 수 있다!(일본자동차연맹)
0873	당신에게 어울리는 짝이 분명 있을 것입니다

알려드립니다	다른 표현	안내, 연락, 공지, 전달, 예고

안내할 사항이 있음을 단적으로 표현한다. 하지만 지금 당장 봐야 한다는 긴급함이나, 애초에 반드시 봐야 한다는 필요성이 느껴지지 않기 때문에 꼭 읽지 않을 수 있다는 결점도 있다. '중요한 공지가 있습니다'나 '좋은 소식입니다'라고 쓰는 등 변형하거나 말을 덧붙이면 좋다.

0874	내일이면 사라지는 할인 코드 알려드립니다
0875	당신이 기뻐할 소식을 알려드립니다
0876	숨은 보험금 찾는 방법 알려드립니다

희소식	다른 표현	○○에 좋은 소식입니다, 기쁜 소식, 낭보, 쾌보

'좋은 소식' '기쁜 소식'을 세 글자만으로 표현할 수 있어 편리하다. 약간 올드한 인상을 줄 수 있으니 상황에 따라 '좋은 소식'이나 '기쁜 소식'으로 바꿔서 사용해도 된다.

0877	도쿄까지 올 수 없는 분에게 희소식입니다
0878	대형 특수 운전 면허를 소지하신 분들께 좋은 소식입니다
0879	노무사를 준비하는 회사원에게 희소식

두 번 다시 안 한다고 단언한 사람에게 희소식	다른 표현	절대로 안 한다고 결심한 사람에게 희소식

과거에 좋지 않은 일을 겪어 거부감이 있는 사람에게 해결책을 제시하는 카피다. 피하고 싶지만 완벽하게 피할 수 없거나, 가능하다면 그 일을 극복하고 싶어 하는 사람들의 마음을 공략할 수 있다.

0880	다이어트 따위 두 번 다시 안 한다고 단언한 사람에게 희소식
0881	영어 공부는 두 번 다시 않겠다고 맹세한 사람에게 희소식입니다
0882	소개팅 같은 건 절대로 안 한다고 결심한 분들께 희소식입니다

안내

다른 표현 초대, ○○가이드, 전달, 통지

'공지'가 단순한 연락을 뜻한다면, '안내'는 더 정중한 느낌이 있다. 사람에 따라 '쓸데없는 참견'으로 받아들일 가능성도 있으므로 상황에 맞게 가려 사용하기를 권한다.

0883	고객을 창조하는 카피라이팅 강좌를 수강하신 분들께 특별한 안내
0884	당신을 특별한 체험으로 안내합니다
0885	골드 회원에게만 드리는 안내문

소개

다른 표현 안내, 프로모션, 고지

사람뿐만 아니라 물건이나 사례, 콘텐츠 등 소개 대상에는 제한이 없다. 범용성이 높아서 카피에도 자주 등장한다.

0886	빈 필하모닉의 진면목을 소개합니다
0887	요즘 잘 팔리는 최신형 컴퓨터를 기능별로 소개!
0888	소개합니다! 자동 운전 기능을 탑재한 신모델

질문에 답해드립니다

다른 표현 무엇이든 물어보세요, FAQ, 자주 하는 질문

FAQ(자주 하는 질문)를 뜻하는데, 단순히 'FAQ'라고 표기하는 것보다 정중한 인상을 준다. 또한 '○○에 답해드립니다'라고 하면, 무엇에 대한 답변인지를 명시할 수 있어 타깃이 명확해진다. 한편, 'FAQ'는 짧고 잘 알려진 표현이므로 글자 수에 제한이 있을 때 사용하면 좋다.

0889	고객의 질문에 답해드립니다
0890	자주 받는 질문에 답해드립니다
0891	치료 요법에 대한 궁금증에 답해드립니다

도움

다른 표현 조력, 보좌, 원조, 보조

기본적으로 서포트나 지원과 같은 의미이지만 '지원'은 공공이나 단체와 함께 쓰이는 경우가 많아 다소 딱딱한 느낌을 준다. 그에 반해 '도움'이라는 표현은 좀 더 부드러운 느낌을 줘 거부감이 들지 않는다.

0892	체중 감량에 도움을 주는 레시피 대공개
0893	인스타그램의 팔로워 수 증가에 도움을 드리겠습니다
0894	인사 평가에 도움을 주는 탁월한 앱 소개

기쁨	다른 표현 만족, 환희, 유쾌, 즐거움
기쁨은 흔히 만족과 즐거움으로 이어지기에 구매자에게 기대감을 심어준다. 또한 '고객이 기뻐하는 후기'처럼 제3자가 기뻐하는 모습은 신뢰로 연결된다.	**0895** 여행의 기쁨을 높이는 초경량 캐리어
	0896 쇼핑이 주는 기쁨을 만끽하세요
	0897 마라톤 참가자 모두에게 완주의 기쁨을!

경탄	다른 표현 극찬, 격찬, 항복, 두 손 들다, 이길 수 없다
상대를 '대단하다'고 인정하여 감탄한다는 의미다. 성적이나 스킬, 기술 등 상대의 실력이 뛰어나 도저히 따라잡을 수 없는 모습에 '제가 졌습니다' 하는 심정을 단적으로 표현한다.	**0898** 아메리칸항공, 델타항공의 운행 실적에 경탄!(《포브스 재팬》, 2015년 12월)
	0899 그녀의 DIY 기술에 저절로 경탄!
	0900 거래처 사장도 경탄. 전체 직원의 모티베이션을 끌어올리는 코칭 방법은?

칼럼

위인들의 카피① 존 케이플스

존 케이플스(John Caples, 1900~1990)의 저서 『광고, 이렇게 하면 성공한다』의 초판이 출간된 것은 제2차 세계대전이 시작되기 전인 1923년으로, 지금까지도 꾸준히 팔리고 있는 책이다. 그가 쓴 카피 중 가장 유명한 것은 "내가 피아노 앞에 앉으니 모두들 웃었다. 하지만 연주를 시작하자…"다.

이는 미국의 한 음악 학교의 광고 카피로, 교사의 도움 없이 집에서도 연주를 할 수 있게 하는 강좌를 홍보하기 위해 쓴 것이다. '악기 같은 건 당연히 다룰 줄 모를 거라고 무시당하던 주인공이 독학으로 피아노를 칠 수 있게 되자 주변 사람들 모두가 깜짝 놀란다'는 '한 방의 역전 스토리'를 생생하게 전달하고 있다. 존 케이플스의 스토리식 헤드라인 카피는 다양한 상품에 응용할 수 있다.

존 케이플스가 이룬 또 하나의 공적은 디지털 마케팅이 존재하지 않던 시대부터 '과학적' 광고에 주력했다는 사실이다. '과학적'이라는 것은, 문장에 따라 달라지는 다이렉트 메일의 반응을 수치화하여 어떤 것이 더 효과적인지를 판별했다는 뜻이다. 그가 고안한 이 기법은 오늘날 마케팅에서 사용되는 'A/B 테스트(광고 A안과 B안을 비교 검증하는 방법)'로 이어져 내려왔다.

해결책을
제시하는
카피

고객이 처한 '고통'과
상품이 지닌 '감정'을 매칭하라.

'이 상품을 사는 사람은 어떤 사람일까'를 생각하라

카피라이팅은 화려한 문장을 쓰는 기술이라기보다는 속도감 넘치는 영화 시나리오를 쓰는 기술에 가깝다. '무엇을 어떻게 말할까?'에 해당하는 문장력보다 **'어떤 순서로 말할까?'**에 해당하는 구성력이 성패를 가른다.

특히 처음 3단계가 카피라이터의 실력을 보여줄 수 있는 부분이다.

Step. 1 '문제'의 명확화

읽는 사람이 급히 해결해야 할 '문제(고통)'가 무엇인지를 명확하게 짚어준다.

Step. 2 '공감' 형성

읽는 사람이 마음을 열고 귀를 기울일 수 있도록 공감을 형성한다.

Step. 3 '해결책' 제시

읽는 사람이 안고 있는 문제에 대한 해결책을 제시한다.

여기까지 읽고 '그럼 스텝 3에서는 상품의 강점을 설명하면 되겠네!'라고 생각한 분이 있다면,

아직 서두르지 말자. 한 단계가 더 남아 있다.

'해결책'을 제시하는 단계에서 바로 상품을 소개하는 것이 아니라 그 배경에 있는 접근법, 다시 말해 문제를 해결할 수 있는 **획기적인 기술이나 구조를 소개해야 한다.**

지금까지 배운 내용을 토대로
카피의 전형적인 전개 방식을 보여주겠다.

Step. 1 '문제'의 명확화
'○○으로 인해 곤란하지 않습니까?'

Step. 2 '공감' 형성
'○○이나 ○○ 때문에 한계를 절실히 느끼고 있을지도 모릅니다.'

(저도 같은 입장이었기에 이해합니다)

Step. 3 '해결책' 제시
'그런 분들에게 긴급 안내! ○○이라는 새로운 방법을 아십니까?'

이런 패턴의 전개 방식은, 히트곡에 공통적으로 존재하는 코드 진행 같은 것이다. 멜로디나 가사는 다양하지만, 결국 곡의 전개 자체는 모두 비슷한 패턴인 것처럼, 글에도 읽는 사람의 관심을 사로잡는 황금 패턴이 존재한다.
예를 들면, 다음의 사례도 같은 패턴이다.

Step. 1 '문제'의 명확화
'지금까지 ○○, ○○ 등 온갖 방법을 시도해봤지만 성과가 없었던 데는 이유가 있습니다.'

Step. 2 '공감' 형성
'(저희는 그런 분들과 함께) 지난 ○년간, 총 ○명 이상을 조사해왔습니다. 그 결과…'

Step. 3 '해결책' 제시
'획기적인 해결책을 발견했습니다. 이 새로운 ○○을 드디어 상품화하는 데 성공! 그리고 정식

판매에 앞서 모니터 요원을 모집하게 되었습니다.'

이 패턴을 익히면,
온종일 광고 메시지에 노출되어 있는 사람들의 관심사가 무엇인지 순식간에 파악할 수 있고, 더 많은 사람에게 더욱 효과적인 메시지로 상품 또는 서비스를 소개할 수 있다. 얼핏 보면 카피를 쓰는 기술이 상대의 약점을 파고드는 것으로 보일 수 있지만, 사실 이것은 대단한 일이다.

누군가가 '진짜로 원하는 것(P)'을,
상품의 '진짜 강점(S)'과 매칭하는 일이기 때문이다.

이 작업은 당연하게 보이지만 절대로 당연한 일이 아니다. 왜냐하면,
A) 대부분의 판매자는 고객이 진짜 원하는 게 무엇인지를 잘 모른다. 그렇기 때문에,
B) 상품에 다양한 가치가 있는데도 그중에서 어떤 강점을 어필해야 하는지 알지 못한다.

A와 B 사이를 수없이 오가며 논의를 거듭할 뿐, 앞으로 나아가지 못하는 판매자가 이 세상에는 수없이 많다.

예를 들어, 어떤 직원은 '이 건강보조식품에는 콜라겐 생성에 뛰어난 성분이 들어 있어서 주름을 고민하는 30~40대 여성에게 아주 적합하다'라고 주장하는 한편, 또 다른 직원은 '이 건강보조식품에는 기억력을 향상시키는 성분이 들어 있으므로 60대 이상에게 필수품이다'라고 주장하면서 합의점을 찾지 못하고 있다.

그렇다면, '당신이 팔고 싶어 하는 상품'과 '고객이 사고 싶어 하는 상품'을 재빨리 매칭하는 데 무척 중요한 질문 두 가지를 알려주겠다. 우선, 당신이 파는 상품에 딱 맞는 고객을 알아낼 수 있는 질문이다.

[열쇠가 되는 질문 ①]

- 이 상품을 20초 이내로 설명하기만 해도 '꼭 사고 싶다'고 적극적으로 달려드는 고객은 과연 어떤 사람일까?

'꼭 사고 싶다'고 말하는 사람은 '고통'을 겪고 있는 사람임이 분명하다. 따라서 이 질문에 대한 답을 유추해보면 지금 당신이 팔려고 하는 상품에 딱 맞는 타깃 고객이 누구인지 예상할 수 있을 것이다.

다음으로, 그 고객에게 딱 들어맞는 상품의 '강점'이 무엇인지를 찾아내는 질문이다.

[열쇠가 되는 질문 ②]

- 왜 이 상품은 고객의 고통을 빠르고 손쉽게 해결할 수 있을까?
- 이 상품의 강점을 들은 순간, 고객은 어떤 의문을 품을까?
- 고객의 의문을 날려버릴 구체적이고 압도적인 근거는 무엇일까?

카피를 쓰기 전에 이 질문부터 던져보자.

질문에 따라 고객의 '고통'을 해결할

상품의 '강점'을 알아내면

지금까지와는 전혀 다른 새로운 시장을 찾아낼 수 있다.

또한 그렇게 찾은 새로운 시장에서

이전에 쌓아놓은 기술을 활용할 수 있는 경우도 많다.

후지필름이 만든 화장품 '아스타리프트'는 놀라운 안티에이징 기술력으로 세계적인 히트를 쳤다. 하지만 초기에는 많은 사람들이 '왜 필름회사가 화장품을 만들지?' 하면서 상품에 의문을 품었다.

그러나 더 선명한 사진을 얻기 위해 오랫동안 개발해온 항산화 기술을 화장품에 적용했다는 사실이 알려지면서 그런 의문을 일시에 날려버릴 수 있었다.

그러므로 카피가 잘 나오지 않는다면 먼저 이 두 가지에 집중해보자.

'고통'과 '강점'을 계속해서 연구하다 보면 다양한 카피 단어를 찾아낼 수 있을 것이다.

그렇게 찾아낸 단어를 황금의 문장 구성인 'PESONA 법칙'으로 배치해나가면,

평범한 컨설턴트가 수개월 동안 시장을 조사하고 분석한 후에야 제안 가능한 콘셉트를

단 30분 정도의 브레인스토밍만으로 만들어낼 수 있다.

카피라이터는 정해진 포맷에 맞춰 단어를 채우는 사람이 아니다.

지금까지 알아보지 못했던 새로운 시장을 발견해내고,

그곳에서 새로운 성장을 만들어내는 시나리오 작가인 것이다.

중요 포인트 짚기

해결책을 제시하는 표현 기법은 여러 가지가 있지만 우선은 **문제를 해결하는 데 '중요한 포인트'를 짚는 방법**을 살펴보자. 여기서 소개하는 '○○하는 비결' '○○의 열쇠' '○○ 처방전' 등은 전형적인 예라고 할 수 있다.

읽는 사람이 안고 있는 문제에 대한 해결책을 간단명료하게 표현하는 건 쉬운 일이 아니다. 대부분 문제는 복잡하고, 단 하나의 해결책으로 풀릴 정도로 단순하지 않기 때문이다. 인간관계, 외모, 비즈니스 등 인간이 안고 있는 고민의 상당수는 하루아침에 해결할 수 없는 것들이다. 그래서 우선 **'중요한 포인트가 있습니다'라고 밝혀 관심을 불러일으킨 다음에 차근차근 내용을 설명해가는 방법이 효과적이다.**

일단 읽는 사람의 시선을 사로잡아야 한다. 이를테면 '요령' '비법' 같은 표현은 '문제를 해결해주는 비결이 있구나'라고 생각하게 만든다. 그 밖에도 '○가지 단계'라든지 '필승 패턴' 등의 표현은 '저 방법대로 하면 진짜 바뀔까?'라는 생각에 궁금해진다.

것	다른 표현 ○○인 것, ○○하는 것
'○○인 것' '○○하는 것'이라는 말은, 수수께끼 같은 느낌이 들어서 그다음 내용이 궁금해진다. 질문의 내용이 흥미롭지 않으면 효과가 떨어지므로 유의해야 한다.	**0901** 의료비 공제 대상이 되는 것, 되지 않는 것(생활 정보 사이트 All About, 2020년 1월) **0902** 당신에게 '없어지면 가장 곤란한 것'은 무엇인가요?(『미래에 선택받는 업무 방식未来から選ばれる働き方』 간다 마사노리, 와카야마 요이치, PHP연구소, 2016) **0903** 행복은 '되는' 것이 아니라 '느끼는' 것(《포브스 재팬》, 2019년 6월)

일	다른 표현 ○○한 일, ○○하는 일
'것'과 비슷하지만, '일'은 사건을 나타내므로 물리적인 '물건'을 가리킬 때에는 쓰지 않는다.	**0904** 성공한 사람이 누구에게도 알려주지 않는 일(『비상식적 성공 법칙』 간다 마사노리, 생각지도, 2022) **0905** 집에 있는 프린터, 고쳐 쓰면 꽤 쓸 만한 기능이 가득. 가정용 복합기라서 가능한 일 **0906** 사춘기 자녀를 둔 부모가 해야 할 일, 해서는 안 되는 일(라이프해커 재팬, 2019년 10월)

중요한 일

다른 표현 중요한 것, 체크 포인트

읽는 사람에게 중요한 해결책을 알려줄 때 요긴한 표현이다. 앞에서 나온 '일'의 변형이지만 '중요한'이 붙으면서 주목도가 더욱 높아진다. 무게감이 느껴지는 만큼 진지한 내용을 이야기할 때 써야 한다.

0907	면접에서 계속 떨어지는 구직자에게 중요한 일
0908	커리어 전환을 위해 기억해야 할 가장 중요한 일
0909	『나는 인생에서 중요한 것만 남기기로 했다』(에리카 라인, 갤리온, 2020)

○○이 생명

다른 표현 중요, 소중함, 핵심

가장 중요한 일이나 핵심이라는 것을 임팩트 있게 나타내는 표현이다. 게다가 그것이 없으면 전체가 성립하지 않는다는 뉘앙스가 전달된다. 0911을 '인형은 얼굴이 중요하다'로 바꾸면 느낌이 다르다는 것을 알 수 있다.

0910	해산물은 신선도가 생명
0911	인형은 얼굴이 생명
0912	흰 셔츠는 청결함이 생명

빼놓을 수 없는

다른 표현 놓칠 수 없는, 빠뜨리면 안 되는, 필수적인

'중요한'이라고 말할 때보다 '놓치고 싶지 않다' 혹은 '놓쳐서는 안 된다'는 의사가 잘 전달되는 표현이다. 주로 '절대'와 함께 사용한다.

0913	파리 여행에서 절대 빼놓을 수 없는 명소 20선
0914	재택근무에 필수적인 3가지 관리 포인트
0915	올여름 놓칠 수 없는 이벤트 모음

이렇게 된다

다른 표현 이렇다, 이렇게 되겠지, 예상, 선언

'이렇게 된다'고 하면 자연스레 '어떻게 된다고?' 같은 궁금증이 생긴다. 다른 표현과 마찬가지로 '이렇게 된다'는 내용 자체가 흥미롭지 않으면 반감을 살 수 있으니 주의해야 한다.

0916	페이스북에 올리면 고객 모집은 이렇게 된다!
0917	2100년 인간의 모습은 이렇게 된다? 3D 이미지 공개 《뉴스위크 재팬》, 2019년 7월)
0918	전자레인지로 달걀을 삶으면 이렇게 된다

결정된다

다른 표현 좌우된다, ○○하기 나름

이 표현은 0919처럼 '결국 무엇이 결정되는가?'가 정확히 쓰여 있지 않은 경우가 많다. 결정되는 것은 승패, 운명 등 문맥에 따라 다르지만, '결정된다'는 말만으로 어느 정도 의미가 전달되는 신기한 표현이다.

0919	10년 후의 당신은, 지금 누구와 교류하고 있는지에 따라 결정된다
0920	설득은 내용보다는 말투에 따라 결정된다
0921	국가의 미래 성장성은 인구 구성으로 결정된다

결정

다른 표현 결정적, 결정타, 결정판, 궁극의

여러 가지로 변형해 사용할 수 있지만 '결정적' '결정타'는 결론을 가르는 핵심 요인이라는 뉘앙스로 사용된다. '결정판'의 경우는 최종 완성형, 집대성을 뜻한다. 모두 중요한 포인트를 나타내는 의미가 강하다.

0922	누가 봐도 좋은 사람이 리더에 적합하지 않은 결정적인 이유(다이아몬드 온라인, 2022년 12월)
0923	『결정판, 처음 만나는 음악사(決定版 はじめての音楽史)』(구보타 게이이치, 음악의 벗사, 2017)
0924	엘리트 관료를 경질로 몰아넣은 결정타, 당신에게도 같은 위험이!

전략

다른 표현 작전, 계획, 플랜

'전략'이라는 말 자체가 흔하기 때문에, 주의해 사용해야 한다. 일반적인 내용에 '전략'을 붙이면 오히려 역효과가 난다. 흥미진진한 내용과 함께 쓰면 강력한 효과를 낼 수 있다.

0925	저금리 시대의 재테크 전략은 달라야 한다
0926	2등 전략으로 오래 살아남는 법
0927	퍼포먼스를 최대화하는 전략적 휴식법(《포브스 재팬》, 2018년 7월)

공략법

다른 표현 필승법, ○○ 무너뜨리는 방법, 해킹

'잘하는 방법' '마스터하는 방법'이라는 문맥으로 쓰는 경우가 많다. 말 그대로 전투적인 인상을 주기 때문에 적극적인 느낌이 드는 단어이지만, 약간 친근한 뉘앙스도 있으니 상황에 맞게 사용해야 한다.

0928	틈새 시장 공략법
0929	절대 완주! 첫 참가자를 위한 도쿄 마라톤 공략법
0930	상황별 바지 코디 공략법

○가지 스텝

다른 표현 ○가지 순서, 절차, 단계

'방법'이라는 단어를 사용하지 않고도 해결책을 제시할 수 있다. '○가지 방법'이라는 표현이 여러 개의 해결책을 제시하는 데 반해, 이 표현은 하나의 목적을 향해 가는 단계를 표현한다는 점이 다르다. 단계별로 순서가 있다는 것을 암시하므로, '방법'보다 좀 더 신뢰가 간다.

0931 리더가 되기 위한 5가지 스텝

0932 마케팅 투자 효율을 최대화할 수 있는 7가지 스텝

0933 독일 유학으로 가는 8가지 스텝

해석하다

다른 표현 해독하다, 파헤치다, 읽어내다, 파악하다

'겉으로 보는 것만으로는 알 수 없는 것을 파헤치다' '미스터리를 풀다'라는 의미를 내포하고 있는 단어다. 또한 해석하기 위해서는 그 나름의 지식과 스킬이 필요하므로 글쓴이의 전문성을 전달하는 효과도 있다.

0934 날카로운 통찰력으로 해석한 세계 정세

0935 데이터 사이언티스트가 해석하는 현대 사회의 현실

0936 음식으로 해석하는 동양 문화와 서양 문화의 차이

바뀌다

다른 표현 다시 태어나다, 비포 애프터, 달라지다

'현상 유지 편향'에서 알 수 있듯이, 사람은 좀처럼 현재 상태를 바꾸지 못한다. 또한 그러면서도 '달라지고 싶다' '바뀌어야 한다'는 소망을 품는다. 문제를 해결해주는 상품이나 서비스라면 그 '바뀌고 싶다'라는 심리를 공략해야 팔린다.

0937 도토루가 바뀐다, 거리도 바뀐다(도토루커피)

0938 이 책을 읽으면 당신의 회사도 고수익 기업으로 바뀐다!(『90일 만에 당신의 회사를 고수익 기업으로 바꿔라』, 간다 마사노리, 경칩, 2023)

0939 '원 그래프'의 설득력이 극적으로 바뀌는 사용법(도요케이자이 온라인, 2019년 8월)

바꾸다

다른 표현 맞바꾸다, 타도, 돌파하다, 타파하다

'바뀌다'는 스스로가 바뀌는 것이고, '바꾸다'는 무언가를 의도적으로 바꾸는 것을 뜻한다. 즉, 어떤 의도나 행동을 통해 변화를 만들어낸다는 것을 암시한다. 이 단어를 읽으면 자연스레 '누가?' '무엇이?' 같은 궁금증이 생긴다.

0940 단기간에 조직을 바꾸는 '행동과학 매니지먼트'란?

0941 게임을 바꾸는 게임(애플)

0942 '대기업을 바꾸는 것은 스타트업'. 마이크로소프트의 젊은 직원이 만든 에코 시스템(비즈니스 인사이더 재팬, 2019년 11월)

요령	다른 표현 비법, 비결, 포인트, 테크닉
어떤 일을 이루는 데 중요한 이치 또는 으뜸이 되는 골자나 줄거리를 뜻한다. '방법'이 아닌 '요령'이라는 단어를 쓰면, 뭔가 특별한 테크닉이나 법칙이 있는 것처럼 느껴진다.	**0943** 특별한 장비 없이 영상 찍는 요령
	0944 바리스타가 살짝 알려주는, 아무도 모르는 '원두 고르기' 3가지 요령(다이아몬드 온라인, 2019년 12월)
	0945 내추럴 메이크업으로 투명한 피부를 연출하는 요령

열쇠	다른 표현 키, 키포인트, 실마리
문제를 해결하는 데 중요한 포인트라는 의미다. '키' 혹은 '키포인트'로도 바꿀 수 있다. 특정 사고방식이나 행동 패턴을 손에 넣거나 몸에 익힘으로써 문제를 해결할 수 있다는 사실을 비유적으로 표현한다.	**0946** 도시에 활기를 불어넣는 열쇠(《닛케이 MJ》, 2019년 3월)
	0947 업계를 뛰어넘는 사업을 창출하는 것이야말로 지속 가능한 번영의 열쇠입니다
	0948 연 수입을 10배로 늘리는 열쇠(『비상식적 성공 법칙』 간다 마사노리, 생각지도, 2022)

핵심	다른 표현 중점, 포인트, 핵심, 에센스, 핵
잡다한 정보의 홍수 속에서 요점이나 중심이 되는 부분을 가리킨다. 그 핵심을 정확히 짚으면 쓸데없이 시간을 허비하지 않고 효율적으로 일을 진행할 수 있다는 것을 알려준다.	**0949** 테이블 매너의 핵심
	0950 수학을 싫어하는 학생도 바로 이해할 수 있는 일차방정식의 핵심
	0951 후회하지 않는 집 짓기의 핵심을 무료로 알려드립니다

방정식	다른 표현 정석, 왕도, 철칙, 방식
수학에서 말하는 '방정식'과는 달리, 카피의 세계에서는 '이렇게 하면 반드시 이렇게 된다'라는 정해진 패턴을 표현할 때 자주 사용한다. 전형적인 예로 '승리의 방정식'이 있다. 잘되는 방법이 집약되어 있는 느낌을 준다.	**0952** 실패 없는 협상의 방정식
	0953 이나모리 가즈오의 지론, '인생 성공의 방정식'이란?(프레지던트 온라인, 2017년 10월)
	0954 연애 성공의 방정식을 알면 솔로 탈출

필승 패턴

다른 표현 필승 공식, 정공법, 성공 요인

믿음직한 해결책을 제시하는 표현이다. 그 패턴을 알면 성공을 재현할 수 있다는 이미지가 그려진다. 필승의 반대어는 '필패'이지만, '필패 패턴'이라는 표현은 거의 쓰지 않는다.

0955 성공하는 영업자의 대화 필승 패턴은?(프레지던트 온라인, 2018년 9월)

0956 '작아도 빛나는 기업'으로 거듭나기 위한 '단 하나의 승리 패턴'은?(『임팩트 컴퍼니インパクトカンパニー』간다 마사노리, PHP연구소, 2019)

0957 클릭수가 높아지는 홈페이지 디자인 필승 패턴은?

철칙

다른 표현 원칙, 룰, 규칙, 기본

원래 의미는 '바꾸거나 어길 수 없는 중요한 규칙'이지만, 실제로는 원칙이나 법칙의 의미로 사용되는 경우가 잦다. 요령이나 기본보다는 단호한 뉘앙스를 풍긴다.

0958 중소기업 사장이 후계자를 지명할 때 알아둬야 할 7가지 철칙

0959 아이 도시락에 고려해야 할 영양 밸런스의 철칙

0960 쇼핑하기 좋은 웹사이트 구축 30가지 철칙

비장의 카드

다른 표현 비장의 무기, 필살기, 최후의 수단

비장의 카드는 상대가 어떤 카드를 내도 이길 수 있는 카드를 가리킨다. 카피에서는 '상황을 역전시키는 결정적 방법'이라는 뉘앙스로 곧잘 쓰인다. 일상적으로는 잘 쓰지 않는 표현이다 보니 드라마틱하게 들리는 효과가 있다.

0961 면접에서 통하는 비장의 카드

0962 이직 활동의 관행을 깨는 비장의 무기(《포브스 재팬》, 2015년 12월)

0963 농업의 IT화, 지방 활성화를 위한 비장의 카드

승리하는

다른 표현 이기는, 돌파하는, 지지 않는

'필승 패턴'이 약간 묵직한 느낌이라면 '승리하는'은 어느 상황에 써도 무리가 없는 단어다.

0964 언제나 승리하는 협상의 기술

0965 위기를 기회로 뒤집어 이기는 법

0966 코로나 블루를 돌파하는 8가지 방법

돌파구

다른 표현 대발견, 계기, 발판, 실마리

난관에 봉착했을 때 벽을 깨부수고 앞으로 나가는 방법이 있다는 것을 알려주는 단어다. 벽을 깨는 이미지가 상상되면서 답답했던 부분이 시원하게 뚫리는 인상을 준다.

0967	'작심삼일'을 극복하는 7가지 돌파구
0968	시부야의 '낙서 문제'. 해결의 돌파구는 공개 회의에 있었다(《포브스 재팬》, 2019년 6월)
0969	심각한 어깨 통증의 돌파구, 릴랙스 마사지의 매력

찬스

다른 표현 기회, 절호의 기회, 타이밍, 호기

'좋은 기회'라는 뜻이지만, 동시에 '기간 한정'이라는 뉘앙스를 풍긴다. 언제든 쓸 수 있는 것에 대해서는 찬스라고 말하지 않는다. 그래서 '찬스'라는 단어는 의욕을 자극하고 당장 행동하게 만드는 힘이 있다.

0970	천재일우의 찬스 도래!
0971	지금이야말로 매출을 배로 늘릴 찬스
0972	인터넷 비즈니스의 진짜 리스크와 찬스

찬스로 바꾸다

다른 표현 바꾸다, 계기가 되다, 발판으로 삼다

'찬스'가 기간 한정으로 수동적인 이미지인 데 반해, '찬스로 바꾸다'는 언제든 자신의 힘으로 그 타이밍을 만들어낼 수 있다는 능동적인 인상을 준다.

0973	소비세 인상을 찬스로 바꾸다
0974	클레임을 찬스로 바꿔서 단골로 만드는 비결은?
0975	난감한 상황을 찬스로 바꾸는 재치 있는 한마디

처방전

다른 표현 레시피, 비전, 청사진, 각본, 시나리오

의사가 증상에 맞게 약을 지시하기 위한 서류가 처방전이다. 카피에서는 조언을 의미하는 비유로 자주 쓴다.

0976	기업을 재성장시키는 심플한 처방전(《임팩트 컴퍼니インパクトカンパニー》 간다 마사노리, PHP연구소, 2019)
0977	창업을 고민하는 사람을 위한 처방전
0978	언제나 첫 데이트로 끝나고 마는 사람을 위한 처방전

방법 알려주기

'○○의 방법'은 해결책을 제시할 때 자주 등장하는 표현이다. 다만 너무 익숙하다 보니 주목을 끌지 못할 수도 있다. 따라서 **그 방법의 '내용' 자체가 차별성을 갖고 있어야 한다.**

미국의 유명 카피라이터 존 케이플스는 **'무엇을 말하는가는 어떻게 말하는가보다 더 중요하다'**고 주장했다. 알다시피 '어떻게 말할까'는 '표현', '무엇을 말할까'는 '내용'의 문제. 알맹이가 재미있으면 '○○의 방법'이라고 하든 '○○의 비결'이라고 하든 읽는 사람의 흥미를 끌 수 있다.

예를 들어, '방을 깨끗하게 하는 방법' 혹은 '방이 어질러지지 않는 방법'이라고 하면 그다지 호기심이 일지 않는다. 하지만 약간 변형해서 '좀처럼 어질러지지 않는 수납 방법'이라고 하면 훨씬 궁금해진다. 여기에 구체적인 수치를 넣어서 '3일에 한 번, 단 3분 만에 항상 깨끗한 방을 유지하는 방법'이라고 하면 누구나 관심을 보일 것이다. **단순히 표현에 매달리기보다는 '어디에 초점을 맞추고 무엇을 강조해야 흥미로울지'를 생각해야 한다.**

○○하는 방법
다른 표현 ○○되는 방법, ○○하는 수단

카피로 쓰기에 무난하고 기본적인 표현이다. 그만큼 너무 평범해서 눈에 띄지 않을 가능성도 있다. 하지만 그 방법 자체가 독특하다면 괜히 멋 부리기보다 이 표현을 사용하는 편이 심플하고 이해하기 쉽다.	**0979** 당신이 사는 동네를 '살고 싶은 동네'로 만드는 방법
	0980 먹고사는 데 걱정 없는 사람이 되는 방법
	0981 싸우지 않고 이기는 방법

○○하기 위한 방법
다른 표현 ○○가이드, ○○으로 안내해드립니다

기본적인 의미는 '○○하는 방법'과 동일하다. '○○하기 위한'이라는 표현이 더욱 '목적'에 초점을 맞추고 있다.	**0982** 아침부터 전력을 다해 일하기 위한 8가지 방법(《포브스 재팬》, 2015년 9월)
	0983 버리지 못하고 갖고 있는 구형 기기를 처분하기 위한 더 좋은 방법입니다(애플)
	0984 장거리 비행에서 숙면하기 위한 추천 방법

○○하는 #가지 방법

다른 표현 ○○의 #가지 방법

기본형 카피인 '○○하는 방법'에 숫자를 넣으면 생생함을 높이고 흥미를 불러일으킬 수 있다. 이때 사용하는 숫자로 짝수와 홀수, 어느 쪽이 좋은지는 뇌 과학 이론을 중심으로 다양한 연구 결과가 있지만, 마케팅에서는 홀수가 더 효과적이라고 알려져 있다.

0985	입소문 내는 7가지 방법
0986	미국 아마존이 젊은이를 프라임 회원으로 만드는 8가지 교묘한 방법(비즈니스 인사이더 재팬, 2019년 8월)
0987	인터넷 쇼핑 사이트의 포인트를 최대한으로 활용하는 3가지 방법

○○하지 않는 방법

다른 표현 ○○하지 않기 위한 방법, 탈○○, 유비무환

'○○하는 방법'이 긍정적인 것으로 접근하는 방향이라면, 이 표현은 부정적인 것을 피하는 방향을 일러준다. 인간이 느끼는 공포나 손실 회피 편향에 호소하는 표현이다. 긍정적인 면과 부정적인 면, 어느 쪽에 초점을 맞출 것인지를 가려 사용한다.

0988	동료들과의 단톡방에서 스트레스를 받지 않는 방법
0989	원금 손실 리스크가 있는 투자신탁으로 손해 보지 않는 방법
0990	직장에서 라이벌이 칭찬을 받아도 질투하지 않는 방법

○○ 그만두는 방법

다른 표현 ○○금지, ○○에 안녕

'○○하지 않는 방법'을 약간 변형한 표현이다. 습관이나 버릇 등 타성에 젖은 일을 그만두면 이로운 경우에 사용하면 매우 효과적이다. 전형적인 예로 흡연이나 음주가 있다.

0991	당신의 수명을 갉아먹는 '야근'을 그만두는 7가지 방법 (프레지던트 온라인, 2017년 11월)
0992	쓸데없는 소비를 지금 당장 그만두는 방법
0993	쓰던 물건이 어디로 갔는지 모르겠다. 비효율적인 정리 습관을 당장 그만두는 방법

○○ 막는 방법

다른 표현 ○○은 그만, ○○으로부터 지키다, ○○예방법

일반적으로 '예방에 관한 상품이나 서비스는 판매하기 어렵다'는 말이 있지만, 필요한 정보라면 읽는 사람은 흥미를 갖는다. 이 표현은 자동적으로 타깃을 좁히는(N) 장점이 있다. 방지하고 싶은 일은 곧 문제이므로, 그것을 문제로 인식하는 사람에게 써야 효과적이다.

0994	직원들의 '어린애 같은 행동'을 막는 방법(《포브스 재팬》, 2018년 2월)
0995	아이의 어지럼증을 막는 방법
0996	월급날 전에 돈이 부족해지는 것을 막는 방법

○○을 손에 넣는 방법	다른 표현 ○○ 얻는 법, 획득하다, 득템하다
소유욕에 호소하는 '획득하다'와 의미는 유사하나 이 표현이 좀 더 부드러운 느낌을 준다. 신뢰감을 높이고 싶은 상황이나 조금 격식을 차려야 하는 상황에서는 '획득하는 방법'을 사용하면 좋다.	**0997** 긍정적인 평판을 손에 넣는 방법
	0998 고객의 20%만 관리해도 8배의 매출을 손에 넣을 수 있는 비장의 영업 기술
	0999 근육질 몸매를 손에 넣는 방법

A를 얻고 B를 얻는 방법	다른 표현 A와 B 양립하기, A도 B도 양보할 수 없다
한 번에 두 가지를 손에 넣을 수 있어 이득이라는 뉘앙스를 드러낸다. '○○하는 방법'은 너무 흔하고 평범하므로 두 가지 이익이 발생하는 경우에는 이렇게 표현하는 편이 더 좋다.	**1000** 책을 출간하고 비즈니스로 돈 버는 방법
	1001 8시간 숙면하고 취미 시간도 확보 가능한 시간 관리법
	1002 팀원들의 신뢰를 얻고 동기보다 빨리 승진하는 방법

효과적인 방법	다른 표현 효과 있는 방법, 효과 높은 방법
여러 방법 중 효과가 좋은 것을 드러내는 표현이다. 여러 가지 방법이 넘쳐나는 주제에서 어느 것이 좋은지 나쁜지를 판단하기 어려울 때 효과를 발휘한다. 다이어트나 자격증, 건강 등에 관련된 상품이 그 전형적인 예다.	**1003** 직원들의 의욕을 불러일으키는 '보너스보다 효과적인 방법'(라이프해커 재팬, 2017년 2월)
	1004 아이에게 정해진 시간에만 간식을 먹게 하는 효과적인 방법
	1005 가뿐한 기상을 돕는 효과적인 숙면법

벗어나는 방법	다른 표현 ○○은 이제 지긋지긋, ○○으로부터의 탈출, 해방
'진흙탕에 빠진 상태에서 해방된다'는 인상을 주는 표현이다. 현재 상태에 불만을 느끼고 있는 사람에게 어필하기 쉽다. 여기서 약간 변형된 표현으로 '탈출하다'도 있다.	**1006** 좋은 사람 콤플렉스에서 벗어나는 방법
	1007 인정 중독에서 벗어나는 간단한 방법
	1008 SNS의 늪에서 깔끔하게 빠져나오는 방법

○○으로 ○○하는 방법

다른 표현 ○○으로 ○○하려면, ○○이라도 ○○할 수 있다

기본형은 '○○하는 방법'이지만, 그에 조건이나 수단을 추가하면 구체성과 독자성이 살아난다. '○○하다'라는 목적뿐만 아니라 그 조건, 수단 쪽에 흥미를 갖거나 공감하는 사람에게도 어필할 수 있다.

1009	급여 3%로 노후 자금 마련하는 방법
1010	카피만으로 웹사이트 유입을 20% 높이는 방법
1011	대폭 할인된 가격으로 신형 아이폰을 손에 넣는 방법

○○을 사용해서 ○○하는 방법

다른 표현 ○○으로 ○○을 이루다, ○○이 ○○을 실현하다

'○○으로 ○○하는 방법'의 변형 표현이다. '○○을 사용해서'는 '수단'에 더 초점을 맞추고 있다. 그 수단이 '읽는 사람이 갖고 있는 것' '가질 수 있는 것'이라면 친근하게 느낄 것이다.

1012	뉴스레터를 통해 '단기간에' 비즈니스를 안정시키는 방법(『금단의 세일즈 카피라이팅』 간다 마사노리, 두드림미디어, 2023)
1013	빈집을 활용하여 지방을 활성화하는 방법
1014	베이킹소다를 사용해서 냄비의 얼룩을 깨끗이 없애는 방법

○○하면서 ○○하는 방법

다른 표현 ○○과 ○○을 동시에 하는 방법

이득 본 일을 두 가지 열거하면, 획득했다는 느낌이 더욱 강하게 든다. 앞부분이 반드시 이득으로 연결되지 않아도 상관없다. 그런 경우, 통상적으로는 양립되기 어렵다고 생각되는 일의 한쪽을 포기하지 않아도 된다는 의미로 사용할 수 있다.

1015	회사 규모를 키우면서 내실도 다지는 방법
1016	자유롭게 일하면서 안정된 소득을 버는 방법
1017	지금 하고 있는 일에 최선을 다하면서 독립을 준비하는 방법

A를 B로 만드는 방법

다른 표현 A가 B가 되는 방법, A는 B가 될 수 있다, 타개하다

'자신의 의지로 A를 B로 바꿀 수 있다'라는 뉘앙스의 표현이다. 원래는 자신의 힘으로 불가능해 보이는 일을 어떻게든 자신의 의지로 가능하게 할 수 있다는 느낌이 든다.

1018	현재 하고 있는 일을 '천직'으로 만드는 방법(《포브스 재팬》, 2019년 6월)
1019	'바쁜 매일'을 '즐거운 매일'로 만드는 방법
1020	크고 각진 얼굴을 작아 보이게 만드는 방법

A하지 않고 B하는 방법

다른 표현 B하는 데 A는 필요 없다, A 없이 B하는 방법

A에 부정적인 내용을 적고, 그런 희생 없이도 B할 수 있다고 표현하는 패턴이 일반적이다. 하지만 A가 꼭 부정적인 내용이 아니어도 괜찮으며, 통상적으로 생각할 수 있는 방법을 넣어도 된다.

1021	긴장하지 않고 이성과 이야기하는 방법
1022	고객에게 부탁하지 않고 구매하게 만드는 방법
1023	화질을 떨어트리지 않고 사진 용량을 압축하는 방법은 바로 이것!

○○하지 않고 끝내는 방법

다른 표현 ○○ 피하는 법, ○○하지 않고 해결하는 방법

부정적인 상태를 피할 수 있다는 뜻으로 쓰인다. '어떻게든 피하고 싶은 일'에 사용하면 효과적이다. 읽는 사람의 불안이나 고민을 확실히 언급하고 있어 호소력이 강하다.

1024	이혼하지 않고 부부 싸움 끝내는 방법
1025	스트레스 받지 않고, 하루 10분으로 방 정리 끝내는 법
1026	사춘기 자녀와의 갈등 피하는 법

사용법

다른 표현 쓰임새, 이용법, 활용법, 용도

1027처럼 어렵고 사용하기 힘든 것, 1028처럼 권위자가 알려주는 것, 또는 1029처럼 의외의 방법을 제안할 수 있는 것과 함께 사용하면 관심을 끌기 쉽다.

1027	시니어를 위한 전자 화폐 간단 사용법
1028	미국의 역대 대통령에게 배우는, 효과적인 시간 사용법(《포브스 재팬》, 2019년 2월)
1029	우천 대책뿐만이 아니다. 소중한 구두를 지켜주는 방수 스프레이 사용법

현명한 사용법

다른 표현 구사하다, 최대한 활용하다, 알차게 써먹다

'사용법'의 변형으로 더욱 '특별한, 고도의, 의외의' 방법이라는 느낌을 주는 표현이다. '자신이 모르는 더 효과적인 방법이 있다'는 사실을 알려준다.

1030	인플루언서가 알려주는 현명한 인스타그램 사용법
1031	입사 3년 차까지의 현명한 보너스 사용법
1032	연말정산을 대비한 현명한 신용카드 사용법

법		
	다른 표현 하우 투, 테크닉, ○○하는 법	
'방법'과 미묘하게 뉘앙스가 다르다. '법'이 조금 더 부드럽고 심플한 인상을 준다. '공부법이 좋지 않다'와 '공부 방법이 좋지 않다'는 뉘앙스가 다르다는 것을 알 수 있다.	1033	『당신 앞에 있는 보물 찾는 법(あなたの前にある宝の探し方)』(간다 마사노리, 고단샤, 2013)
	1034	도쿄대식 벤처 창업법
	1035	강압적으로 일을 시키는 상사 '피하는 법'(프레지던트 온라인, 2019년 9월)

한 가지 방법		
	다른 표현 수, 수법, ○○술, ○○법, 방책, 묘수	
'어느 한 가지 방법'이라는 의미로 사용된다. 줄여서 '한 방법'의 형태로 많이 쓴다. 막무가내로 문제에 부딪치는 게 아니라, 마치 장기를 두듯이 전략적으로 수단을 고른다는 인상을 준다.	1036	글로벌 진출을 꾀하는 한 가지 방법은?
	1037	'내게는 무리'라고 생각하면, 전부 맡기는 것도 한 가지 방법(『임팩트 컴퍼니インパクトカンパニー』 간다 마사노리, PHP 연구소, 2019)
	1038	마감일까지 끝내지 못하겠다고 판단했을 때 써야 할 묘수란?

활용법		
	다른 표현 살리는 법, 효과적인 방법, 이용법	
'사용법'이라고 하지 않고 '활용법'이라는 단어를 쓰면 더 효과적이고 낭비 없이 능숙하게 사용한다는 느낌을 준다. 1040의 '호텔 활용법'을 '호텔 사용법'이라고 바꿔보면 어감의 차이를 알 수 있다. 또한 '활용법'에는 무언가 체계가 선 '방법론'이 있다는 느낌을 준다.	1039	전 세계 시장을 개척하는 아마존 활용법
	1040	지방 출장이 많은 회사원을 위한 호텔 활용법
	1041	시험 전 마지막 벼락치기. 성적을 올리는 노트 활용법

활용술		
	다른 표현 꿀팁, 비책, 활용 테크닉, 구사법	
'활용법'과 같은 의미이지만 '법'이냐 '술'이냐의 차이로 뉘앙스가 달라진다. '활용법'이 수단을 표현하는 데 반해, '활용술'은 기술적인 측면에 주목하게 만든다.	1042	검색뿐만이 아니다! '브레인스토밍'을 돕는 구글 활용술(《포브스 재팬》, 2018년 4월)
	1043	자폐아를 위한 ICT 기기 활용술
	1044	만일의 경우를 대비한 자동차 보험 활용 테크닉

또 하나의

다른 표현 다른 버전, 다르다, 다른

'추가의'라는 단순한 의미를 넘어, 지금까지 일반적으로는 알려지지 않았던 해결책이나 화제를 제시한다는 느낌을 줄 수 있다. 동시에 약간 신비로운 뉘앙스를 내포한 스토리성도 느껴진다.

1045	당신이 모르는, 지방 도시의 또 하나의 매력
1046	복식부기를 익히는 또 하나의 학습법
1047	지구에 이미 일어난 '또 하나의 특이점'… 과연 무엇일까?(다이아몬드 온라인, 2023년 3월)

제3의

다른 표현 다른, 새로운, 의외의

행동경제학 이론에 따르면 사람은 선택지가 너무 많을 때 오히려 선택에 어려움을 느낀다고 한다. 그래서 선택지는 두 가지 또는 세 가지인 경우가 많다. '사느냐 죽느냐' '은퇴할까 현역으로 있을까' 등 양자택일을 해야 할 상황도 많다. 그럴 때 새로운 선택지를 제시하면 시점이 넓어진다.

1048	아이들의 제3의 안식처
1049	수익원이 될 제3의 축을 만들지 않겠습니까?
1050	회사에 남을지, 그만둘지 고민된다면 고려해야 할 제3의 선택지

효능 있는

다른 표현 효과 있는, 효능을 본

'잘 듣는다' '효과를 발휘한다'와 같은 뜻으로, 의료나 미용계에서 빈번히 쓰이는 표현이다. '효과적'이라고 말하는 것보다 '실효성'이 높게 느껴진다.

1051	스트레스 감소에 효능 있는 아로마 10선
1052	2030 직장인이 효능을 본 집중력 강화 앱
1053	효능이 입증된 직원 재교육 프로그램

칼럼

'카피라이터'의 호칭

뭔가를 팔기 위해 문장을 쓰는 행위를 카피라이팅이라 하고, 그 사람을 '카피라이터'라고 부른다. 마케팅의 역사가 길어지면서 '카피라이터'라는 호칭은 캐치 카피(캐치프레이즈)나 브랜딩 작업을 위해 전문적으로 카피를 쓰는 사람과 구별하거나 세일즈에 특화된 점을 강조하기 위해 '세일즈 카피라이터'로 바뀌게 되었다. 여기서 더 나아가, 마케팅의 흐름 그 자체를 이해하고 그것을 언어로 표현하는 사람들을 이 책에서는 '마케팅 카피라이터'라고 부른다.

간단함 강조하기

해결책을 제시한다는 것은 '익숙하지 않은 행동을 하게 만드는' 일이다. 그런데 반드시 알아둬야 할 점이 있다. **사람은 누구나 '어려운 일'은 하기 싫어한다는 사실이다.**

한편 오랫동안 지속해야 하거나 많은 노력이 드는 일 역시 문턱이 높기 마련이다. 누구나 '금방 효과가 나타나는 일'에 마음이 끌리는 만큼, 사람을 움직이게 만드는 포인트는 '행동의 문턱을 낮춰주는 것'이라고 할 수 있다.

'쉽고 간단하다'고 말해주는 것은 행동의 문턱을 낮추는 한 가지 방법이다. 설령 그 해결책, 즉 상품이나 서비스 자체가 어려운 기술과 과정을 필요로 하더라도, 간단한 요소를 찾아내 거기에 초점을 맞추면 된다. 이렇게 '간단함을 강조하면' 행동의 첫걸음을 유도하는 발판이 될 수 있다. 입문자나 초보자는 물론 의외로 중급자와 상급자도 간단함을 강조하는 카피에 반응하는 경향이 있다.

간단히 ○○하는 방법	다른 표현 고생 없이 ○○하는 방법, 편하게 ○○하는 방법
'○○하는 방법'을 변형하여 간단함을 잘 어필하는 표현이다. 오래되고 흔한 표현으로 보일 수도 있지만 편한 것에 끌리는 사람의 성향은 바뀌지 않는다. 단순하면서도 강력한 카피다.	**1054** 잃어버린 신용을 빠르고 간단히 되찾는 방법
	1055 업무 매뉴얼을 노션으로 간단히 작성하는 방법
	1056 토익 800점, 1개월 만에 손쉽게 달성하는 방법

○○의 간단 사용법	다른 표현 ○○ 누구라도 사용할 수 있다, ○○을 모두에게
'○○하는 방법'의 또 다른 변형으로, 손쉽고 간단하다는 것을 강조하는 표현이다. 1057, 1059처럼 어렵거나 복잡하다고 여겨지는 대상에 사용하면, 도전을 주저하고 있는 사람들에게 용기를 줄 수 있다.	**1057** 고령자를 위한 스마트폰 간단 사용법
	1058 구두를 반짝이게 닦는 나일론 스타킹 간단 사용법
	1059 의외로 활용 범위가 넓다! 엑셀 함수 간단 사용법

누구나

다른 표현 누구든지, 모두의, 누구라도

'누구나'라는 단어를 접하면 자신에게도 찬스가 있다고 여기게 된다. '타깃을 좁히는(N)' 것과는 모순처럼 들리지만, 어려운 일을 망설이다가 모처럼 '나도 할 수 있겠다'고 느끼는 고객을 타깃으로 삼는 표현이라 할 수 있다.

1060	『누구나 할 수 있는, 머리가 좋아지는 습관(誰でもできる頭のよくなる習慣)』(미쓰이시 이와오, 쇼덴샤, 2019)
1061	리스크 없이 누구나 사장이 될 수 있는 시대
1062	멋진 콘텐츠를 누구나 쓸 수 있는 비법

쉬운

다른 표현 간단한, 편한, 용이한, 별것 아닌, 손쉬운

'어렵다'의 반대 의미다. 부드럽고 거부감이 없는 표현으로, 간단하다는 뜻을 담고 있어 다양한 상황에서 사용할 수 있다.

1063	쉬운 디지털 마케팅 교과서
1064	쉽고 쓸모 있는 영어 문장
1065	주택 구입을 생각하고 있는 분을 위한 쉬운 세금 상식

심플한

다른 표현 알기 쉬운, 단순한, 최소한, 간략화

복잡한 내용 중에서 가장 중요한 포인트만 남기고 없애서, 최소한으로 정리되어 있는 상태를 심플하다고 말한다. 사실 모든 것을 '심플'하게 만들기는 어렵지만, 읽는 사람은 정보가 깔끔하고 쉽게 정리되어 있기를 기대하기 마련이므로 이 단어에 끌릴 수밖에 없다.

1066	호감도를 올리는 심플한 방법
1067	아이폰과 함께라면 하루하루가 심플하게(애플)
1068	바람직한 행동을 습관화하는 심플한 방법

대표적인

다른 표현 기본적인, 정석의, 주류, 정통

유행에 좌우되지 않는 상품을 표현할 때 쓰는 단어다. 실제로는 '기본적인' '누구나 그것을 한다'와 같은 뉘앙스로 사용하는 경우가 많다, '빼놓을 수 없는'의 의미도 있어 꼭 구매해야 할 것 같은 느낌을 준다.

1069	시간이 지나도 촌스러워 보이지 않는 대표적인 웨딩드레스 디자인
1070	봄철 대표 반찬 메뉴
1071	어느 매장에서나 반드시 판매하는 대표적인 과자 10

국룰

다른 표현 교과서, 상식, 약속, 정통, 질리지 않는

격식을 차린 상황에서는 사용할 수 없지만, '대표적인'이라는 표현이 너무 흔하고 식상하게 느껴질 때 사용하면 좋다.

1072	동료 간 축의금은 ○만 원이 국룰!
1073	전문가들이 꼽는 단 한 권의 마케팅 교과서
1074	월요일 아침엔 커피가 국룰

정석

다른 표현 규칙, 방정식, ○○이 베스트

정석(定石)의 '석(石)'은 바둑알을 뜻하며, '정해진 방식이 있다'는 문맥으로 쓰인다. 포인트를 알 수 있다는 게 느껴지지만, 어감이 딱딱하므로 사용할 때는 주의가 필요하다.

1075	히트곡을 탄생시키는 음계의 정석
1076	디지털 마케팅의 10가지 정석
1077	골프 버디 퍼트의 정석

편하게

다른 표현 고생하지 않고, 쉽게, 간단하게, ○일 ○시간으로

사람은 무언가를 할 때 노력이나 고통이 따르는 것을 싫어하기 때문에, 그런 심리에 직접적으로 호소할 수 있는 단어다. 꼭 간단한 방법이 아니더라도, 본래 고통이나 노력을 동반하던 일이 지금보다 괴롭지 않게 되는 상황에서도 사용할 수 있다.

1078	캡슐 커피로 집에서도 편하게 카페의 맛을!
1079	사실은 그녀도 하고 있다. 편하고 예뻐 보이는 메이크업 방법
1080	편하게 비거리를 늘이는 드라이버 샷의 비결

잠자는 사이에

다른 표현 자면서, 쉬고 있는 사이에, 아침에 일어났더니 ○○

바쁜 사람이 시간을 짜낼 때는 수면 시간을 아끼는 경우가 많다. 수면은 물론 중요하지만 길어지면 활동 시간이 줄어들기 때문에, 많은 사람들이 '자는 시간을 유용하게 쓰고 싶다'고 생각한다. 다만, 자는 사이에 할 수 있는 것은 한정되어 있기 때문에, 어떤 상황에서든 쓸 수 있는 표현은 아니다.

1081	잠자는 사이에 요통을 고쳐주는 인체공학 매트리스
1082	잠자는 사이에 돈이 벌리는 방법
1083	『잠자면서 성공한다』(조셉 머피, 선영사, 2022)

자연스레 익히는

다른 표현 몸에 배는, 정신을 차려보니 ○○

'무리해서 익힐 필요가 없다' '특별히 의식하지 않아도 저절로 익숙해진다'라는 뉘앙스를 품고 있다. 정공법과는 다르게 뭔가 다른 일을 하면서 자동적, 그리고 부수적으로 할 수 있다는 뜻이기 때문에 눈에 띈다.

1084	'심층 대화력'을 연마하면서 자연스레 익히는 '인간관계력'(《포브스 재팬》, 2016년 5월)
1085	30일 만에 자연스레 익히는 1일 2회 식습관
1086	혼자서도 풀 수 있는 연습 문제로 독해력을 자연스럽게 익히다

애쓰지 않아도

다른 표현 필사적으로 하지 않아도, 고생하지 않아도

'자연스레 익히는'과 비교하면, 이 표현은 '애쓰지 않아도 되지만 의식적으로 해야 할 필요는 있다'라는 느낌이 있다. 본래 '애써서 하는 것'이라고 생각되는 일에 사용하면 좋다.

1087	애쓰지 않아도 자세가 잡히는 의자
1088	애쓰지 않아도 잘 팔리는 마케팅 전략의 대표적인 예
1089	애쓰지 않아도 인기 있는 상사의 5가지 특징

자동

다른 표현 오토매틱, 아무것도 하지 않아도, 저절로

편한 것을 가장 잘 상징하는 것이 '자동'이다. 다만 과도하게 부추기는 듯한 말이 될 수도 있으니 사용할 때는 주의해야 한다. 1092의 예문은 '자동'이라는 단어를 사용하지 않고도 자동적으로 진행된다는 것을 전할 수 있다.

1090	최신 마케팅 정보가 월요일마다 자동으로 전송됩니다
1091	자동적으로 팔로워가 늘어나는 해시태그 사용법
1092	정보와 인맥이 저절로 모여드는 장소 만드는 법

반자동

다른 표현 세미 오토, 세미 오토매틱

앞서 설명한 '자동'이 기본적으로 전자동이라는 뜻인 데 반해, '반자동'은 과정의 일부를 자동화할 수 있다는 의미다. '전자동'이 더 효율성이 높지만 '반자동'이라는 표현을 사용하면 오히려 현실적이라는 인상을 줄 수 있다.

1093	신규 고객 모집을 반자동화할 수 있는 툴에 관심 있으십니까?
1094	반자동으로 SNS를 운용할 수 있는 비책
1095	루틴 업무를 반자동으로 바꿔서 야근을 줄이지 않겠습니까?

무리 없이

다른 표현 자연히, 자연스러운 태도로, 원활하게

일반적으로 힘들다고 여겨지는 일에 '무리하지 않아도 된다' '있는 그대로도 할 수 있다'라고 말해주는 표현이다. 매우 힘든 일을 '편하다'고 말하면 오히려 거짓말처럼 들릴 수 있지만 <u>무리 없이</u>라고 말하면 받아들이기 쉽다.

1096	무리 없이 투잡으로 돈 벌지 않으시겠습니까?
1097	바쁜 분도 무리 없이 지속할 수 있는 운동법
1098	무리 없는 주택 대출 계획을 준비해드리겠습니다

주머니

다른 표현 소형, 휴대할 수 있는, 콤팩트

'작고 가볍다'라는 특징을 나타낸다. 1099, 1100처럼 크거나 무거운 물건이 소형이라면 사용하기 쉽고 간편한 느낌이 든다. 물리적인 것뿐만 아니라, 1101과 같이 '언제나 휴대할 수 있다' '마음에 넣어두다'라는 의미에서 형태가 없는 것에도 사용할 수 있다.

1099	주머니에 넣고 다닐 수 있는 무선 마우스
1100	주머니에 쏙 들어가는 소형 휴대폰 배터리
1101	그녀와의 추억을 주머니에 넣고 여행을 떠났다

스마트폰으로

다른 표현 간단히, 손쉽게

스마트폰만으로 가능하다는 표현은 '손쉽다'는 것을 강조하고 싶을 때 편리하다. 역발상으로, 현재 스마트폰으로 불가능한 기능이 있다면 <u>스마트폰으로 가능하도록</u> 개선함으로써 판매 가능성이 커진다.

1102	스마트폰으로 진단하는 퍼스널 컬러
1103	스마트폰 하나로 모든 결제를!
1104	스마트폰으로 가능한 10가지 부업 추천

만화로 보는

다른 표현 도해, 사진으로 보는, 그림으로 알 수 있는

어려운 내용을 알기 쉽게 설명하고자 할 때 효과적인 방법이 만화다. 어려운 내용도 이해하기 쉬워지므로 딱딱한 주제에도 자주 활용된다. 만화를 따로 만들어야 하는 번거로움은 있지만 익숙하지 않은 사람에게도 호소할 수 있기에 가치는 충분히 있다.

1105	만화로 보는 세금 상식
1106	절세하려다 파산?! 대출 아파트의 악몽! 상속 만화 '대출 아파트'(다이아몬드 온라인, 2019년 8월)
1107	『만화로 보는 비상식적 성공 법칙(マンガでわかる非常識な成功法則)』(간다 마사노리, 분카샤, 2015)

언제라도	다른 표현	생각나면, 생각나는 대로, 때와 상관없이
'생각났을 때 바로 할 수 있다' '시간이나 장소에 구애받지 않는다'는 것을 강조한 표현이다. 1108, 1109처럼 '언제 어디서나'라든지 '언제라도 몇 번이든'과 같은 식으로 사용하면 어조가 부드러워져 리듬감을 살릴 수 있다.	1108	언제, 어디서, 누구와도(닌텐도)
	1109	영업시간 중에는 언제라도 몇 번이든 사용하셔도 좋습니다
	1110	365일 24시간, 언제라도 신청하실 수 있습니다

○○만	다른 표현	○○뿐, ○○ 외에는 필요 없다
한 가지 방법이나 수단으로 가능한 일을 나타낸다. 복잡한 순서나 방법이 필요한 일에 대해 '○○만' '○○하기만 하면'이라고 말하면 효과를 발휘한다. 다만, 그 한 가지가 반드시 간단한 것이라고는 단정할 수 없다.	1111	따라 하기만 하면 매출이 오르는 온라인 마케팅
	1112	고향의 맛이 생각나는 국물 요리. 전자레인지에 돌리기만 하면 완성
	1113	신청만 하면 돈을 받을 수 있는 지자체의 복지 제도를 활용하자

이것만으로	다른 표현	이것뿐, 오직 ○○, ○○으로 OK
구체적인 내용은 밝히지 않으면서 수수께끼 같은 느낌으로 궁금증을 유발하는 것이 핵심이다. '이것만'이라고 하면 '어떤 것?' 하고 그다음 내용을 알고 싶어지는 심리를 공략할 수 있다.	1114	이것만으로 인상이 달라지는 넥타이 매는 법
	1115	외국인과의 업무 협상. 이것만으로 신뢰감이 상승하는 보디랭귀지
	1116	단지 이것만으로 첫인상이 180도 달라진다

하나로	다른 표현	○○만으로, 외길로, 오직 ○○
수단이 심플하다는 것을 표현한다. '글러브 하나로 세계에 도전하는 복서'와 같이, 그 한 가지가 매우 중요하다는 것을 강조할 때에도 쓰인다. 1119의 예문처럼 '올인원'이라는 의미로 사용되기도 한다.	1117	사고방식 하나로 더 건강해질 수 있다. '바꾸어야 할' 12가지 사고(《포브스 재팬》, 2019년 7월)
	1118	프라이팬 하나로 만드는 파스타 레시피 모음
	1119	하나로 모든 것을. 모든 것이 하나로(애플)

이것 하나로

다른 표현 이것만으로, 하나로

'이것만으로'와 '하나로'가 합쳐진 표현이다. '이것 하나로'까지 포함한 세 가지 표현은 거의 같은 의미일 때도 있는가 하면 미묘하게 뉘앙스가 달라지는 경우도 있다. 1114~1122에서 서로 바꿔 넣어보면 뉘앙스의 차이를 알 수 있다.

1120	이것 하나로 동영상 편집이 훨씬 편리해진다
1121	이것 하나만 있어도 장시간 비행이 쾌적!
1122	스마트폰도 지갑도 이것 하나로 대신할 수 있다!

사소한

다른 표현 자그마한, 조금, 약간, 대수롭지 않은

큰 것이 아니라 작은 차이를 가리킨다. '그 정도라면 나도 할 수 있겠어'라고 생각하게 만든다.

1123	더 나은 내일을 만드는 '사소한 행동' 7가지(《포브스 재팬》, 2018년 3월)
1124	차의 수명을 늘리는 사소한 관리법
1125	고객에게 신뢰받는 영업사원이 실천하고 있는 사소한 습관

손쉽게

다른 표현 간단한, 간편한

손이 많이 가지 않는다는 뜻이다. 난도를 낮추어 누구나 할 수 있다는 인상을 준다.

1126	손쉽게 할 수 있는 절전 방법은?
1127	손쉽게 요금 시뮬레이션(통신사 NTT 도코모)
1128	손쉽게 고기의 풍미를 올리는 시즈닝

깔끔하게

다른 표현 깨끗하게, 산뜻하게, 상쾌하게, 말끔하게

원래는 '불필요한 것이 없고 기분 좋게 정돈되어 있다' '맛이 정갈하다'는 뜻이다. 지식과 정보가 잘 정리되어 흡족하다는 뉘앙스를 잘 표현할 수 있다.

1129	60분 상담으로 집 건축 고민이 깔끔하게 해소
1130	스마트폰, 태블릿 등의 많은 케이블을 깔끔하게 수납
1131	옷장을 깔끔하게 하는 옷걸이 활용법

그 자리에서

다른 표현 즉석에서, 바로, 당장, 순식간에

'기다리지 않아도 된다'는 뉘앙스를 담고 있어 즉각적인 효과를 강조할 수 있는 표현이다. 결과나 효과가 바로 나타나는 것은 큰 장점이다. 일정한 연습 시간이 필요한 일이라도 그 일부분을 간략화해 바로 가능하게 함으로써 판매 가능성을 넓힐 수 있다.

1132	그 자리에서 상품권 증정
1133	갓 수확한 채소를 그 자리에서 바로 드실 수 있습니다
1134	면접 당일, 그 자리에서 가능한 긴장 해소법

한 방에

다른 표현 고생하지 않고, 손쉽게, 간단히

긴 시간을 쏟지 않아도 성과를 낼 수 있다는 것을 단적으로 표현할 수 있다. 실패 가능성을 줄여준다는 뉘앙스도 있어 도전을 주저하는 이에게 효과적이다.

1135	면접에서 한 방에 합격하는 노하우 공개
1136	주식으로 실패하는 사람과 한 방에 성공하는 사람의 차이점은?
1137	결혼식 준비, 한 방에 끝낼 수 있습니다

가뿐하게

다른 표현 가뿐히, 편하게, 쉽게, 간단하게

'가볍다'는 의미로 사용되지만 카피에서는 수월함을 강조하는 표현으로 널리 쓰인다.

1138	어디든 가뿐하게 떠날 수 있는 짐 싸기 비법
1139	땀 냄새 고민, 가뿐하게 해결
1140	등산도 가뿐한 초경량 등산 스틱

○○프리

다른 표현 ○○ 없이, ○○에서 해방

스트레스 프리, 유지보수 프리, 글루텐 프리로 대표되듯이, '○○이 필요 없다'는 의미를 매력적으로 드러내는 표현이다. 없앨 것을 정해서 자신만의 독자적인 표현도 만들 수 있다.

1141	스트레스 프리. 누구나 가능한 출퇴근 시간 활용법
1142	오일 프리 안주 10가지
1143	광고 없이 동영상을 볼 수 있습니다

행동경제학과 카피라이팅의 관계

행동경제학은 인간의 행동(경제활동)을 심리학의 관점에서 연구하는 학문으로 알려져 있다. 1978년에 허버트 사이먼Herbert A. Simon 교수가 노벨 경제학상을 수상한 이후, 2002년에 대니얼 카너먼Daniel Kahneman 교수, 2013년에 로버트 실러Robert Shiller 교수, 2017년에 리처드 탈러Richard H.Thaler 교수가 각각 같은 상을 수상하면서 행동경제학은 대중들에게 주목받는 학문으로 자리 잡았다. 종래의 경제학에서는 '인간은 항상 현명하고 합리적인 판단을 한다'라는 대전제를 따랐으나, 이들의 연구를 통해 사실은 '인간이 지극히 감정적이고 불합리한 행동을 한다'는 사실이 밝혀졌다. 다음의 예문을 보면 이해하기 쉽다.

A. 수술 1개월 후의 생존율은 90%입니다.
B. 수술 1개월 후의 사망률은 10%입니다.

A 설명을 듣고 수술을 선택하는 사람은 84%, B 설명을 듣고 수술을 선택하는 사람은 50%였다.(『생각에 관한 생각』 대니얼 카너먼, 김영사, 2018) 잘 살펴보면 양쪽이 모두 같은 확률(1개월 후의 생존율 90% = 사망률 10%)이지만, 표현 방법이 다르면 그 후의 행동에 차이가 생기는 것이다.

어느 부분을 프레이밍(framing, 오려내기)하느냐에 따라 사람들의 인식, 판단, 결정 등이 달라지는 현상을 '프레이밍 효과framing effect'라고 부른다.

행동경제학은 이처럼 '어떤 언어를 사용하느냐'에 따라 '인간의 행동'이 어떻게 바뀌는가를 연구한다는 측면에서 카피라이팅과 공통점이 상당히 많다. 따라서 행동경제학을 공부한다면 카피를 쓸 때도 큰 도움을 받을 수 있을 것이다.

효율성에 초점 맞추기

시간과 노력이 필요한 일이라면, 당연히 효율적으로 하는 게 좋다. 몇 시간씩 걸리던 청소를 30분 만에 끝낼 수 있다면 그보다 더 좋을 수 없을 것이다. 우리가 자주 듣는 '최소한의 노력으로 최대의 효과!'라는 카피가 잘 통하는 이유다. 그렇다면 사람들은 어떤 '수고'를 줄이고 싶어 할까? '최단 거리' '시간 단축' '3분간' 등의 예시에서 알 수 있듯 가장 먼저 '시간'을 꼽을 수 있다. 또한 '정신력'이나 '돈'도 생각할 수 있다.

여기서 중요한 공통점은 **'비용 대비 효과'**다. 10만 원을 지불하고 20만 원 이상의 투자 효과를 얻는다거나, 원래는 배우는 데 1년 걸리는 지식을 3주 만에 습득할 수 있다면, 누구나 솔깃해서 달려들 것이다. 이렇듯 **'저비용, 고효율'을 강조하는 카피가 가장 이상적**이다. 만약 당신이 팔려는 상품이 '고비용'이더라도 '고효율'을 제공한다면 승산이 있다. 하지만 **당신이 쓴 카피가 그 누구의 마음도 움직이지 못한다면, '비용에 비해 효율이 좋지 않다'고 느낄 만한 요소가 숨어 있을 가능성이 있다.** 여기서는 효율성에 초점을 맞춰 비용 대비 효과가 높다는 점을 호소하는 카피를 소개하고자 한다.

단 ○분 만에	다른 표현 불과 ○분 만에, ○분으로 가능
단시간에 효과가 나온다는 사실을 알기 쉽게 전달한다. '시간'에 대해서는 일률적으로 몇 분, 몇 시간이 효과적이라는 기준이 있는 것은 아니다. 몇 년 걸리는 일이 1년 만에 해결됐다면 '단 1년'이라고 표현할 수 있지만, 한 시간 걸렸던 일을 '단 30분 만에'라고 말해봐야 별로 줄어든 느낌이 들지 않는다.	**1144** 단 5분 만에 이해하는 대차대조표
	1145 지금까지 50시간 걸렸던 공부를 단 5시간 만에 끝냈다!(『금단의 세일즈 카피라이팅』 간다 마사노리, 두드림미디어, 2023)
	1146 사전 준비 없이 단 15분 만에 저녁 식사 4인분을 준비하는 방법

○분 만에 알 수 있는	다른 표현 ○분으로 이해하는, ○분 만에 파악하는, ○분 강좌
이 표현은 시간을 명확하게 제시하고 있지만, 단순히 소요 시간을 정확히 알려준다기보다는 통상적인 소요 시간보다 짧게 해낸다는 의미가 강하다.	**1147** 3분 만에 알 수 있는 퇴직연금의 모든 것
	1148 90분 만에 진짜 세계 정세를 알 수 있다!
	1149 10분 만에 이해하는 2028 수능 개편안의 핵심

절반의 시간으로	다른 표현 1/2의 시간으로, 2배속으로, ○○시간을 절반으로
시간을 절반으로 줄일 수 있다는 것은 큰 이득이다. 한 시간 걸리는 일이 30분으로 줄었다면 '단 30분'이라고 해도 그다지 임팩트가 없지만, '절반의 시간으로'라고 표현하면 효과적이다. 같은 뜻이라도 상대에게 더 매력적인 표현을 쓰도록 하자.	**1150** 어려운 안건이라도 절반의 시간으로 결론을 이끌어내는 회의 진행 방식
	1151 절반의 시간으로 보고서 완성하는 요령
	1152 일하는 시간을 절반으로 줄이고, 남은 시간을 부업에 투자하는 법

절반	다른 표현 1/2, 반액, 반값, ○○하프
절반으로 줄일 수 있는 것이 있다면 어디에든 쓸 수 있다. 1154처럼 '비용'이 반값이 되는 것은 눈으로 확인할 수 있어 매력적이다. 비용, 부정적인 것의 비율, 정신적인 부담이 대상일 때 쓰기 좋다.	**1153** 노동 시간을 절반으로 줄여도 수입이 유지되는 시간 관리술
	1154 가족의 스마트폰 요금을 절반 이하로 줄일 수 있는 초저가 요금제 철저 비교
	1155 발표 부담을 절반으로 줄이는 방법이란?

눈 깜짝할 사이에	다른 표현 바로, 곧, 순식간에, 어느새
'아주 짧은 시간에'라는 뜻이다. 절대적이라기보다는 무언가와 비교했을 때의 상대적인 속도, 또는 그 사람의 주관적인 감각에 기초하는 표현이다. 또한 '눈 깜짝할'이라는 표현에는 '사람의 감정'이 살짝 엿보이기 때문에 공감을 불러일으키기 쉽다.	**1156** 눈 깜짝할 사이에 계약률을 올리는 요령
	1157 눈 깜짝할 사이에 교체되는 IT업계 기업 순위
	1158 눈 깜짝할 사이에 반찬으로 변신하는 과자

직방	다른 표현 즉효, 곧바로, 인스턴트, 스피디
'빠른 효과'라는 뜻이다. 어떤 결과나 효과가 지체 없이 곧바로 나타날 때, 또는 약이나 처치 등의 효험이 바로 보일 때 사용할 수 있다.	**1159** 허리 통증에 직방, 3분 스트레칭
	1160 뜨거운 물에 타서 마시면 끝, 감기에 직방!
	1161 먹는 순간 생리통에 직방

순간	다른 표현	즉시, 바로, 눈 깜짝할 사이에, 삽시간에
'눈 깜짝할 사이에'와 마찬가지로 구체적인 시간이 정해져 있는 것은 아니지만, 매우 짧은 동안을 가리킨다. 상품에 따라서는 과장이라고 여겨질 수 있으니 잘 판단해서 사용해야 한다.	1162	바르는 순간 시작되는 변화
	1163	사무직 종사자 필독! 눈의 피로를 즉시 풀어주는 마사지
	1164	뜨거운 물만 부으면 바로 맛있는 수프 완성

3분	다른 표현	단시간, 컵라면이 익기를 기다리는 동안
너무 길지도 않고, 너무 짧지도 않은 적당한 시간의 상징이 바로 3분이다. 또 컵라면이나 카레 등 3분이라는 콘셉트를 표방한 제품이 많기 때문에, 다른 숫자보다 친숙한 느낌이 든다. 다만, 수치가 명확하게 제시되어 있는 만큼, 실제로 그 소요 시간과 비슷해야 한다.	1165	3분 만에 읽는 드러커. 경영학 거장의 명언(다이아몬드 온라인, 2007년 10월)
	1166	직장에서 손쉽게 할 수 있는 3분 스트레칭
	1167	스트레스 지수 3분 진단

지름길	다른 표현	최단 경로, 쉽고 빠른 방법, 테크닉
일반적으로 우회는 낭비, 손실이라고 여겨진다. 목적을 이루기까지 가장 가까운 길이 있다는 이점을 전달할 수 있다.	1168	'축구를 가르쳐주지 않는' 축구 캠프가 생각하는 성공으로 가는 지름길은?(비즈니스 인사이더 재팬, 2019년 12월)
	1169	'잠잘 시간을 아껴서'는 역효과, 성공으로 가는 지름길은 충분한 수면(《포브스 재팬》, 2018년 3월)
	1170	이것이 당신에게는 최고의 지름길입니다

최단 루트	다른 표현	지름길, 최단 시간, 쉽고 빠른 방법
지름길과 같은 뜻이지만 더 임팩트 있는 표현이다. 일반적으로 시간이 오래 걸리고 여러 가지 선택지가 있을 때 사용하면, 주저하는 사람의 마음을 사로잡을 수 있다.	1171	지금부터도 충분하다, 돈 잘 버는 프리랜서가 되는 최단 루트
	1172	원어민과 프리 토킹이 가능해지는 지름길을 소개합니다
	1173	종교 공부가 '교양 있는 사람'이 되는 최단 루트인 이유 (다이아몬드 온라인, 2019년 8월)

시간 단축

다른 표현 시간을 아껴주는, 시간을 줄여주는

원래는 '노동 시간을 줄인다'는 문맥에서 일반적으로 쓰였지만, '긴 시간이 걸리는 일을 압축해서 단시간에 하다'라는 의미로 쓰임새가 확장되어 사용된다. 바쁜 현대인에게 강하게 어필하는 표현이다.

1174	시간 단축, 간단, 바로 실천! 마케팅 카피라이팅 기초반 모집
1175	이제 출근 준비는 여유롭게! 시간 단축 코디법
1176	바로 합격! 당신의 돈과 시간을 아껴주는 운전 면허 학원

단번에

다른 표현 단숨에, 즉시, 순식간에, 눈 깜짝할 사이에

'1회에'라는 의미가 있어 투자한 시간 대비 매우 빠른 효과를 볼 수 있다는 뉘앙스를 전달한다.

1177	단번에 상대의 호감을 얻는 보디랭귀지가 있다!
1178	13억 명 시장에서 단번에 포지션을 차지하는 최대의 찬스 도래(『도전하는 회사挑戦する会社』 간다 마사노리, 포레스트사, 2015)
1179	자녀와의 관계를 단번에 좁히는 게임 10가지

가속

다른 표현 가속화, 스피드업, 액셀을 밟다

같은 페이스로 전진하는 것이 아니라 속도가 단계적으로 빨라지는 이미지를 갖고 있다. 단순히 '빨라진다'고 표현할 때보다 긴박한 분위기를 조성해 속도감을 전달할 수 있다.

1180	즐거움을 가속하다!(애플)
1181	가속노화를 일으키는 식습관 전격 해부
1182	기후 변동 가속화, 과거 5년 중에서 세계 기온이 가장 높아!(BBC 뉴스 재팬, 2010년 9월)

얼마 안 되는

다른 표현 아주 적은, 불과, 약간의, 단, 잠깐의

'아주 열악한 상황에서도 뭔가를 가능하게 해준다'는 뉘앙스를 표현할 때 주로 사용한다. 1184처럼 구체적인 양이나 시간을 제시하는 경우와 1183, 1185처럼 구체적으로 제시하지 않는 경우가 있다.

1183	얼마 안 되는 빛으로도 충전 가능한 솔라 배터리 탑재
1184	전 세계에 불과 6명밖에 없는 특수한 자격증 보유자 중 한 사람입니다
1185	얼마 안 되는 인원으로도 가능한 틈새 마케팅

레버리지

레버리지	다른 표현 지렛대의 원리로, 기하급수적으로, 복리로

원래 '지렛대의 원리'를 말하는 것으로, 지렛대처럼 적은 힘으로 큰 효과를 낼 수 있다는 것을 비유하는 표현이다. '레버리지 효과'라는 경제 용어는 이미 대중화되었는데, 타인의 자본을 지렛대 삼아서 자기 자본 이익률을 높인다는 뜻이다.	**1186** '레버리지'는 테크닉이 아니라 삶의 방식이다!
	1187 『레버리지 시간술(レバレッジ時間術)』(혼다 나오유키, 겐토샤, 2007)
	1188 수입을 대폭 올리고 싶다면, 레버리지 효과가 높은 일을 찾아라

비용 대비 효과

비용 대비 효과	다른 표현 효율 투자, 현명한 돈 사용법, 가성비

가성비와 거의 같은 의미이며, 주로 '비용 대비 효과가 높다'의 형태로 사용한다. 구체적인 수치를 밝히면 신뢰도가 올라간다.	**1189** 졸업 후 5년간의 급여로 조사, 비용 대비 효과가 가장 좋은 전공은?(《포브스 재팬》, 2017년 2월)
	1190 신입사원 육성, 비용 대비 효과가 뛰어난 방법은?
	1191 임플란트 꼭 비쌀 필요가 있을까? 비용 대비 효과적인 임플란트 시술

가성비

가성비	다른 표현 최소의 ○○으로 최대의 ○○을, 비용 대비 효과

효율을 강조하는 단어로, 편하게 사용할 수 있는 표현이다. 다만 캐주얼한 느낌이 강하기 때문에 격식을 차려야 하는 상황에서는 '비용 대비 효과'로 쓰는 편이 좋다.	**1192** 최고의 가성비가 아니라면, 반품하셔도 좋습니다
	1193 가성비로 소문난 해외 로밍 서비스
	1194 가성비 좋은 연말 뒤풀이 장소

돈 들이지 않고

돈 들이지 않고	다른 표현 비용을 들이지 않고, 돈 안 드는

금전적인 부담이 없거나 적다는 것을 직접적으로 나타내는 표현이다. '시간이 걸리지 않는다는 것'을 강조하는 카피는 많지만 의외로 '돈이 들지 않는다는 것'을 내세우는 카피는 적기에 시선을 끌 수 있다.	**1195** 돈 들이지 않고도 매출을 올리는 방법이 있다?
	1196 돈 들이지 않고 고객을 사로잡는 접객의 비밀
	1197 돈 들이지 않고 손쉽게 할 수 있는 DIY 리폼

기대감 높이기

'드디어'나 '○○ 도래!' 등 기대감을 높이는 표현을 보면 마음이 설렌다. **사실은 이 '감정'이야말로 사람이 물건을 사게 되는 출발점이다.** 최근에 갖고 싶었던 물건을 떠올려보자. 당신은 왜 그 물건을 원했을까? 특별한 이유 없이 그냥 '갖고 싶은 마음'이었을 확률이 높다. 혹은 확실한 이유가 있다고 하더라도, 그 이유는 나중에 만든 것인 경우가 많다.

댄 케네디Dan Kennedy의 저서 『고객을 불러오는 10억짜리 세일즈 레터&카피라이팅』에는 **"사람은 감정으로 물건을 사고, 논리로 정당화한다"**라는 말이 나온다. 이에 따르면 감정을 자극하는 말이나 디자인으로 상품을 '갖고 싶고, 사고 싶은 것'으로 만드는 게 우선이다. 왜 그 물건을 사야 하는지, 왜 필요한지, 논리를 세우는 것은 이후에 일어나기 때문이다. 따라서 카피라이터는 읽는 사람이 상품을 갖고 싶어 하도록, **감정에 호소하는 단어를 써야 한다.** 여기서는 읽는 사람의 '기대감을 높여주는' 표현을 소개하고자 한다.

드디어		다른 표현	마침내, 끝내, 가까스로, 결국
'기다리고 기다렸다'라는 의미가 내포되어 있는 단어다. 가까운 미래에 다가올 어떤 일에 대한 기대감을 높일 수 있다. '결국' '마침내' 등 다양한 표현으로 바꿔 사용해도 좋다.		**1198**	드디어 럭비 월드컵이 일본에(《포브스 재팬》, 2019년 5월)
		1199	드디어 대망의 새 콘텐츠 등장!
		1200	드디어 내일 리뉴얼 오픈

마침내		다른 표현	드디어, 끝내, 대망의, 기다리던
'드디어'나 '결국'과 마찬가지로 앞으로 찾아올 무언가에 대한 기대감을 표현한다. 이벤트가 시작되거나 끝날 때 분위기를 띄우기 위한 표현으로 사용하기 편하다.		**1201**	비즈니스의 새로운 바람이 마침내 불기 시작했다(『도전하는 회사挑戦する会社』 간다 마사노리, 포레스트사, 2015)
		1202	10년간의 연구 끝에 마침내 신약 출시
		1203	마침내 달성한 조기 은퇴의 꿈

데뷔	다른 표현 등장, 첫선, 첫 무대
'첫 등장' '처음으로 사용하다' '처음으로 체험하다'와 같은 상황을 표현할 때 '데뷔'라는 말을 쓰면 화려하고 좋은 일이 일어날 것 같은 인상을 준다.	**1204** Mac 데뷔. 당신의 데스크톱에 3가지 새로운 앱을 선보입니다(애플)
	1205 연말 보너스로 주식 투자 데뷔를 계획하다
	1206 전 세계를 놀라게 한 충격 데뷔!

지금	다른 표현 지금이야말로, 현재, 나우, 진행 중, 당면한
의미와 용도가 다양한 단어이지만, 카피에서 사용할 경우, 우선 말 그대로 '현 시점에서'라는 뜻이다. 또한 가지는 1208처럼 '이 타이밍이기에 더더욱'이라는 뜻을 강조하며 주목을 끄는 효과가 있다. '지금이야말로'라고 변형해서 표현할 수도 있다.	**1207** 농협이 지금 투자신탁 판매에 진심인 이유(도요케이자이 온라인, 2019년 8월)
	1208 지금 아이들에게 알려주고 싶은 전통문화
	1209 지금이야말로 유튜브로 신규 고객을 확보할 때

이것이	다른 표현 이것이야말로, This is ○○
'이것이야말로'라고 강조하는 표현이다. 약간 수사적이고 과장된 분위기도 풍긴다. 1210처럼 '이것이' 앞에 내용을 먼저 밝히면 강한 자신감이 느껴진다.	**1210** '의지력, 고도의 비전, 분야를 뛰어넘은 사고법' 이것이 일론 머스크다(《포브스 재팬》, 2016년 9월)
	1211 그래, 인생에는 이것이 있다(아메리칸 익스프레스)
	1212 이것이 회사의 명운이 달린 미래 먹거리다

이번에야말로	다른 표현 지금이야말로
과거에 어떤 일에 실패한 경험이 있는 사람들에게 어필하는 표현이다. 다이어트, 금연 등 성공하기 쉽지 않은 분야에서 효과적으로 사용할 수 있다. '당신이 제시하는 해결책이 경쟁 상품이나 서비스와 달리 어떻게 성공할 수 있는지'를 보여줘야 한다.	**1213** 캠핑의 인기 부활! 이번에야말로 기대되는 이유(《뉴스위크 재팬》, 2019년 7월)
	1214 이번에야말로 불면증에서 벗어나고 싶은 당신에게
	1215 주말 라운딩에서 이번에야말로 100타를 깨자! 샷별 원 포인트 레슨

두 번 다시

다른 표현 결단코, 절대로, 이제 질렸다

다시는 겪고 싶지 않은 상황을 막아준다는 표현으로, 경험자에게 공감을 불러일으킬 수 있다. 좀 더 비장한 느낌을 전달하고 싶다면 '결단코'도 고려할 만하다.

1216	이제 두 번 다시 앓고 싶지 않다. 요통 예방에 효과적인 스트레칭
1217	이것만 기억하면 연설할 때 두 번 다시 긴장할 일이 없어집니다
1218	두 번 다시 지각하지 않게 해주는 알람 앱 3

온갖

다른 표현 별별, 모든, 삼라만상

'모든'이라는 의미이지만, '모든'보다 더 중후하고 광범위하다는 인상을 준다.

1219	온갖 브랜드를 만나볼 수 있는 편집숍
1220	클라우드 서비스로 온갖 작업을 신속하게!
1221	온갖 문제를 해결하는 고객 센터

심금을 울리는

다른 표현 감명, 마음에 와닿는, 마음이 흔들리는, 사무치는

'심금'이란 마음의 다른 표현으로, '울리다'라는 동사와 함께 사용하면 '상대의 마음을 움직인다'는 뉘앙스를 전할 수 있다. 일상적인 말은 아니어서 사용할 수 있는 상황이 한정되기는 하지만 문학이나 음악, 미술 등 예술 작품을 이야기할 때 특히 잘 어울린다.

1222	심금을 울리는 단어의 법칙(『광고, 이렇게 하면 성공한다』 존 케이플스, 서해문집, 1990)
1223	상대의 심금을 울리는 사소한 위로 한마디
1224	이민자의 심금을 울리는 소설 5선

○○ 이래의

다른 표현 ○○ 이후의, ○○의 재등장, ○○만의

'과거에 일어난 중요한 일'과 '앞으로 찾아올 새로운 일'을 연결하는 표현이다. 거창한 표현인 만큼 아무 때나 쓸 수 있는 것은 아니며, 어느 정도 임팩트 있는 일이나 사건과 어울린다.

1225	블록체인이 왜 복식부기 이래의 대발명인가(THE 21 ONLINE, 2019년 1월)
1226	르네상스 이래의 대혁명
1227	창업 이래의 비밀 소스를 지금까지 사용

최적

다른 표현 딱 맞는, 안성맞춤, 베스트

말 그대로 가장 적합하다는 뜻이다. '최적'과 '베스트'는 서로 바꿔 사용할 수 있다. 1228처럼 문맥상 '아주 딱 들어맞는다'는 뜻일 때는 '○○에 최적'이라고 표현하면 된다.

1228	당신의 모든 사진과 파일 저장에 최적의 장소(애플)
1229	날씨 변화가 심한 환절기에 베스트인 아웃도어 패션
1230	태양광 발전을 최적의 상태로 유지하기 위해 절대 빠트릴 수 없는 패널 관리법 소개

가장

다른 표현 최고로, 베스트의, 최강의, 정점, 피크

어떤 것들 중에서 최고라는 뜻이다. 이 단어를 사용하려면 다른 것과 비교해 보여야 한다. 그러므로 경쟁 상품의 시장 조사가 필수다. 그 과정에서 발견한 차별성이나 우수한 특징을 연결해 쓰면 된다.

1231	노트북 사상, 가장 긴 배터리 지속 시간을 당신의 손에!
1232	A그룹에서 가장 먼저 준결승 진출을 확정 짓는 건 어느 팀일까?
1233	도쿄에서 가장 맛있는 스시 전문점

제일

다른 표현 일류, 극상, 최고

세계 제일이나 국내 제일은 쉽게 달성할 수 있는 것이 아니다. 따라서 최고가 될 수 있는 카테고리를 찾는 것도 하나의 방법이다. 예를 들어, 국가로 하기가 어렵다면 도나 시, 그도 어렵다면 구나 동으로 범위를 좁혀가는 것이다. 다만, 너무 좁은 범위로 설정하면 부자연스러워 보일 수 있으니 주의해야 한다.

1234	올해 제일 많이 팔린 스마트폰
1235	동네에서 제일 인기 있는 빵집
1236	세계에서 제일 높은 고층 아파트

확

다른 표현 단숨에, 휙, 활짝, 왕창

'대단히' '매우'와 같은 의미로 편안하게 쓸 수 있는 강조 표현이다. 이 단어가 들어가면 속도가 붙는 느낌을 준다. 정중한 표현이 어울리는 상품에는 쓰지 않는 게 좋다.

1237	직업 선택의 가능성이 확 넓어지는 자격증
1238	고객 만족도가 확 높아지는 극진한 응대법
1239	시선을 확 잡아당기는 시계

딱 맞는

다른 표현 딱 어울리는, ○○에 어울리는, 꼭 맞는

'최적'이라는 단어보다 친근한 표현이다. 의복이나 음식 등 취향을 타는 대상에 주로 사용하지만 '당신에게 딱 어울리는 ○○'이라는 의미로, 어떤 대상에도 쓸 수 있다.

1240	당신에게 딱 맞는 플랜을 찾았습니다
1241	아이 입맛에 딱 맞는 영양 간식
1242	당신의 감성에 딱 맞는 인생 영화를 만나보세요

거대한

다른 표현 위대한, 장엄한

'큰'이라는 뜻이다. 사용할 수 있는 상황은 한정되어 있지만 '대단히 크다'라는 것을 조금 진중한 느낌으로 표현할 수 있다.

1243	계산기의 한계를 뛰어넘는 AI 개발자의 거대한 도전
1244	거대한 힘. 거대한 능력(애플)
1245	'초식남의 증가'라는 거대한 착각(도요케이자이 온라인, 2016년 12월)

드라마틱한

다른 표현 극적인, 대단히, 눈에 띄는

퀄리티나 기능 등이 업그레이드되었을 때, 변화를 짧은 단어로 어필할 수 있다. 혹은 상품이나 서비스의 효과를 강조할 때도 쓸 수 있다. 양쪽 모두 '대단히' 혹은 '눈에 띄는'의 의미로 '상당히 좋아진' 상태를 가리킨다.

1246	5세대 그래픽 카드, 드라마틱한 성능 개선을 경험해보세요
1247	단 한 방울의 에센스로 시작되는 피부의 드라마틱한 변화
1248	극적인 변화는 매일의 습관으로부터

실로

다른 표현 대단히, 매우, 정말로, 완전히

'정말로' '대단히' '완전히'라는 의미를 다 갖고 있는 표현이다. 그다지 많이 사용하는 표현은 아니므로 1249처럼 '매우'라는 뜻으로 쓸 때 독특하게 들린다. 문맥상 사람의 감정까지 전달하는 단어다.

1249	파일을 실로 깔끔하게 관리합니다(애플)
1250	승리의 요인은 4회 말, 실로 멋진 보내기 번트
1251	드론으로 할 수 있는 실로 놀라운 일

도래

다른 표현 다가오다, 개막, 여명, 커밍 순

'뭔가가 다가온다'라는 뉘앙스다. 앞으로 다가올 개봉, 발매 등의 이벤트가 있을 때 간단히 '○○합니다!'라고 말하기보다는 이 단어를 사용하면 효과적으로 사람의 감정을 고조시킬 수 있다.

1252	AI 혁명, 전혀 새로운 시대의 도래
1253	내성적인 사람들의 전성 시대가 도래했다!
1254	여름 레저 시즌의 도래. 누구와 함께할 건가요?

다채로운

다른 표현 여러 가지, 각양각색의, 다양한

단순히 '여러 가지'라고 하는 것보다 종류가 풍부하다는 것을 입체적으로 표현하는 단어. 카피에서는 '흔히 사용되는 단어'보다 '일상적이지는 않지만 이목을 끄는 단어'가 더 효과적일 때가 있다.

1255	다채로운 크리스마스 플랜으로 추억을 남기세요(마루노우치 호텔)
1256	다채로운 공격이 특기인 선두 타자가 팀의 핵심
1257	다채로운 옵션 중에서 자유롭게 선택 가능합니다

마음대로

다른 표현 생각한 대로, 자유자재로, 자유롭게 ○○하다

'생각한 대로'와 같은 의미이지만, 더욱 자유자재인 느낌을 준다. '뭔가 잘되지 않는 일이 있어 그것을 컨트롤하고 싶어 하는' 사람에게 어필하기 좋다.

1258	음악을 내 손바닥 안에서 마음대로(애플)
1259	요금제 선택도 당신의 마음대로
1260	연애도 일도 마음대로 즐기는 사람은 무엇이 다른가?

만끽

다른 표현 맛보다, 음미하다

'즐기다'라는 뉘앙스를 강하게 표현하는 단어다. 원래 '모조리 다 맛보다'라는 뜻이 있어서 한 가지보다는 여러 경험을 선사하는 상품에 사용하면 좋다. 여행이나 미식 등이 그 전형적인 대상이다.

1261	몰타섬의 매력을 만끽하세요
1262	계절을 만끽할 수 있는 꽃 구독 서비스
1263	바다가 내려다보이는 레스토랑에서 즐거운 대화와 맛있는 술을 만끽하세요

비밀스러운 분위기 만들기

'다른 사람은 모르는 특별한 정보를 나만 얻고 싶다'는 바람은 누구에게나 있을 것이다. 이러한 심리의 밑바탕에는 **'일이 잘 풀리는 사람은 특별한 정보를 가지고 있고, 그래서 잘되는 것이다'**라는 생각이 깔려 있다. 이처럼 '잘 알려지지 않은 정보'에 끌리는 심리를 카피에서는 잘 활용해야 한다.

200쪽의 '재미있는 정보 제공하기'에서도 다루겠지만, **도움이 되는 정보를 제공받으면, 보답하고 싶어지는 '호혜의 법칙'이 작용한다.** 한발 앞서 입수한 정보나 원래는 공개하지 않는 정보를 제공하면, 읽는 사람은 감사의 마음을 표현하게 된다.

비밀을 알려주는 뉘앙스의 카피를 쓸 때, 주의해야 할 점이 있다. 바로 '○○의 비밀은 ○○이었다'라고 답을 미리 알려주는 것이다. 카피를 이렇게 쓰면 읽는 사람은 제시된 정보에 만족하고 더 이상 궁금해하지 않게 된다.

○○의 비밀	다른 표현 시크릿, 극비, ○○의 비결	
간단하면서도 호기심을 불러일으키는 표현이라 그만큼 자주 쓰인다. '○○의 비결'처럼 변형하기도 한다. 본래 '비밀'은 쉽게 밖으로 내보이는 것이 아니므로, 그 비밀의 '내용' 자체가 정말로 비밀이라 부를 만한 것인지를 잘 판단해서 사용해야 된다.	**1264**	성공하는 벤처 기업의 비밀
	1265	순한맛의 비밀은 숨어 있는 체다치즈
	1266	자연스러운 톤이 매력적인 봄 컬러 메이크업의 비밀

놀랄 만한 ○○의 비밀	다른 표현 경악할 만한 ○○의 비밀, 충격적인 ○○의 비밀	
'비밀'은 사람들에게 알려지지 않았을 뿐, 반드시 그 내용이 흥미롭다고 단언하기는 어렵다. 그래서 '이 얘기를 들으면 놀랄 것이다'라는 뉘앙스를 강조한 것이 해당 표현이다. 정말 대단한 내용이 아닌 경우에는 쓰지 않는 편이 좋다.	**1267**	놀랄 만한 신규 고객 확보의 비밀을 참가자에게만 알려드립니다
	1268	당신의 이름에 숨겨진 놀랄 만한 비밀
	1269	전업 투자자도 놀랄 만한 주식 투자의 비밀

○○의 비결

다른 표현 ○○의 비밀, 요점, 포인트

'비밀'과 거의 같은 뜻으로 쓰이지만, '비결'은 '가장 효과적인 방법'이라는 뉘앙스가 담겨 있다. 따라서 '그 해결책은 효과적인 노하우다'라는 사실을 이미 암시하고 있다. '비밀'보다 '비결' 쪽이 사용에 제약이 덜하다.

1270	고객의 클레임을 찬스로 바꿔 회사의 열혈 고객으로 만드는 비결은?
1271	50대에도 30대처럼 보이는 동안의 비결
1272	재택근무 중에도 일할 의욕을 불러일으키는 4가지 비결〈포브스 재팬〉, 2019년 6월)

공개

다른 표현 밝히다, 오픈하다, 대공개, 최초 공개

'숨어 있던 것을 밖으로 드러낸다'는 뜻으로, 직접적으로 말하지 않고도 '비밀'의 뉘앙스를 풍길 수 있다.

1273	구글의 리더 육성법 공개
1274	토익 만점 전략 대공개
1275	파산 직전 기업, 1년 만에 흑자 전환한 사연 최초 공개

미공개

다른 표현 아직 보지 않은, 간직해두었던

비밀 정보 중에서도 희소성이 느껴지고 흥미를 불러일으키는 표현이다. 다만, 기대가 커지는 만큼 실망스러운 결과가 나올 경우 신뢰를 잃게 되므로 주의해야 한다. 비슷한 표현으로 '비공개'가 있는데, 이 표현은 애초에 공개할 의사가 없다는 면에서 '아직 공개되지 않았다'라는 뜻을 지닌 미공개와는 차이가 있다.

1276	이메일 등록자에게 미공개 콘텐츠 선물
1277	미공개 토크 영상 링크를 기간 한정으로 전송합니다
1278	회원 가입 시, 미공개 자료를 다수 얻을 수 있습니다

○○의 이면에 있는 비밀

다른 표현 베일에 싸인, 밝혀내다, 커밍아웃

비밀 자체가 원래 숨겨져 있는 것이지만 '이면에 있다'라고 덧붙이면 '더욱더 깊이 숨겨진 뭔가가 있다'는 뜻을 드러낸다. 겉에서는 보이지 않는 무언가가 강력하게 느껴지는 표현이다.

1279	회사 로고 디자인의 이면에 있는 비밀
1280	역대 최고 이익을 달성한 기업의 이면에 있는 비밀
1281	캐릭터 마케팅, 그 이면에 있는 비밀

○○이 절대로 말하지 않는

다른 표현 ○○의 속내, ○○이 한사코 숨기는

'○○'에 권위자를 넣는 것이 핵심이다. 그 분야의 프로나 전문가가 숨기고 싶어 하는 '비밀 중의 비밀'이라는 뉘앙스를 풍겨 읽는 사람의 호기심을 강하게 자극한다.

1282	매스컴 관계자가 절대로 말하지 않는 대형 연예기획사의 비밀
1283	여행사가 절대로 말하지 않는 항공권 예약의 이면
1284	점술가가 알면서도 절대로 말하지 않는 미래는?

놀랄 만한 사실

다른 표현 기막힌 사실, 깜짝 놀랄 사실, 충격적 사실

'놀랄 만한 ○○의 비밀'과 거의 같은 표현이지만 '비밀'보다 '사실' 쪽이 과장되지 않아 더욱 객관적이고 중립적인 인상을 준다. 데이터나 팩트를 바탕으로 한 내용에 사용하는 것이 좋다.

1285	코스트코, 놀랄 만한 사실 12가지(비즈니스 인사이더 재팬, 2019년 6월)
1286	모나리자 그림에 숨겨진 놀랄 만한 사실
1287	전 세계 비만 실태에 관한 놀라운 사실을 보도합니다

진실

다른 표현 사실, 진상, 다큐멘터리, 리포트, 실록

'세간에 알려진 것과는 다른 진짜 모습'이라는 뜻이다. '자신의 견해와 다를지도 모른다'는 생각이 들게 해 흥미를 끌어당기기 쉽다. 혹은 세간의 인식과는 다른 정반대의 의견을 어필할 때도 사용할 수 있다.

1288	지금 페이스북 광고가 절호의 기회라는 진실
1289	비즈니스 스쿨은 도움이 되지 않는다. MBA의 진실과 거짓(『90일 만에 당신의 회사를 고수익 기업으로 바꿔라』 간다 마사노리, 경칩, 2023)
1290	잇몸병의 진실(《라이온 사이언스 저널》)

본질

다른 표현 핵심, 중추, 에센스, 요점

겉으로는 잘 드러나지 않는 사물의 모습이나 성질을 가리킨다. 복잡하거나 어려워 보이는 것의 요점만 알려준다는 식으로 사용하면 관심을 끌기 좋다.

1291	시대를 뛰어넘어 통하는 비즈니스의 본질이 여기에!
1292	패시브 ETF와 액티브 ETF의 본질적인 차이점
1293	지방 소멸 현상의 본질을 추적하다

진상

다른 표현 실태, 수면 아래, 이면, 알려지지 않은 ○○	

'진실'과 비슷한 단어이지만, 사건이나 사물의 '진짜 사정'이라는 뜻을 내포하고 있다. 따라서 카피에 스토리성이 생기고 드라마틱한 배경에 대한 궁금증을 유발한다.

1294	블록체인의 진상
1295	계속해서 과열되는 의대 입시. 합격률 7%, 초고난도의 진상(《포브스 재팬》, 2018년 4월)
1296	미궁에 빠진 사건의 진상 규명은 제대로 진행되고 있는가?

불편한 진실

다른 표현 극비, 기밀	

'누군가에게는 알려지면 곤란한 비밀이 있다'라는 뉘앙스를 전하는 표현이다. 단순히 '알려지지 않은 것'을 밝힐 뿐만 아니라, 사실은 누군가의 이해관계가 얽혀 있다는 사실을 암시하고 있다. 사용할 수 있는 상황은 한정되지만, 딱 맞는 상황일 경우에는 매우 강력한 효과를 발휘한다.

1297	학교에서는 가르쳐주지 않는 자본주의의 불편한 진실
1298	독일인이 '나치와 동반 자살'을 선택한 불편한 진실(프레지던트 온라인, 2019년 9월)
1299	연금 문제를 둘러싼 불편한 진실

전모

다른 표현 전체, 모든 내용, 자초지종, 큰 틀	

일이나 사물의 '전체 모습'이라는 의미이지만, 평소에 감춰져 있어 보이지 않는 부분을 밝혀낸다는 뉘앙스가 강하다. 기본적으로 무척 알고 싶고 혹은 꼭 알아야 할 내용이 아니라면 별 효과를 기대할 수 없다.

1300	드디어 드러난 탈세 사건의 전모
1301	주가 폭등의 전모가 밝혀지다!
1302	럭셔리 브랜드 재고 관리의 전모

숨겨진

다른 표현 보이지 않는, 깨닫지 못한, 모르는, 알려지지 않은	

'보통은 쉽게 찾을 수 없다'는 뉘앙스이며 긍정적으로도 부정적으로도 사용된다. 긍정적으로 사용할 때는 비밀이나 비결을 뜻하는 반면, 부정적으로 사용하면 간과했거나 놓쳤다는 의미로 쓰인다.

1303	숨겨진 카드 혜택 100% 활용법
1304	데이터에서 숨겨진 인사이트를 찾아라!
1305	당신의 숨겨진 재능을 찾아내는 방법

금단의

| | | 다른 표현 | 금지된, 금기된, 위험한, 해서는 안 되는 |

금지된 행위를 뜻하는 단어로, 해서는 안 된다는 사실을 명료하게 표현할 수 있다. '금단의 과실'이라는 표현처럼, 어딘가 종교적이고 미스터리한 인상을 준다. 왠지 모르게 사람을 긴장하게 만들지만, 감정을 자극함으로써 주목을 끌 수 있다.

1306	『금단의 세일즈 카피라이팅』(간다 마사노리, 두드림미디어, 2023)
1307	30년 후에도 노벨상 대국으로 있기 위해 금단의 극약 '국립대학을 절반으로'《포브스 재팬》, 2017년 1월)
1308	당대에 거액의 부를 일궈낸 전문가에게 듣는 금단의 주식 투자법

이면

| | | 다른 표현 | 블랙박스, 무대 뒤, 베일에 싸인 |

겉에서는 보이지 않는 것을 뜻한다. '반드시 도움이 된다고는 할 수 없다'라는 점에서 '비결'과는 다르다. 무대 뒤에서 무슨 일이 일어나고 있는 듯한 분위기를 풍긴다.

1309	친환경 기업의 이면
1310	숫자로 해석하는 생명보험사의 이면
1311	모르는 게 나은 특급 호텔 주방의 이면

아무도 알려주지 않는

| | | 다른 표현 | ○○에서는 가르쳐주지 않는 |

'교과서에는 나오지 않는' '세상에 일반적으로 잘 알려지지 않은' 등 여러 변형이 있다. 어떤 사정이나 이해관계가 있어 그 정보가 쉽게 공개되지 않는다는 사실을 나타낸다. 꼭 어려운 내용에만 쓰이는 것은 아니다.

1312	『아무도 알려주지 않는 돈 이야기』(우다 히로에, 21세기북스, 2013)
1313	아무도 알려주지 않는, 답장을 빨리 받을 수 있는 업무 메일 쓰는 법
1314	아무도 알려주지 않았다. 예방 접종을 하지 않아도 독감에 걸리지 않는 방법

아무에게도 말 못 할

| | | 다른 표현 | 그 누구에게도 말할 수 없는, 무덤까지 갖고 갈 |

누구에게나 타인에게 말 못 할 고민이 있을 것이다. 1315처럼 실수나 콤플렉스 등을 이야기할 때 잘 어울리는 표현이다. 반드시 '고민'이 아니더라도, '요령이나 비결'에 관해서도 쓸 수 있다.

1315	아무에게도 말 못 할 신입사원의 실수 사례
1316	손님에게는 말할 수 없는 이익률의 비밀
1317	아무에게도 말 못 할 불안을 글쓰기로 해소하는 방법

비법

비밀이나 비결보다 중후한 느낌을 전달하는 단어다. 강인함과 전통성을 드러내는 반면에, 약간 딱딱하고 과장하는 듯한 느낌도 든다.	**다른 표현** 심오한 경지, 노하우	

1318	로봇견 '아이보' 개발자에게 묻다, '프로 경영'의 비법
1319	홍보 문구의 비법(『일의 힌트仕事のヒント』간다 마사노리, 포레스트사, 2005)
1320	참가자들이 열광한 '정장 스타일링' 비법(《포브스 재팬》, 2018년 12월)

진수

다른 표현 핵심, 에센스, 비결, 영혼, 진면목

'비법'과 마찬가지로 약간 무겁고 딱딱한 인상을 주는 표현인데, 한편으로는 고상한 느낌도 있다. 상황을 잘 선별해야 하지만, 단어만으로도 강력하게 어필할 수 있다.	

1321	철학 사상의 진수를 담은 단 한 권의 책
1322	아마존의 '고객 지상주의'의 진수는 '인간의 선의를 믿지 않는 것'에 있다(《포브스 재팬》, 2018년 5월)
1323	제철 재료의 진수를 맛볼 수 있는 레스토랑

최후의 수단

다른 표현 비장의 무기, 비밀 병기

'비법'과 비슷한 뉘앙스인데, 좀 더 무게감이 느껴진다. '지금까지 숨겨왔던 수단을 드디어 사용할 때가 됐다'는 느낌을 주기 때문에, 읽는 사람의 관심을 끌수 있다.	

1324	크라우드 펀딩으로 모객 성공. 사업 활성화를 위한 최후의 수단, 지금 신청하세요!
1325	코로나 19, 최후의 예방 수단은 마스크 제대로 쓰기
1326	멈출 수 없는 식욕 때문에 고민인 그가 선택한 최후의 수단은?

알려지지 않은

다른 표현 아무도 모르는, 미지의, 아는 사람만 아는

'나는 이미 그것에 대해 잘 알고 있다'고 생각하는 사람에게 강하게 어필하는 표현이다. 1329처럼 관광지를 소개하면서 '알려지지 않은 ○○의 매력'이라고 표현하면 그곳을 자주 가던 사람도 흥미를 느낄 것이다.	

1327	알려지지 않은 간장의 힘(기꼬만)
1328	알 만한 사람은 다 아는 신학기 잇템
1329	토박이에게도 거의 알려지지 않은 숨은 명소의 매력

몰래

다른 표현 비밀로, 살짝, 가만히, 남모르게

비밀스러운 분위기를 내는 단어 중 하나다. '비밀로'보다 더 친근하고 '은근히'라는 뉘앙스가 살아 있다. 혼자만 알고 싶다는 심리를 자극하는 표현이다.

1330	단 2개월 만에 팔로워 1만 명 늘린 비책을 몰래 전수
1331	고성과자들이 남몰래 구독하는 뉴스레터는?
1332	한밤중에 몰래 먹고 싶은 과자 베스트 10

얄미운

다른 표현 약은, 요령 좋은

원래는 부정적인 의미로 쓰이는 표현이지만, '요령이 좋다'는 의미로 사용할 수 있다. 질투를 자극하여 따라 하고 싶게 만드는 카피를 쓸 때 유용하다.

1333	얄미울 정도로 똑소리 나는 직장인의 비밀
1334	유명 기타리스트가 알려주는 요령 좋은 일렉트릭 기타 테크닉
1335	얄미울 정도로 처세를 잘하는 비결

수수께끼

다른 표현 불가사의, 미스터리, 정체불명, 신비

'○○의 수수께끼' '○○의 불가사의'와 같은 표현은 심플하면서도 호기심을 강하게 자극하기 때문에 자주 쓰인다. 이 단어를 보면 그 수수께끼에 대한 '답'이 궁금해서 클릭하거나, 그다음 내용을 꼭 읽게 된다. 또한 한 단어로 미스터리한 느낌을 연출할 수 있어 유용하다.

1336	AI에는 없는 '착각'이란 수수께끼
1337	시력이 좋아지는 안경의 수수께끼
1338	고대 그리스 문명의 수수께끼를 추적하는 마추픽추 7일간의 여행

은신처

다른 표현 숨은 ○○, 피난처, 안식처, 성역, 안전지대

'다른 사람의 눈을 피하다'라는 뉘앙스가 있으며 '아담한' 규모라는 것을 짐작할 수 있다. 남들보다 한발 앞서 정보를 얻기 원하거나, 스스로 고수라고 생각하는 이들에게 효과적인 단어다.

1339	도심 속 은신처 대공개
1340	연예인이 자주 찾는 은신처 같은 카페
1341	지도에서는 절대 찾을 수 없는 숨은 맛집 이자카야

베일을 벗다	다른 표현 스포일러, 내막을 밝히다, 드디어 공개되다
평소 익숙한 것에도 '베일을 벗다'라고 표현하면, 뭔가 배후에 치밀하게 짜인 트릭이나 계산이 숨겨져 있다는 느낌이 들어 호기심을 불러일으킨다.	**1342** 3대에 걸친 육수 비법, 드디어 베일을 벗다
	1343 아나운서 말솜씨의 비밀, 베일을 벗다
	1344 콘서트홀 같은 사운드를 집에서 재현하는 스피커 배치의 베일을 벗기다

칼럼

카피의 '주인공'은 바로 그 카피를 '읽는 사람'이다

블로그나 SNS에는 '자신의 이야기'를 올려도 아무 문제가 없지만, 세일즈 카피의 경우는 다르다. '자신이 하고 싶은 말'이 아니라 '읽는 사람이 알고 싶은 것'을 써야 하기 때문이다. 즉, 카피의 주인공은 '그 카피를 읽는 사람'이다. 그러므로 읽는 사람, 즉 고객에 관해 잘 알아야 한다. 이 원칙은 이미 여러 번 이야기한 것이지만 아주 중요한 포인트이므로 몇 가지 일화를 소개해보겠다.

미국의 유명 카피라이터 댄 케네디는 『고객을 불러오는 10억짜리 세일즈 레터&카피라이팅』에서 이런 일화를 밝혔다. 세일즈맨이 한 노부인에게 새로운 난방 시스템을 팔려고 했을 때의 일이다. 그가 열 출력, 구조, 보장, 서비스 등 그 난방 시스템의 장점을 구구절절 설명하고 나자 노부인이 이렇게 물었다고 한다.
"한 가지 궁금한 게 있는데 나 같은 할머니도 그걸 쓰면 몸이 따뜻해진다는 말인가요?"
이와 같이 '읽는 사람이 알고 싶어 하는 것을 무시하는 카피가 적지 않다'고 댄 케네디는 지적한다.

미국의 카피라이터인 로버트 콜리어 또한 이렇게 말했다.
"당신이 판매하는 물건을 연구하는 것보다 더 먼저 해야 할 일은, 그 물건을 사줄 사람을 연구하는 일이다."
(『전설의 카피라이팅 실전 바이블伝説のコピーライティング実践バイブル』 로버트 콜리어, 다이아몬드사, 2011)
카피를 읽을 사람, 즉 고객을 제대로 연구하여 그 사람의 문제나 관심사를 알아낸 다음에, 자신이 판매하려는 상품과 어떻게 매칭할지를 궁리해야 한다고 강조한 것이다.
사람은 원래 자기 중심적이라 카피를 쓸 때도 무심코 자신이 하고 싶은 말을 쓰게 된다. 하지만 카피의 주인공은 당신이 아니라, 읽는 사람 즉 고객이라는 사실을 잊지 말자.

배움의 요소 강조하기

'**배우고 싶다**' '**지식을 얻고 싶다**'는 욕구는 누구에게나 있다. '아는 것이 힘이다'라는 프랜시스 베이컨의 명언은 시공을 초월하여 위세를 떨쳤고, 지금도 곧잘 인용되곤 한다. 특히나 모든 것이 빠르게 변하는 지금 시대에 배움은 끝이 없다. 며칠 사이에 시시각각 새로운 정보와 지식이 쏟아지기 때문에 많은 사람들이 배우지 않으면 도태된다는 위기의식을 갖고 있다. 또 쏠림 현상이 강한 한국이나 일본에서는 남들이 다 알고 있는 것을 나만 몰랐을 때 손해 볼 수 있다는 생각이 매우 강하다. 그러므로 뭔가 배울 게 있는 정보는 환영받는다.

단, 여기서 한 가지 중요한 주의 사항이 있다. **정보를 제공하는 카피를 쓸 때 '너무 위에서 내려다보는 시선'을 취해서는 안 된다는 것이다.** 읽는 사람에 대한 존중이 없는 문장은 아무리 양질의 정보가 들어 있다고 해도 외면받기 십상이다.

○○의 가르침	다른 표현 교훈, 훈계, 레슨, ○○이 가르쳐준 것		
누군가에게 배운다는 것을 카피로 쓰려면 그 분야의 전문가나 성공 사례 등을 통해 '권위'를 뒷받침해야 한다. 이 요소가 빠져 있으면 허공에 울리는 메아리밖에 되지 않는다. 또한 가르침을 주는 주체는 꼭 '사람'에만 한정되지 않으며 '자연계' '역사' '학문' 등 추상적이고 이론적인 것이 될 수도 있다.	1345	『미움받을 용기: 자유롭고 행복한 삶을 위한 아들러의 가르침』(기시미 이치로, 고가 후미타케, 인플루엔셜, 2022)	
	1346	『스무 살에 만난 유대인 대부호의 가르침』(혼다 켄, 알파미디어, 2024)	
	1347	전설의 기업가가 평생 굳게 지킨 아버지의 가르침은?	

○○으로 이끌다	다른 표현 리드하다, 인솔하다, 약속하다, 이어주다		
이상적인 상태를 구체적으로 제시할수록 주목을 끌 수 있다. 앞서 소개한 '가르침'이 위에서 내려오는 일방통행의 이미지가 있는 반면에, 해당 표현은 수동적인 느낌이 덜하다.	1348	팀을 성과로 이끄는 리더의 3가지 조건	
	1349	긍정 마인드는 당신을 성공으로 이끈다	
	1350	호두는 당신을 장수로 이끈다	

조언

다른 표현 어드바이스, 권유, 권고, 제안, 제언

'가르침' '이끌다'와 비슷하지만, '조언'의 경우에는 권위자나 전문가보다 어떤 일을 먼저 경험한 동료나 친구로부터 정보를 얻는다는 뉘앙스에 가깝다. 오히려 조금 앞선 사람의 조언이 훨씬 도움이 될 때도 많다.

1351	5년 차 대리가 신입사원에게 전하는 3가지 조언
1352	개와 고양이 함께 키우기. 실패하지 않는 요령을 수의사가 조언해드립니다
1353	인간관계로 고민하는 회사원을 위한 정신과 의사의 5가지 조언

배우다

다른 표현 습득하다, 따라 하다, ○○에서 이끌어내다

문자 그대로 '배우다'라는 뜻이며, 주로 '좋은 것을 흡수한다' '다른 영역에서 교훈이나 핵심을 따라 익힌다'의 의미로 쓰인다. 1356처럼 전혀 배울 게 없다고 생각한 대상이 등장하면 의외로 관심을 끌어내기 쉽다.

1354	'7분간의 기적'에서 배우는 진정한 환대
1355	수도승에게 배우는 침묵의 미학
1356	아기에게 배우는 솔직한 감정 표현법

배울 점

다른 표현 모범, 참고, 힌트

'모범이 된다' '참고가 된다' '힌트를 준다'는 것을 나타내는 표현이다. 상품이나 서비스에 관한 상세 사항과 사실 관계보다는, 거기에 어떤 배울 점이 있는지를 빠르게 알고 싶어 하는 사람들에게 효과적이다.

1357	소니의 성공 사례에서 배울 점
1358	아이들이 여름 합숙 프로그램을 통해 배울 점
1359	실패에서도 배울 점은 있다

독학

다른 표현 혼자서 익히다, 집에서 배우다

이 단어를 보면 '혼자서도 할 수 있다'는 자신감이 생긴다. 또한 원래 뭔가를 배울 때는 밖으로 나가서 일정한 시간 동안 매여 있는 이미지가 있는데, 혼자서 할 수 있다는 것을 강조하면 '원하는 시간'과 '장소'를 직접 고르는 자유로움도 어필할 수 있다.

1360	학원에 다니지 않고도 독학할 수 있는 공인중개사 자격 시험
1361	혼자 집에서 배울 수 있는 온라인 기타 레슨
1362	독학으로 배우는 웹디자인 인터넷 강좌

교과서

다른 표현 텍스트, 교본, 매뉴얼, 경전, 지침서

누구에게나 익숙한 단어이기 때문에 머릿속에 이미지가 금세 떠오를 것이다. '내용이 보증된' '틀린 내용이 없는' '신뢰할 수 있는' 느낌을 전달할 때 유용하다. 한편으로는 '교과서'라는 말에 거부감을 갖는 사람도 있으므로 이 점을 염두에 둘 필요가 있다.

1363	『영화 편집의 교과서』(기누가사 류톤, 이콘, 2025)
1364	간단하고 귀여운 과자 만들기 교과서
1365	연령대를 가늠할 수 없는 자세를 만들어주는 걷기법 교과서

수업

다른 표현 지침, 전수, 레슨, 클래스

'교과서'와 마찬가지로 조금 딱딱한 느낌이 있지만, 반대로 말하면 신뢰할 수 있고 확실하다는 뉘앙스도 있다.

1366	기획서, 광고문, 리포트 등 어디에나 통하는 글쓰기 수업
1367	대회에서 이기기 위한 '테니스 수업'
1368	노후를 바꿔주는 투자 수업

레슨

다른 표현 커리큘럼, 클래스, 강의

취미나 자기계발과 관련해 자주 등장하는 표현으로, 학교 수업과는 다른 느낌을 준다. 어려워 보이는 내용에 이 단어를 사용하면 문턱을 낮출 수 있다.

1369	판매력을 높여주는 마케팅 레슨
1370	밑단 줄이기부터 아이 옷 만들기까지 폭넓게 활용하는 재봉틀 레슨
1371	맞벌이 부부를 위한 초간단 반찬 만들기 레슨

○○에서는 알려주지 않는

다른 표현 ○○에서는 배울 수 없는, ○○에서는 알 수 없는

'아무도 알려주지 않는'의 변형이다. '학교에서 알려주지 않는'이라는 표현은 빈번하게 사용되고 있는데, 학교뿐 아니라 직장이나 가게 등 여러 단어를 넣어서 폭넓게 응용할 수 있다. 1373처럼 권위 있는 과정이나 기관을 넣으면, 이론으로는 파악하기 힘든 실전 노하우가 있다는 것을 암시한다.

1372	책에서는 알려주지 않는 연봉 협상 노하우
1373	비즈니스 스쿨에서는 알려주지 않는 면접 요령 5가지 《포브스 재팬》, 2018년 7월)
1374	회사에서는 알려주지 않는 엑셀 활용법

171

학원

	다른 표현 교육기관, 클래스, 교습소
일반적으로 '학교'보다 '학원'이 더 전문적이거나 혹은 개인의 니즈에 맞춘 내용을 중심으로 가르쳐준다는 이미지가 있다. 따라서 일반적이거나 포괄적인 교육 내용이 아닐 경우, '○○ 학교'보다는 '○○ 학원'이라는 표현을 더 자주 쓴다.	**1375** 마케팅 완전 공략 학원
	1376 현역 메이크업 아티스트를 위한 실전 메이크업 학원
	1377 고령자를 위한 스마트폰 교육 학원

복습

	다른 표현 리뷰, 돌아보기, 지난번 ○○에서는
학생 때 자주 접하던 단어인 만큼 친근한 느낌을 준다. 학습 콘텐츠를 소개할 때 유용하다.	**1378** 동영상으로 복습하는 아이언 샷의 기본
	1379 1회 복습으로 끝내는 챗GPT 프롬프트 작성법
	1380 세월과 함께 깊이를 더해가는 '갈색 구두'의 매력을 다시 한 번 복습

진심을 다해

	다른 표현 전력을 다해, 온 힘을 기울여, 전력투구로
'손쉽게'나 '부담 없이' '가볍게' 같은 단어와는 대척점에 있는 표현이다. 새로 결심을 굳히고 '진지하게 임하는' 태도를 나타낸다. 그런 만큼 쉽고 간단하게 뭔가를 습득하고자 하는 사람들에게는 오히려 효과가 없을 수도 있으므로 어울리는 문장인지를 잘 생각하고 써야 한다.	**1381** 지금이야말로 진심을 다해 뛰어들어야 할 창업 기회
	1382 만성 적자인 기업이 온 힘을 기울여 바꿔야 할 것은?
	1383 진심을 다해 만든 디저트로 승부합니다

마스터

	다른 표현 상급, 통달, 숙달
'마스터하다'는 무언가를 완전히 습득한다는 뜻이다. '승자' '전문가'를 가리킬 때도 쓸 수 있다.	**1384** 자바(Java) 마스터 강좌
	1385 금 투자 마스터. 3가지 기법을 철저 비교(《닛케이신문》, 2019년 9월)
	1386 스페인어를 마스터하고 싶은 사람을 위한 조언

부트캠프

다른 표현 특훈, 단기 집중 트레이닝, 스파르타식

부트캠프는 원래 미군의 신병 훈련소를 뜻한다. 거기서 파생하여 군대식 트레이닝을 의미하게 되어 트레이닝, 연수 등에도 사용된다. 짧은 기간에 집중적으로 무언가를 습득할 수 있다는 뉘앙스를 전한다.

1387	카피라이팅 부트캠프
1388	인재 양성 부트캠프
1389	프로그래밍 부트캠프

따라 하다

다른 표현 흉내 내다, 모방하다, 베끼다

흔히들 기술이나 기술에 있어서 모방이 발전의 첫걸음이라고 한다. 한편으로는 독창성이 없다는 부정적인 의미도 있기 때문에 '따라 할 수 없다'라고 표현하면 차별화의 요소로 어필할 수 있다.

1390	어느새 따라 하고 싶어지는 연예인 사복 패션 10선
1391	타사에서는 절대 따라 올 수 없는 기술력
1392	버핏을 '흉내 내 투자하는 사람'에게는 부족한 관점(도요케이자이 온라인, 2022년 5월)

알려줘

다른 표현 얘기해줘

읽는 사람의 입장에서 어떤 정보나 도움이 필요한지를 말하는 표현이다. 친근한 느낌을 주기 때문에 거리감을 단번에 좁혀주는 장점이 있다.

1393	알려줘! 일은!(일본은행)
1394	알려주세요! ○○ 선생님
1395	용돈으로 투자하는 법, 알려주세요

연구소

다른 표현 랩, 실험실, 시험장

네이밍으로 많이 사용되는 표현이다. 카피에서는 실제 연구기관에만 사용하는 것이 아니라, 특정 분야를 깊이 있게 추구하고 있다는 의미로도 사용한다. '랩(lab)'은 연구소를 뜻하는 영어 laboratory를 줄여 부르는 말이다.

1396	살림 연구소가 개발한 편리한 생활용품 소개
1397	산모용품 랩
1398	오가닉 코튼 연구소

집중		다른 표현 결집, 전념
일정 기간에 자원과 노동력을 한꺼번에 투입하여 소요 시간을 단축하거나 아웃풋을 늘릴 수 있는 효과를 나타내는 표현이다.	**1399**	신학기 응원, 3일간 집중 캠페인
	1400	황금연휴 단기 집중 중국어회화 트레이닝
	1401	오답 풀이 집중.코스

빠지다		다른 표현 열중하다, 심취하다, 멈출 수 없다, 빠져들다
긍정적인 의미와 부정적인 의미 양쪽으로 쓸 수 있는 단어다. 1402, 1403은 '몰입되어서 멈출 수 없다'라는 긍정적인 의미고, 1404는 '함정에 빠지다'라는 부정적인 의미로 쓰였다.	**1402**	타보면 빠진다! 전기차(닛산)
	1403	먹는 순간 사랑에 빠지는 디저트 베스트 3
	1404	인간관계가 좋은 사람일수록 빠지게 되는 '자기 억제'의 함정

칼럼

위인들의 카피② 데이비드 오길비

데이비드 오길비(David Ogilvy, 1911~1999)는 영국 출생으로, 후에 미국으로 건너가 '현대 광고의 아버지'로 불리게 된 광고인이자 기업인, 저술가다. 광고업 종사자라면 그의 이름을 모르는 사람이 없다고 할 정도로 많은 업적을 이루었다. 특히 광고 역사에 남은 유명한 헤드라인으로 다음과 같은 카피들이 있다.

시속 60마일로 달리는 신형 롤스로이스 안에서 가장 큰 소음은 전자시계 소리다.
이 카피는 신형 롤스로이스가 '얼마나 조용한지'를 기막히게 잘 묘사하고 있다.

(비누 중에서) **도브만이 4분의 1의 수분을 공급하는 크림이다.**
또 다른 유명 사례인 도브 광고 카피의 포인트는 비누를 '때를 없애는 상품'이 아니라 '촉촉함을 주는 보습 상품'으로 포지셔닝했다는 데 있다. 단순한 일용품의 개념을 뛰어넘어 '아름다워지고 싶다'는 욕망까지 건드림으로써 보습에 관심이 많은 여성층을 공략해 새로운 시장을 창출해냈다.

조건을 제시하는 카피

마케팅 카피라이터가 해야 할 일은
상품 가치를 최대한 높여서 파는 것이다.

당신이 파는 상품의 '가치'를 높여서 제안하라

제안이란 '상품 내용'과 '판매 조건'을 소개하는 일이다.

예를 들면, 이 책의 카피를 쓸 때 제안에 해당하는 문장은 아래와 같이 표현할 수 있다.

돈 벌어주는 카피 예문 2400개 엄선, 초보부터 프로까지 평생 쓸 수 있는 카피 단어장을, 단돈 ○○○원에 제공!

'별거 아니네. 책 소개 정보를 그냥 옮겨 적으면 되겠네!'

이렇게 생각하는 사람이 있을지도 모르겠지만, 고객은 결코 그렇게 호락호락하지 않다. 아무리 좋은 상품을 갖고 있어도 그 '가치'를 제대로 전달하지 못하면 고객의 마음은 움직이지 않는다.

목표는 더 많은 고객에게 판매하는 것(고객 수를 최대화) 또는 가격을 올려서 매출을 더 올리는 것(수익을 최대화), 둘 중 하나일 것이다. 어느 쪽을 목표로 카피를 쓰든 마케팅 카피라이터가 해야 할 일은

상품 가치를 최대한 높여서 파는 것이다.

이것만 잘해내면 두 가지 목표를 전부 달성할 수 있다. 유사, 경쟁 상품이 넘쳐나는 상황에서 대상 고객에게 딱 맞는 상품의 가치를 명확히 표현해주면, 고객은 '어머, 이건 지금 당장 사야 돼!'라고 생각하게 된다.

그렇다면 상품 가치를 높이는 카피 기술에 대해 알아보자.

[상품 가치를 높이는 카피 기술 ①]
다른 카테고리에 있는 고급 상품과 비교한다

'아마자케(일본의 발효 쌀 음료)'를 예로 들어보자. 아마자케의 가격은 대략 1000원 정도다. 미용과 건강에 좋은 것으로 알려져 있지만, 그 가격이라면 과즙 0%인 주스와 다를 바 없어 보인다.

그런데 업계 사람들이 '**마시는 링거**'라는 카피로 아마자케를 표현하기 시작했다. 링거의 가격은 얼마일까? 몇만 원은 기본이다.

이처럼 비슷한 효과를 볼 수 있는, 다른 카테고리의 고급 상품과 비교함으로써 '이득 본 느낌'을 대폭 끌어올릴 수 있다.

[상품 가치를 높이는 카피 기술 ②]
두 가지 가격대의 상품을 제시한다

표준형과 고급형 상품, 이렇게 두 가지 가격대로 준비하는 방법이다. 그러면 판매자는 두 가지 효과를 얻을 수 있다.

첫 번째는 **계약 성사율이 높아진다**. 한마디로 잘 팔린다. 고객의 입장에서는 '살까 vs 사지 말까?'의 선택이 아니라 '표준형과 고급형 중에서 어떤 걸로 살까?'의 선택이 되기 때문이다.

두 번째는 **평균 구매 가격이 높아진다**. 그도 그럴 것이, 고객 가운데서 일정 퍼센트는 반드시 더 높은 가격대의 상품을 사기 때문이다. 계약 성사율과 평균 구매가가 높아지므로 이 방법을 사용하지 않는 것이 오히려 이상할 정도다.

[상품 가치를 높이는 카피 기술 ③]
다양한 혜택을 제공한다

아래는 정보를 제공하는 상업 광고인 인포머셜informercial에서 자주 볼 수 있는 전형적인 패턴이다.

- 오늘 구매하시는 분에게는 특별히 ○○을 무료로 드립니다.
- 오늘 놓치면 후회! 선착순 ○명에게는… 평소에 구하기 힘든 ○○, 그리고…
- 마지막 기회, 1+1+1 찬스! ○○ 그리고 ○○, 거기에 ○○까지 얹어드립니다.

평소 자신이 갖고 싶은 물건이었다면 '이렇게 많은 혜택을 주는 기회는 좀처럼 없다'라는 생각에 바로 주문하게 된다. 틀에 박힌 표현이기는 하지만, 전 세계 공통으로 자주 쓰는 카피 패턴이다.

[상품 가치를 높이는 카피 기술 ④]
상품을 보장할 수 있다고 강조한다

새로운 상품이 쏟아져 나오고, 이를 홍보하는 과장된 카피 역시 넘쳐 나다 보니 웬만한 카피로는 고객의 마음을 움직일 수 없는 것이 현실이다. 이럴 때 구매 리스크를 판매자가 안겠다는 내용을 카피로 쓴다면 고객 입장에서는 부담 없이 구매를 고려하기 마련이다.

상품을 보장하는 방식으로는 '**만족 보장**'과 '**효과 보장**', 두 가지가 있다.
'만족 보장'은 어떤 이유든 고객이 만족하지 못하면 돈을 받지 않는 방식이고,
'효과 보장'은 상품을 써보고 효과가 없다면 전액 환불해주는 방식이다.
보장을 알리는 카피를 통해 판매하는 상품에 대한 높은 자신감을 고객에게 효과적으로 전할 수 있다.

상품 네이밍은 보자마자 알 수 있게 짓는다

상품의 네이밍은 매우 중요하다. 네이밍에 따라 상품 가치가 결정되기 때문이다. 특히 모바일 쇼핑이 대세가 된 오늘날에는 긴 상품 설명서는 사라지게 되었다.

'무엇을 파는 것인지' 한눈에 알아볼 수 없는 광고로는 더 이상 다음 페이지를 클릭하게 만들 수 없다. 그러므로 광고 메시지가 눈에 띈 순간, 무슨 상품을 파는 것인지 바로 알 수 있도록 해야 한다. 파는 사람만 알고 있는 네이밍은 그저 자기만족에 지나지 않는다.

네이밍을 지을 때 중요한 두 가지가 있는데,

첫 번째는 **듣자마자 알기 쉬우면서 잘 기억나는 것이어야 한다**는 것이다.

그리고 두 번째는 **검색하기 쉬워야 한다**는 것이다.

여기서 나의 실패담을 하나 공개하겠다.

예전에 온라인 강의 개설에 대한 강좌를 열면서 '최강의 리드 마그넷 강좌'라고 이름 붙였다. 누구에게나 모객 기술이 필요한 시대가 되었으므로 '리드 마그넷'이라는 전문용어를 사용해도 괜찮을 거라고 생각했다. 아마 이 책을 읽고 있는 독자들도 '리드 마그넷이 뭐지?'라고 생각하고 있을지도 모르겠다.

'리드 마그넷lead magnet'이란 '리드(예상 고객)를 마그넷(자석)처럼 끌어당긴다는 뜻으로 무료 콘텐츠나 물품 등'을 말한다. 만반의 준비를 하고 이 강좌를 오픈했는데… 결과는 대실패였다.

그래서 '온라인 강의 만드는 법과 파는 법'으로 강좌명을 바꿨더니, 그때부터 폭발적으로 수강생이 늘어났다. 내용은 바꾸지 않았는데도 말이다.

이처럼 시간에 쫓기는 디지털 시대에는,

어떤 것인지 바로 알 수 있는 것이 아니면
그 가치를 전하는 일조차 불가능하다.

요약하자면, 제안에 해당되는 이번 장에서는

다른 상품과 비교하기, 두 가지 가격대의 상품 제시하기, 다양한 혜택 제공하기, 보장하기 등 다양한 기술이 등장한다. 여러 기술 중에서 가장 기본이 되는 것은 '알기 쉬워야' 한다는 점이다. 한마디로, 좋은 제안은 알기 쉬운 말로 표현해야 가능하다.

그러므로 이번 장을 읽기 전에, 이 질문에 답해주었으면 한다.

당신이 팔려고 하는 것은 한마디로 어떤 상품인가?

이 질문에 답할 수 있다면, 책에서 소개하는 단어와 카피 예문을 활용해 카피를 쓰는 건 어렵지 않을 것이다.

제안 내용 전달하기

문제를 지적하고 그 해결책을 제시하는 것은 카피라이팅의 기본 패턴이다. 하지만 '해결책(S)'과 '제안(O)'의 차이는 확실히 구분하기 어려울 수 있다. 쉽게 말하면 '해결책'은 문제를 해결하는 방법을 말하고, '제안'은 그 방법을 권하는 말이나 형식이다. 예를 들면, '운동을 못 했더니 살이 쪄서 몸이 무겁다'라는 문제에는 '다이어트'라는 '해결책'이 있다. 하지만 다이어트에는 수많은 종류가 있다. 식이요법만 해도 가짓수가 다양하다. 이런 다양한 해결책 중에서 특정한 방법을 혜택이나 조건과 함께 고객에게 소개하는 것이 바로 '제안'에 해당된다.

카피를 쓸 때는 '어떻게 말할까'보다 '무엇을 말할까'가 더 중요하다. 다시 말해, '무엇을 제안할까'가 가장 중요한 포인트다. **애초에 카피 내용이 흥미롭지 않다면, 아무리 유려하고 놀랄 만한 표현법을 구사한들 아무도 읽지 않을 것이다.** 물론 매력을 최대한으로 전달하는 것은 중요하지만 무리하게 부풀린 카피를 쓰면 '과대광고'로 치부될 수 있다. 카피의 힘은 어디까지나 상품의 매력을 100% 전달하는 것이지 부풀리는 것이 아님을 명심하자.

(기간)이면 당신도 할 수 있습니다

다른 표현 (기간)이 있다면 ○○이 가능합니다

어떤 기간을 제시하고 그만큼의 시간을 투자하면 문제를 해결할 수 있다고 고객을 설득하는 카피는 예나 지금이나 자주 쓰이고 있다. 다만 의약품이 아닌 것에 의학적 효능이나 효과를 직접적으로 주장할 시, 약사법에 따라 제재를 받을 수 있으니 주의해야 한다.

1405	3주면, 다이어트에 대한 당신의 생각이 바뀔 겁니다(『금단의 세일즈 카피라이팅』 간다 마사노리, 두드림미디어, 2023)
1406	단 2개월이면 당신도 슬림해질 수 있다!
1407	아침 10분 감사일기 쓰기로 당신의 삶이 180도 바뀝니다

맡겨주세요

다른 표현 맡기세요, 맡겨!

믿어도 좋다고 어필하는 편리한 표현이다. '○○이라면'을 앞에 넣어서 쓰는 경우가 많다. 심플하고 불쾌감을 주지 않으면서도 자신감이 느껴진다. 지식이나 기술 관련 서비스와 특히 잘 어울린다.

1408	누수가 고민이라면 맡겨주세요!
1409	직원 100명 이하 회사의 경리 업무라면 맡겨주십시오
1410	부동산 매물 찾기는 저희에게 맡겨주세요

전해드립니다

다른 표현 보내드립니다, 선사합니다

'보내다'나 '선사하다'라는 표현과 비슷하지만, '전해드립니다'가 더 정중하게 들리기 때문에 세일즈 상황에서도 사용하기 좋은 표현이다.

1411	여러분에게 안심과 안전을 전해드립니다
1412	문 앞까지 따끈함을 그대로 전해드립니다
1413	유통업계의 최신 정보를 전해드립니다

그래서

다른 표현 그런 까닭에, 그런 이유로, 그렇기에 더더욱

'해결책'이나 '제안'으로 전환할 때 사용하기에 좋은 접속사다. 문제점이나 이익을 제시한 뒤에, 해당 상품 혹은 서비스 소개로 들어갈 때 쓰면 유용하다.

1414	그래서 손글씨의 장점을 살린 디지털 툴 개발!
1415	그래서 도움이 되는 것이 카피라이팅입니다
1416	그런 이유로 등장한 것이 3D 프린터입니다

떠오르다

다른 표현 명쾌해지다, 나타나다, 드러나다

'명확해지다' '알게 되다'라는 뜻이지만, 저절로 드러난다는 뉘앙스가 담겨 있다. 애쓰지 않고 자연히 이루어진다는 것을 강조할 때 쓰기 좋다.

1417	당신의 '강점'이 떠오른다
1418	고객의 클레임을 계기로 떠오른 5가지 과제
1419	문제를 보자마자 답이 떠오르는 접근법

진단

다른 표현 점검, 체크, 테스트, 검사, 추천

진단하려면 정보가 필요하므로, 전문성을 갖추고 있다는 것을 암시한다. 최근에는 '자가 진단 콘텐츠'가 잠재 고객을 끌어모으는 유용한 툴로 널리 사용되고 있다.

1420	마케팅 기초 능력 진단
1421	퍼스널 컬러 진단은 맡겨주세요
1422	MBTI 유형별 맞춤 도서 추천

○○이라면 ○○할 수 있습니다

다른 표현 ○○이라면 ○○ 가능합니다

'○○이라면'이라는 조건을 앞에서 제시하면, 그 조건에 해당되는 사람은 흥미롭게 볼 수 있는 카피다. 고객의 범위를 좁히는(N) 효과도 있다.

1423	5년 무사고 운전자라면 보험료 10% 할인
1424	부부 모두 65세 이상이라면 입장료 30% 할인
1425	플래티넘 회원이라면 언제나 10% 할인받을 수 있습니다

○○하면서 ○○할 수 있습니다

다른 표현 ○○한 채로 ○○할 수 있습니다

일석이조를 강조하는 표현이다. A를 실현하는 것뿐만 아니라, 동시에 B도 실현할 수 있음을 알린다. 또한 1427처럼 원래는 양립하기 힘든 일을 제시하면 호기심을 끌 수 있다.

1426	이익을 올리면서 사회 공헌도 할 수 있는 궁극의 회사 경영술
1427	세계 각지를 여행하면서 고수익을 올릴 수 있는 직종이 있다?
1428	합법적으로 절세하면서 저축도 늘릴 수 있습니다

○ × ○

다른 표현 ○○과 ○○의 장점만 합쳐

복수의 특징이나 장점뿐 아니라 둘의 시너지까지 드러낸다. 길게 설명하지 않아도 금세 알 수 있으므로 글자 수를 줄여야 할 때 사용하기 좋다. 둘 이상을 조합한 콘셉트 상품을 출시할 때 매우 강력한 카피가 될 수 있다.

1429	디지털 × 아날로그 = 더욱 강력해진 마케팅 툴
1430	동영상 제작 사업 × 교육 사업 × 복지 사업
1431	글로벌 × 로컬 = 글로컬라이제이션 전략

○○하는 기술

다른 표현 솜씨, 수법, 기능, 노하우, 스킬

'○○하는 방법'보다 전문적인 느낌을 준다. 의미상 방법과 기술은 큰 차이가 없지만, '기술'로 바꿔 부르면 뭔가 심오한 것이라 생각하게 만든다. 카피에서는 단어 하나의 어감도 중요하다.

1432	오늘날 리더에게 요구되는 자질은 본질적 문제를 해결하는 기술
1433	나와 의견이 다른 사람을 내 편으로 만드는 기술
1434	원어민도 설득할 수 있다! 복잡한 내용을 영어로 설명하는 기술

테크닉

다른 표현 방법, 플레이, 퍼포먼스, 기술

'기술'과 같은 뜻이지만, 영어인 '테크닉'으로 표현하면 약간 가벼운 느낌을 준다. 원래 정공법으로 하면 시간이 걸리는 일도 '테크닉'을 알면 단기간에 효율적으로 끝낼 수 있다는 뉘앙스를 풍긴다.

1435 1주 만에 끝내는 드로잉 테크닉

1436 쉴 수 없는 일 중독자를 위한 '바로 잠들 수 있는' 테크닉(프레지던트 온라인, 2019년 9월)

1437 아이들을 위한 케이크 만들기 기본 테크닉

어떻습니까?

다른 표현 어떠세요?, 시도해보지 않겠습니까?

읽는 사람에게 결정권이 있다는 뉘앙스라 강요받는 느낌이 들지 않는다. 하지만 그만큼 거절하기도 쉬워서 메시지로서의 힘은 약해질 수 있다. 거절하기 어려운 내용으로 제안해야 효과를 볼 수 있다.

1438 초등학생 자녀를 위한 과자 만들기는 어떻습니까?

1439 올가을 코디로 스카프는 어떻습니까?

1440 지금 제철인 '방어회'는 어떻습니까?

느껴보세요

다른 표현 아무쪼록, 괜찮으시다면

식품뿐 아니라 거의 모든 분야의 상품을 제안할 때 쓸 수 있는 표현이다. 추상적이고 관념적인 뭔가를 권할 때도 이 단어를 쓰면 감각적으로 와닿는 장점이 있다.

1441 천상의 맛을 느껴보세요

1442 자, 이제 온몸으로 안락함을 느껴보세요

1443 가을의 정취를 이곳에서 느껴보세요

○○을 권해드립니다

다른 표현 ○○을 권합니다, ○○을 권유합니다

정중한 표현으로 다양한 분야에 응용해서 사용할 수 있다. 강요하지 않으면서 결정권은 고객에게 있다는 뉘앙스인 만큼 존중받는 느낌이 든다.

1444 당신의 상황에 맞는 책을 권해드립니다

1445 반려견과의 여행을 준비하시는 분께 권해드립니다

1446 부동산으로 성공하고 싶은 분들께 권해드립니다

추천

다른 표현 금주의 추천, 오늘의 추천

'○○이 추천하는 ○○' '○○ 추천'이라는 형태로 빈번하게 사용된다. '수많은 상품 중에 이것이 가장 좋아요' 하고 권유함으로써 고객이 정보를 수집하는 데 걸리는 시간을 아껴준다는 뉘앙스를 전한다.

1447	환갑이 지난 세대에게 추천하는 창업 아이템은?
1448	꽃가루 알레르기로 고민하는 사람에게 추천하는 공기청정기
1449	가죽 제품을 좋아하는 당신에게 추천하는 가죽 스마트폰 케이스

강추

다른 표현 유력 후보, ○○에 노미네이트

가장 좋은 것을 강력하게 추천한다는 표현이다. '추천'보다 조금 더 구어적이고 가벼운 느낌을 준다. 많은 것을 열거해서 소개하는 게 아니라 '바로 이것'이라고 강조하면서 추천할 때 편리한 표현이다.

1450	메이크업 아티스트들이 강추한 뷰티 아이템 10
1451	서점 직원들이 강추하는 올해의 책
1452	당신이 강추하는 로코물은?

시도해보세요

다른 표현 ○○은 어떻습니까?, 체험해보세요

'구매하세요' '사용하세요'라는 말보다 간접적으로 표현하기 때문에 강요하는 느낌이 없다. 본격적으로 결단하는 게 아니라 어디까지나 '시도해보는' 것이므로 심리적인 부담도 낮아진다.

1453	출시 기념 특가로 시도해보세요
1454	이 방법으로 저녁 준비가 얼마나 간편해지는지 시도해보세요
1455	우선은 무료 샘플로 체험해보세요

지금이 바로 사야 할 때

다른 표현 지금이 찬스, ○○을 손에 넣을 찬스

'지금 사지 않으면 뭔가 손해 보는 느낌이다'라는 것을 전달하는 표현이다. 시즌 상품이나 트렌드 상품 등을 홍보할 때 유용하다. 꼭 그런 상품이 아니더라도 긴박한 느낌을 풍기는 효과를 낼 수 있다.

1456	리넨 셔츠는 지금이 바로 사야 할 때!
1457	지금이 사야 할 때인 수입차 베스트 3
1458	직장 여성들이 고른 '지금 사야 할 립스틱'

무조건	다른 표현 따지지 말고, 닥치고, 일단 한번
이것저것 따질 필요가 없을 만큼 확실한 선택이라는 것을 강조할 때 쓸 수 있는 단어다. 자신감이 넘치고 도전적인 인상을 준다.	**1459** 따놓으면 무조건 도움 되는 자격증
	1460 들으면 무조건 힐링되는 명상 음악
	1461 지금 사두면 무조건 오르는 부동산의 입지 조건

한마디로	다른 표현 즉, 요컨대, 단도직입적으로
핵심이나 본질을 언급하기 전에 이 단어를 넣어준다. '요컨대' '단적으로 말하자면' 등으로 바꿔 쓸 수 있다. '한마디로'라는 말을 들으면, 누구나 그다음 내용에 주목하게 되므로 강조의 용도로 쓰기 적합하다.	**1462** 한마디로 외국인에게 어떻게 팔 것인가?
	1463 상속에 관한 고민에 한마디로 답해드립니다
	1464 집짓기가 고민인 분들, 한마디로 해결해드립니다

칼럼

위인들의 카피③ 로버트 콜리어

로버트 콜리어(Robert Collier, 1885~1950)는 미국에서 카피라이터뿐만 아니라, 사상가와 철학자로도 폭넓게 활동한 인물이다. 그 유명한 데일 카네기, 조셉 머피와 나란히 성공학의 권위자로 불리기도 한다. 로버트 콜리어의 대표작 『로버트 콜리어 레터북The Robert Collier Letter Book』은 1931년에 출간된 이래 수많은 카피라이터들이 애독하고 있는 명저다.

그는 뛰어난 카피라이팅 스킬로 석탄, 코크스부터 양말, 의류에 이르기까지 다양한 상품을 팔았다. 상품이나 구매 이유는 여러 가지여도 사람의 본질은 거의 바뀌지 않는다고 항상 강조했는데, 이것이야말로 그가 제시한 카피라이팅 기술이 지금까지도 쓰이고 있는 이유다.

또한 로버트 콜리어는 이렇게 단언했다.

"대부분의 카피라이터가 고객의 반응이 좋았던 세일즈 레터에 사용된 카피를 따라 하면 무조건 성공할 거라고 생각하지만, 이는 큰 착각이다. 카피 표현 자체는 생각보다 중요하지 않다. 반응이 좋았던 세일즈 레터를 뒷받침하고 있는 아이디어를 어떻게 손에 넣을 수 있느냐가 중요하다."

카피를 그대로 모방하는 것보다 그 이면에 있는 '인간이 물건을 사는 보편적인 심리'를 분석하는 것이 훨씬 더 중요하다는 사실을 잘 설명해주는 말이다.

새로움 강조하기

처음 느낀 감동이 시간이 흐르면서 옅어지고, 그러다가 결국은 아무 느낌도 없어지는 경험은 누구에게나 있을 것이다. 월급 100만 원을 받다 30만 원이 오르면 처음에는 만세를 부르며 기뻐하겠지만, 이 상태가 지속되면 더는 행복을 느끼지 못한다. 더구나 월급이 500만 원이라면, 30만 원이 늘어나도 별 감동을 느끼지 못한다. 이렇듯 인간이 가치를 느끼는 정도와 방식은 일정하지 않다.

사람이 '새로운 것'에 강하게 끌린다는 점은 카피를 쓸 때 꼭 기억해야 할 상식이지만, 엄밀히 말하면 '지금까지와는 다른 상황'에 흥미를 느끼는 것이다. 그 이유 중 하나는 인간의 뇌 구조로 설명할 수 있다. 미국의 신경과학자인 폴 맥린Paul D. MacLean 박사에 의하면, 인간의 뇌에는 반사를 관장하는 원시적인 '파충류 뇌', 감정을 관장하는 '포유류 뇌', 그리고 이성을 관장하는 '인간 뇌'라는 모델이 있는데, 이 중에서 '파충류 뇌'가 가장 먼저 반응한다고 한다. 모든 생물은 외부 환경이 변화할 때 위험을 느끼고, 안전한지 아닌지를 확인하고 싶어 하며, 이때 느끼는 불안이 호기심으로 이어진다. 신제품을 잇달아 출시하거나 리뉴얼하는 까닭은 익숙해진 상태를 타파해 고객의 반응을 이끌어내기 위해서다.

새로 나왔어요		다른 표현 드디어 나왔다!, 드디어 등장, 신규 출시
이 표현은 신제품이 나왔을 때뿐만 아니라, 상품이나 서비스의 업그레이드 버전이 출시되었을 때도 빈번하게 사용할 수 있다. 새로운 것에 민감하게 반응하는 인간의 심리를 자극하는 표현이다.	1465	디자인은 더 심플하게, 기능은 더 강력하게. 업그레이드된 로봇 청소기가 새로 나왔어요
	1466	치킨너겟, 갈릭맛이 새로 나왔어요
	1467	매운맛 버전이 새로 나왔어요

새로운		다른 표현 최신, 신선한, 요즘 스타일의
'신○○'이라는 표현은 편리하지만, 단어 앞에 '신(新)'을 붙였을 때 부자연스러운 경우도 있다. 그럴 때는 '새로운 ○○'이라고 풀어서 쓸 수 있으며, 어떤 단어와 함께 써도 어색하지 않다. 예를 들어 1469를 '신영어 공부법'이라고 표현하면 어색해진다.	1468	완전히 새로운 디자인으로, 완전히 새로운 레벨로(애플)
	1469	완전히 새로운 영어 공부법《프레지던트》 2016년 3월 22일 호)
	1470	공감을 바라보는 새로운 시각

새로운 상식

다른 표현 ○○은 이미 구식, 아직도 ○○하고 있어?

새로운 상품을 출시하기 어려울 때는 다른 접근법이 필요하다. 상품은 그대로여도 새로운 시점을 발견할 수 있다면 그 부분을 내세우는 것이다. 더욱이 지금까지 알고 있던 상식은 이미 구식이 되었다는 것을 은연중에 암시하는 효과도 있다.

1471 마케팅과 카피라이팅에 관한 새로운 상식

1472 노화에 대한 새로운 상식

1473 보청기 선택을 위한 새로운 상식은?

새로운 발견

다른 표현 맛본 적 없는, 세계(지역) 최초, 공개

'새로운 상식'과 같은 맥락으로 상품이나 서비스 자체가 바뀌지 않더라도 쓸 수 있는 표현이다. 발견 대신 정보, 감각 등 다양한 단어를 대입해서 사용할 수 있다. 1475처럼 오래전부터 있었던 것도 다시 보게 하는 효과가 있다.

1474 부드럽게 녹아드는 새로운 식감

1475 폐현수막의 쓰임에 대한 새로운 발견!

1476 실비보험에 관한 새로운 정보를 입수했습니다

상상 그 이상

다른 표현 있을 수 없는, 상식과는 다른, 아무도 모르는

뭔가 새로운 것이 나왔다는 것을 강조할 때 쓸 수 있는 표현이다. 영화 〈매트릭스〉의 광고 카피로 쓰였던 1477이 대표적인 응용 표현이다. '새로움'과 동시에 '역발상'이라는 느낌을 줄 수 있다.

1477 무엇을 상상하든 그 이상을 보게 될 것이다(영화 〈매트릭스〉)

1478 상상 그 이상을 보여줄 꿈의 콘서트

1479 당신이 상상하는 서비스 그 이상을 선사합니다

상식을 뒤엎는

다른 표현 상상을 초월하는, 파격적인, 상식 밖의

'지금까지 알려진 상식을 뒤엎을 만큼 새로운 뭔가가 나왔다'고 말해주는 표현이다. 기존의 지식을 전복하는 참신한 내용을 기대하게 만든다.

1480 지금까지의 상식을 뒤엎는 최첨단 IT 테크놀로지 전시회로 초대합니다

1481 상식을 뒤엎은 초고가 전략

1482 『상식 밖의 경제학』(댄 애리얼리, 청림출판, 2018)

발견

	다른 표현	찾아내다, 발굴, 세상에 드러나다

'미지의 것을 찾아낸다'는 뜻이다. 이 단어는 심플하면서도 사람의 마음을 설레게 한다. '다시'라는 뜻의 '재(再)'를 붙여 '재발견'이라고 쓰면 '이미 알고 있다'고 생각하던 대상에서 다시금 새로운 것을 발견한다는 의미로 사용할 수 있다.

1483	청소년을 위한 자기 발견 프로젝트
1484	숲으로 돌아가면 비즈니스 아이디어를 수없이 발견할 수 있다
1485	박물관의 재발견

리뉴얼

	다른 표현	새로워진 ○○, 초심으로 돌아가, ○○혁명

기존의 상품이나 서비스에서 변화가 있음을 알리는 매우 직관적인 표현이다. 매장의 리뉴얼이나 음식점의 신메뉴 공지 등에 자주 사용된다.

1486	알코올 도수를 낮춘 리뉴얼 버전 출시
1487	오래 기다리셨습니다. 이번 주말 리뉴얼 오픈
1488	인기 카레 세트, 리뉴얼 메뉴로 등장!

진화

	다른 표현	진보, 업그레이드

'진화'에는 두 가지 의미가 있다. 진보하고 발전하는 것, 그리고 생물 등이 원래의 종과 다른 종으로 바뀌는 것이다. 카피에서는 주로 '진보를 수반한 변화'라는 의미로 사용된다.

1489	학습만화가 한 단계 더 진화했습니다
1490	진화하는 에너지 비즈니스의 행방
1491	창업 180년의 노포가 얕보았던 편의점의 진화(프레지던트 온라인, 2019년 8월)

획기적

	다른 표현	혁명적, 전대미문, 미증유, 비할 데 없는

업계의 흐름이나 상식을 완전히 바꿀 정도의 변화가 있음을 암시하는 단어다. '전대미문'이나 '미증유'에 비해 폭넓은 범위에서 더 편하게 사용할 수 있다.

1492	'생산성'을 향상시키기 위한 획기적인 해결책
1493	욕실의 오래된 물때, 주방의 찌든 때를 없애줄 획기적 상품
1494	삶의 질이 달라지는 획기적 서비스

혁명

다른 표현 레볼루션, 변혁, 전무후무, 혁신

프랑스 혁명 등 역사적 사건이 떠오르는 단어이지만, 일반적으로는 '어떤 상태가 급격히 바뀐다'는 의미로 통용된다. 지금까지의 규칙이나 기준이 새로워진다는 느낌을 준다.

1495	수소 혁명의 시대
1496	크래프트 맥주 혁명(《닛케이신문》, 2019년 7월)
1497	문구 마니아도 감탄한 만년필 혁명

개막

다른 표현 오프닝, 서장, 프롤로그, 신시대

'막이 열린다 = 시작된다'라는 의미로 사용되는 표현이다. '시작'이라고 표현할 수도 있지만, '개막'이라고 하면 더 드라마틱하게 느껴져 기대감이 높아진다. '○○ 시대의 개막'이라는 표현도 자주 쓰인다.

1498	우주 대항해 시대의 개막(《닛케이 MJ》, 2018년 10월)
1499	보테가 베네타의 CEO가 말하는 '새로운 장의 개막'
1500	1인 가구 시대의 개막

힙한

다른 표현 핫한, 인기 높은, 유행하는

'지금 가장 주목받고 있는' '전성기'라는 뜻이다. '새로운'이라고 쓰는 것보다 더 생생함을 전달하는 표현이다.

1501	독서도 멋이다! 텍스트 힙 열풍
1502	MZ에게 인기인 힙한 패션 브랜드 5
1503	세상 힙한 카페 리스트

최신 정보

다른 표현 최첨단, 프론티어, 선구적인

어떤 카테고리의 상품이든 해마다 새로 나온 정보가 중요하다. 앞에 연도를 넣어서 업데이트된 정보를 제공할 때 자주 사용된다.

1504	전기차 보조금 제도 최신 정보
1505	2025 대학 입시 최신 정보 요약
1506	공무원 시험 합격의 길, 2025 최신 정보

한발 앞서	다른 표현 한발 먼저, 선도하는
크게 앞서가는 게 아니라 근소한 차이이기 때문에, 자신도 따라잡을 수 있다고 느끼게 만드는 표현이다. 또는 '동료나 라이벌과 차이를 만든다'라는 맥락으로도 넓게 쓰인다.	**1507** 직원에게 자유를! 넷플릭스의 한발 앞선 인사 전략
	1508 한발 앞서 시작하는 노후 준비
	1509 한발 앞선 기술을 내 손에

차세대	다른 표현 최신, 앞으로의
IT 기술의 발전으로 하루가 다르게 변화하는 현시점에서 설득력 있는 단어다. 특히 가전제품을 비롯한 전자제품의 경우에는 신제품 사이클이 매우 짧기 때문에 이 단어를 많이 사용한다.	**1510** 전기차, 수소차, 무인차. 차세대 모빌리티의 모든 것을 파헤치다
	1511 차세대 보안 시스템을 당신의 집으로!
	1512 코웨이가 만든 차세대 정수기

가장 먼저	다른 표현 앞서, 선행, 선구자, 개척
새로운 것을 시도할 때 두려움보다 흥미를 느끼는 '얼리어답터' 유형의 사람들에게 어필하는 표현이다. 남들보다 앞서고 싶다는 심리를 자극할 수 있다.	**1513** 무료 체험판을 가장 먼저 만나보세요
	1514 가장 먼저 양자컴퓨터 상용화에 착수
	1515 일반 판매에 앞서 예약 주문 접수 개시

선점	다른 표현 선행, 선도
'가장 먼저'처럼 남들보다 앞서고 싶어 하는 이들에게 어필할 수 있는 표현이다. '가장 먼저'에 비해 스케일이 크고 무게감이 느껴지는 차이점이 있다.	**1516** 시장을 선점하는 비즈니스를 몇 번이나 만들어낼 수 있었던 이유
	1517 재생 에너지 혁명을 선점하는 투자 자본의 '후각'
	1518 빠른 시장 진입으로 1등을 선점하라

창조하다	다른 표현 만들어내다, 숨을 불어넣다
'새롭게 만들다' '태어나다'라는 뜻이지만, '천지창조'라는 단어에서 느껴지듯이, 숭고한 이미지를 동반하며 다른 표현으로는 대체할 수 없는 독특한 분위기가 있다. 기존의 것을 개선하기보다는 <u>아무것도 없는 상태에서 새로운 것을 만들어낸다</u>는 인상이 강하다.	**1519** 질문의 힘으로 사업을 창조하는 방법
	1520 지식의 창조적 마찰 프로젝트(도쿄대학교)
	1521 팬을 만들어내는 비즈니스의 비밀

AI 시대	다른 표현 근미래, 퓨처
AI가 생활 전반에 안착될 때까지 선진적인 이미지를 계속 유지할 표현이다. <u>맥락에 따라 기대감을 전달할 수도 위기감을 전달할 수도 있다.</u>	**1522** AI 시대에 외국어 공부법은 어떻게 달라질까?
	1523 AI 시대에 부상하는 유망 사업 아이템
	1524 AI 본격화 시대에 가장 필요한 능력은 바로 이것

최첨단	다른 표현 선구적, 이노베이션
'가장 진화된'이라는 의미로, 기술이나 노하우가 필요한 상품, 서비스를 홍보할 때 자주 쓴다. 압도적으로 기술이 진화했다는 것이 전제가 되므로, 평소 사용할 때는 '새로운' 또는 '한발 앞서' 정도의 표현이 무난하다.	**1525** 간다 마사노리의 최첨단 경영술(《닛케이 MJ》, 2019년 7월)
	1526 최첨단 로봇청소기로 청소 시간을 절반으로!
	1527 모든 방면에서 최첨단(애플)

흐름	다른 표현 트렌드, 추세, 풍조, 경향, 물결
조류를 잘 타면 배가 쉽게 앞으로 나아가고, 조류를 거스르면 갑절의 힘이 든다. 이러한 이미지 그대로 단독으로 쓰일 때는 '트렌드'를 의미하며, '흐름을 읽는다'와 같이 말하면 시대의 흐름을 파악한다는 의미로 통한다.	**1528** 비즈니스의 흐름을 읽는 회사 vs 못 읽는 회사
	1529 외식 산업의 흐름을 읽다
	1530 세계 경제의 흐름을 바꾼 인물 5

쓸모 있는 정보 제공하기

사람이 물건을 살 때, 가장 중요한 판단 근거는 '나한테 어떤 이익을 주는가'다. 이익이란 경제적인 것, 심리적인 것, 기능적인 것 등 다양하다. 예를 들어, 용량이 512GB인 스마트폰이 있다고 하자. '용량이 512GB'라는 것은 제품의 '특징'이다. 반면에 512GB라는 용량 덕분에 **'사진을 대량으로 저장할 수 있어서, 언제든 추억에 잠길 수 있다'** 또는 **'용량이 부족해서 마음에 드는 사진을 삭제해야 하는 스트레스로부터 해방된다'**는 것이 '이익'이다. 이것이 바로 '특징'과 '이익'의 차이점이다.

'이 상품 또는 서비스가 이렇게 굉장합니다' 식으로 제품이나 서비스의 특징을 아무리 강조한들 '고객에게 어떤 이익을 주는지'가 전달되지 않으면 소용이 없다.

고객에게 어떤 이익을 주는지 답이 잘 떠오르지 않는다면, '우리 상품을 쓴 후 결과가 어떻게 되는가'를 생각해보자. 이 질문을 몇 번이고 되풀이하는 동안에 소비자의 '진짜 욕망'을 알아낼 수 있을 것이다.

솔깃한 정보	다른 표현 돈이 되는 이야기, 귀가 번쩍 뜨이는 소식	
대부분의 사람들이 듣고 싶어 하는 것, 들을 가치가 있는 것을 가리키는 표현이다. '들으면 이득이 될 거예요' '이 정보는 놓치면 안 돼요'라는 뉘앙스로 자주 쓰인다.	1531	해외 출장을 자주 떠나는 직장인들에게 귀가 솔깃할 만한 정보
	1532	Mac으로 팟캐스트. 솔깃한 정보입니다(애플)
	1533	커스텀 바이크 마니아인 당신에게 솔깃한 정보입니다

가져오다	다른 표현 낳다, 생기다, 일으키다, 야기하다, 초래하다	
'행운을 가져다주다'처럼 긍정적인 뜻으로도 쓸 수 있고 '피해를 초래하다'처럼 부정적인 뜻으로도 쓸 수 있다. 두 경우 모두 '아무것도 하지 않아도 저절로 그렇게 된다'는 뉘앙스를 풍긴다.	1534	금융 테크놀로지가 가져올 미래에 대비하라!
	1535	거실에 꽃 향기를 가져다주는 아로마 캔들
	1536	스마트폰과 스마트 워치가 혈당치 관리에 혁명을 가져오다(CNET 재팬, 2019년 12월)

업	다른 표현 올라가다, 높아지다, 상승, 인상
'올라간다'라는 뜻이지만 '업(up)'이라고 표현하면 더욱 힘이 있고 리듬감이 살아난다. 이를테면 '월급이 대폭 오르다'와 '월급이 대폭 업!'은 같은 뜻이면서도 어감이 사뭇 다르다는 것을 알 수 있다.	**1537** 폴리페놀 성분으로 레드 와인 맛이 업!
	1538 일 잘하는 사람이 커리어 업을 위해 주말마다 하는 것
	1539 부업으로 수입을 대폭 업! 손쉬운 방법 소개

통째로	다른 표현 전부, 모두, 모아서, 그냥 그대로
'부분이 아닌 전부를 준다' 혹은 '○○과 ○○을 한꺼번에 준다'고 설득할 때 주로 사용한다. 혹은 복잡한 절차를 한꺼번에 해결할 수 있다고 말할 때도 쓰기 적합하다.	**1540** 방을 통째로 방음실로 만드는 DIY 기술
	1541 비자 신청부터 발급까지 통째로 해결해드립니다
	1542 염색과 두피 고민을 통째로 없애드립니다

비용 절감	다른 표현 비용 삭감, 합리화, 슬림화
경제가 어렵고, 소비 심리가 얼어붙을수록 비용 절감에 대한 정보는 인기를 끈다. 가성비를 따지는 알뜰한 고객들에게 강하게 어필할 수 있다.	**1543** 유지 관리 효율화로 원가 삭감. AI가 제조업에 미치는 영향《포브스 재팬》, 2017년 8월)
	1544 휴대폰 액정 수리비 절감하는 법
	1545 보험료, 혜택은 누리고 비용은 절감하는 꿀팁

무릎을 치게 되는	다른 표현 눈이 번쩍 뜨이는, 놀라다, 영감을 받다
'어떤 일을 계기로 그 의미나 요령을 확실히 알게 된다'는 의미로 쓰인다.	**1546** 읽는 순간, 무릎을 치게 되는 마케팅 고전
	1547 무릎을 치게 되는 난방비 절약법
	1548 무릎을 탁 치게 되는 설득의 기술

장점만 골라놓은

다른 표현 콤비, 좋아하는 것만 골라

세상 모든 것에는 장단점이 있기 때문에, 되도록 장점에 시선을 집중시키는 것이 중요하다. 이 표현은 여러 가지의 장점을 부각하여 단점을 최소화하는 효과가 있어서 두루 사용하기 좋다.

1549	도시의 화려함과 시골의 여유로운 분위기. 장점만 골라놓은 듯한 동네
1550	주식과 펀드의 장점만 골라놓은 ETF
1551	쾌적한 데다 품격도 있다. '장점만 골라놓은' 비즈니스 슈즈

A뿐만 아니라 B도

다른 표현 A도 B도, A만이 아니라 B도, A일뿐더러 B도

'A도 B도'와 뜻은 같지만 좀 더 격식을 차린 상황에서도 사용할 수 있는 표현이다. A와 B에는 장점, 특징, 목표 등을 넣을 수 있어 범용성이 높다.

1552	디자인뿐만 아니라 실용성도 겸비한 비즈니스 백
1553	재생 섬유로 친환경뿐 아니라 비용 절감도
1554	아시아뿐만 아니라 아프리카 지역에도 확대 중

차마 물어볼 수 없는

다른 표현 모르면 부끄러운

'너무나 궁금한데, 모르고 있다는 사실을 들키기 싫어서 주변에 차마 물어볼 수 없었던 것' 하나쯤은 누구에게나 있을 것이다. 그 심리를 공략하는 카피로 호기심을 자극하기 때문에 효과적이다.

1555	남자가 여자에게 차마 물어볼 수 없는 질문
1556	부끄러워서 차마 물어볼 수 없었던 질문에 답해드립니다
1557	모르면 부끄러운 레스토랑 이용 매너

조건

다른 표현 ○○에 필요한 것, 전제 조건, 요건

단순히 '필요하다'는 의미 외에도 '이것이 없으면 실현되지 않는다'는 의미가 강하다. 반대로, 그 조건을 알고 충족시키면 성공할 수 있다는 이점으로 연결할 수 있다.

1558	성공하는 스타트업의 조건
1559	고속 승진자의 조건
1560	주택 청약, 1순위 조건

힘

다른 표현 ○○력, 파워, 에너지

'힘'을 갖고 싶다는 욕망은 누구나 갖고 있다. 육체적인 힘뿐만 아니라, 권력 등 형태가 없는 개념에도 사용할 수 있는 단어이므로 널리 사용된다. '그 힘을 손에 넣으면 목표를 이룰 수 있다는 기대감을 갖게한다.

1561 『아침이 달라지는 저녁 루틴의 힘』(류한빈, 동양북스, 2021)

1562 트렌드를 선도하는 힘

1563 아는 것이 힘이다

계속 ○○하다

다른 표현 지속하다, 살아남다, 유지하다

순간적으로 상황이 좋아지는 일은 있어도, 그 상태를 오래 지속하기는 어렵다. 좋은 상태를 유지하기 위한 방법을 함께 제시하면 주목도가 높아진다. 미래에 일이 잘되지 않을 경우를 상정하고 막연한 불안을 품고 있는 사람에게 호소력 짙은 표현이다.

1564 원금을 계속해서 늘려가는 완전 비밀 투자술

1565 점유율을 계속 높여가는 기업에는 이것이 있다

1566 영어 실력을 계속 유지하는 방법

평생 지속되다

다른 표현 일생, 평생에 걸쳐, 평생 동안, 쭉

'죽을 때까지 쭉'이라는 뜻이지만, 그대로 쓰기에는 적절하지 않으므로 '평생 지속되다'로 바꿔 쓰는 편이 좋다. 또한, '쭉 계속된다'는 뉘앙스가 잘 전달되기 때문에 지속적인 효과를 강조할 때 사용하기에 적합하다.

1567 평생 지속되는 부의 비밀

1568 평생 지속되는 보장 서비스

1569 한번 익혀두면 평생 동안 사용할 수 있는 스킬

쭉

다른 표현 언제까지나, 영원히, 끝나지 않는, 포에버

계속해서 효과가 유지된다는 의미로 사용된다. '계속 ○○하다'와 같은 뜻이지만 '쭉'이 좀 더 경쾌한 느낌을 준다. 한 글자만으로 임팩트를 남길 수 있어 유용하다.

1570 은퇴 후에도 쭉 돈 버는 비결

1571 중년 이후에도 쭉 20대 몸매를 유지하는 법

1572 지금 사는 동네에서 쭉 살고 싶다면, 재건축이 답

몇 번이나

다른 표현 몇 번이고, 몇 번이라도, 반복, 칠전팔기

'한 번뿐만 아니라 반복해서'라는 뜻이다. '습관이 되다' '반복하게 된다'라는 의미로 사용되는 경우가 많다. 물론 단순히 횟수를 반복한다는 의미로도 쓸 수 있다.

1573	몇 번이나 먹고 싶은 파스타 소스
1574	실패해도 몇 번이고 도전할 수 있는 기업 문화가 혁신을 이끈다
1575	멀어도 몇 번이라도 가고 싶은 외딴섬의 매력

더

다른 표현 게다가, 더해서

'더 좋은 일이 있다'고 알려주는 명쾌한 단어다. '더 ○○, 더 ○○'처럼 되풀이하면 리듬감 있는 카피를 만들 수 있다.

1576	업무 자동화로 기존 매출의 2배는 더 벌 수 있다
1577	더 맛있게, 더 새롭게!
1578	뉴스레터를 더 잘 활용하는 법

더욱

다른 표현 플러스, 한층, 박차를 가하다, 더, 추가로

좋은 점(이익)을 제시할 때는 한꺼번에 전부 다 설명하지 말고, 의도적으로 배분하여 마지막에 '이 점은 더욱 ○○하다'라고 덧붙이면 설득력이 높아진다.

1579	더욱 새롭게 진화한 신형 디스플레이 탄생
1580	사진을 못 찍는 게 더 어려운 일이 되었습니다(애플)
1581	구매자 특전! 교체용 필터를 추가로 증정

한층 더

다른 표현 더욱더, 가속하다, 멈출 수 없는

'더욱'에 비해 강도가 훨씬 센 느낌을 준다. 이전의 상태보다 더욱 강력해졌다는 것을 역동적으로 표현할 수 있는 표현이다.

1582	한층 더 빨라진 스피드와 한층 더 뛰어난 안전성
1583	한층 더 진화한 SUV를 만나다
1584	스타일을 한층 더 살려주는 안경테

매일 쓰는	다른 표현 항상 사용하는, 데일리, 에브리데이
매일 쓰는 물건이라도 가격대에 따라 카피의 초점을 달리하면 좋다. 칫솔, 세제 같은 생활용품은 위생을 강조하고, 상대적으로 고가인 가전제품은 사용 빈도가 높은 만큼 충분히 본전을 뽑을 수 있다는 점을 강조하면 효과적이다.	**1585** 매일 쓰는 비데, 어떻게 관리하십니까?
	1586 매일 쓰는 칫솔을 청결하게 보관하기 위한 아이디어
	1587 삶의 질을 올려주는 데일리템 모음전

불변의	다른 표현 바뀌지 않는, 그대로의, 부동의
'줄곧 바뀌지 않고 가치를 유지한다'는 맥락에서 사용하는 경우가 많다. 특히 마케팅처럼 하루가 다르게 급변하는 영역에서 언제나 통하는 법칙이 있다고 하면 흥미롭게 들릴 수밖에 없다.	**1588** 『마케팅 불변의 법칙』(알 리스, 잭 트라우트, 비즈니스맵, 2024)
	1589 시작부터 불변의 룰 '야구는 3아웃'의 묘미(《닛케이신문》, 2019년 6월)
	1590 동물의 세계를 통해 발견한 절대 불변의 암수 관계

의외로 모르는	다른 표현 뜻밖에도 모르는, 알고 있다고 생각해왔는데
'알 것 같은데 알려지지 않은' '당신이 아직 모르는 정보를 알려드립니다'라는 뉘앙스를 전하는 표현이다. 이미 잘 알고 있는 분야라도 이 표현이 나오면 저절로 궁금증이 생긴다.	**1591** 현지인도 모르는 숨은 맛집을 소개합니다
	1592 의외로 모르는 자동차 기본 관리법
	1593 자주 보이는데 의외로 모르는 꽃 이름 20가지

가이드북	다른 표현 교재, 바이블, 안내서
주로 안내서에 쓰는 단어인데, 참고서, 교재 등에도 쓰인다. 기초 정보가 없는 사람이라도 도전할 수 있도록 친절한 도움을 제공하겠다는 뉘앙스를 전한다.	**1594** 3일 만에 끝내는 일본어회화 가이드북
	1595 프리랜서를 위한 소득세 신고 가이드북
	1596 왕초보도 따라 할 수 있는 피아노 연주 가이드북

숨은 방법

다른 표현 비장의 수단, 비밀 기술, 비공개 기법, 비법

일반적으로는 잘 알려지지 않은 기법이나 테크닉을 가리킨다. '보통 사람은 쓰지 않는' '기본적인 기술이 아닌'이라는 뉘앙스가 있어 궁금증을 불러일으킨다. 정공법으로는 시간이 걸리는 일을 더욱 짧은 시간에 마치고 싶어 하는 이들을 공략할 수 있다.

1597	꽃꽂이 전문가가 알려주는, 생화를 오래가게 하는 숨은 방법
1598	묵은쌀로도 맛있게 밥을 짓는 숨은 방법
1599	이력서를 30분 만에 완성하는 숨은 방법

공통점

다른 표현 공통된, ○○에게 보이는, 유사점, 교집합

단순히 어떤 사건이나 사물들의 공통적인 특징을 가리키는 경우도 있으나, 대부분은 그 공통점이 '원리 원칙'으로 연결된다는 뉘앙스로 사용된다. 긍정과 부정 양쪽의 맥락에서 쓸 수 있다.

1600	포춘 500에서 사라진 기업의 공통점
1601	재미없게 말하는 사람들의 '공통점' 4가지(프레지던트 온라인, 2019년 9월)
1602	일을 정시에 끝내는 사람과 스포츠가 취미인 사람의 공통점

일거에

다른 표현 한꺼번에, 단번에, 한 번에, 통틀어, 한자리에

'하나의 동작' '한 번의 행동'을 가리키지만, 여기서 변형되어 '한꺼번에'라는 뉘앙스로 사용되는 경우가 많다. 비슷한 말로 '일제히'가 있다.

1603	5년간 축적해온 SNS 운용 노하우를 일거에 공개
1604	욕실 악취를 일거에 해결해드립니다
1605	화제의 인물들이 한자리에!

응축

다른 표현 집약, 압축, 채워넣다, 결집

불필요한 것을 떼어내고 핵심만을 모았다는 뉘앙스로, 내용이 알차다는 인상을 준다. 비슷한 뜻으로 '농축'이라는 단어가 있는데, 식품에 주로 쓰인다. 예를 들어, '노하우의 농축'이라고는 잘 쓰지 않는다.

1606	최신 마케팅 노하우를 한 권에 응축
1607	슬림한 디자인에 미와 기능을 응축
1608	45년간 이어온 전통을 응축한 레시피

재미있는 정보 제공하기

누군가 나에게 친절하게 대해주거나 유용한 정보를 알려주면 감사한 마음이 들기 마련이다. 그와 동시에 자신도 무언가 보답을 해야겠다는 일종의 부채 의식이 생긴다. 마트에서 시식을 하면 괜히 사야 할 것 같은 마음이 드는 것과 같다. 이처럼 뭔가를 받으면 보답하고 싶어지는 감정을 심리학에서는 **'호혜의 법칙'**이라고 한다.

시식이나 무료 샘플 같은 물건뿐 아니라 '재미있는 정보'를 제공할 때도 호혜의 법칙이 작용한다. 그 정보가 상대방에게 흥미롭다면 단숨에 호감이 올라갈 것이고, 그렇게 정보를 반복해서 제공하다 보면 신뢰를 얻게 된다. 결국에는 '보답하고 싶은 마음'도 생겨나므로, 구매의 문턱이 크게 낮아진다. 현재 많은 기업들이 다양한 채널을 통해 타깃 고객에게 유용한 정보를 제공하고 있는데, 여기에는 관계 유지라는 측면뿐만 아니라 이러한 판매상의 목적도 있다. 단, 제공하는 정보가 정확하고 재미있으며 유용한 것이어야 효과가 있다는 사실을 기억하자.

취급설명서	다른 표현 매뉴얼, 가이드, 안내서, 지침서, 입문서
취급설명서는 원래 기계 등 조작이 필요한 물건에 주로 사용하지만 지금은 다양하게 쓰이고 있다. 특히 인간관계 때문에 괴로운 사람들을 겨냥해서 누군가에 대한 대응법, 대처법을 알려준다는 뉘앙스로 쓰면 주목을 끌 수 있다.	**1609** 갑질 상사 취급설명서
	1610 마마보이, 파파걸 취급설명서
	1611 어딜 가나 꼭 있는 빌런 취급설명서

베스트 ○	다른 표현 ○선, 셀렉트, 리스트
많은 것들 중에서 엄선한 몇 가지를 소개하는 데 매우 편리한 표현이다. 특별히 숫자에 제약은 없고, 소개하는 내용에 따라서는 100 이상도 있을 수 있지만, 일반적으로는 5~20 정도, 많아도 30 이하 정도가 적당하다.	**1612** 대학 신입생에게 인기 있는 선물 베스트 5
	1613 가성비 좋은 여행지 베스트 10
	1614 내향적인 사람에게 추천하는 직업 20선

가이드

다른 표현 참고서, 교본, 교과서, 지도, 맵, 안내

이 단어는 보는 순간 '믿고 맡기면 된다'는 기대를 품게 한다. 정보를 제공하는 카피에 단골로 등장하는 표현이다.

1615	퀵 스터디 가이드
1616	궁극의 페이스북 광고 가이드
1617	2025년판 맛집 가이드

핸드북

다른 표현 노트, 수첩, 포켓북

'핸드북' '가이드북' 모두 '안내서'라는 의미로 사용된다. 여행의 경우에는 일반적으로 '가이드북'이라는 표현을 많이 쓰고, '핸드북'은 크기가 작아서 손에 쥐거나 가방에 쏙 넣고 다니기에 좋다는 느낌을 준다.

1618	아기를 위한 영양 핸드북
1619	전국 배낚시 핸드북
1620	인사 담당자를 위한 노동법 핸드북

꿀팁

다른 표현 팁, 노하우

원칙이나 규칙은 아니지만, 알아두면 유용한 정보를 가리키는 말로 최근 눈에 자주 띄는 표현이다. 그냥 팁이라고 하는 것보다 '꿀팁'이라고 하면 더 뇌리에 강하게 남는다.

1621	정리의 신이 알려주는 하루 10분 정리 꿀팁
1622	호감을 사는 말투 꿀팁
1623	여름 땀 냄새를 없애주는 꿀팁

매뉴얼

다른 표현 실용서, 안내서, 교과서, 교본

원래는 절차나 대응법을 정리한 문서를 가리킨다. '매뉴얼대로' '매뉴얼 인간'이라고 하면 부정적인 이미지가 떠오르지만, 어떤 일을 할 때 매뉴얼이 있으면 시행착오를 줄이고 우왕좌왕하지 않을 수 있다.

1624	불만을 빠르게 잠재우는 '클레임 완벽 대응 매뉴얼'
1625	30대 회사원을 위한 '1인 창업 매뉴얼'
1626	관계를 오래 지속하기 위한 '장거리 연애 매뉴얼'

도움이 되는

다른 표현 쓸모 있는, 편리한, 효과적인, 유익한

'이득이 있다'는 것을 바꾸어 말하는 표현이다. 무엇에 도움이 되는지, 어떤 상황에서 도움이 되는지, 그 내용을 구체적으로 밝힐수록 좋다.

1627	자취하는 사람에게 도움이 되는 아이템 10선
1628	요리 사진을 SNS에 올릴 때 도움이 되는 필터 기능
1629	인간관계에 지친 당신에게 도움이 되는 심리서

○○에서 사용할 수 있는

다른 표현 도움이 되는, 쓸 수 있는, 써먹을 수 있는

'유용하다'와 '사용할 수 있다'는 뉘앙스가 거의 같지만, 용처를 밝히는 '사용할 수 있다'가 더 실용적인 인상을 준다. 1630의 경우, '현장에서 유용하다'라고 하기보다는 '현장에서 사용할 수 있다'라고 표현해야 실용성이 살아난다.

1630	현장에서 사용할 수 있는 장부 작성의 기초 지식
1631	해외여행에서 사용할 수 있는 체크카드 베스트 3
1632	비즈니스 미팅에서 써먹을 수 있는 협상 스킬

○○으로 알았다

다른 표현 판명되었다, 밝혀내다

근거가 제시되어 신뢰가 상승하는 동시에 새로운 정보가 있지 않을까 하는 궁금증을 불러일으킨다. 조사나 연구만이 아니라 개인의 경험에도 사용할 수 있다.

1633	파워포인트 첨삭으로 알았다! 전달력 있는 자료의 열쇠는 바로 '언어'(닛케이 스타일, 2023년 3월)
1634	직장인 3000명 취재로 알아낸 '이상적인 상사 유형'
1635	AI 분석으로 판명된 고성과자의 사고 패턴

힌트

다른 표현 암시, 키, 열쇠, 단서, 실마리

'어드바이스'는 누군가가 정해진 해결책을 제안할 때 쓰는 단어인 데 반해, '힌트'는 그 정보를 계기로 스스로 해결책을 찾아내는 느낌이 있다. 부담스럽지 않게 정보를 전달할 때 쓰기 좋은 표현이다.

1636	제로 웨이스트를 실천하기 위한 일상 속 힌트
1637	난방비를 줄이는 몇 가지 힌트
1638	개발도상국을 안전하게 여행하기 위한 5가지 힌트

스위치

온과 오프의 상태가 있어 그 둘을 서로 바꿀 수 있다고 생각되는 대상에 사용한다. 예를 들어 1640, 1641에서 '의욕'과 '경계심'처럼 사람의 마음가짐이나 심리가 바뀌는 것을 비유적으로 표현할 수 있다.

다른 표현 전환, 계기

1639	유전자의 스위치 전환으로 '암세포 증식을 막는' 놀라운 시도(《포브스 재팬》, 2019년 5월)
1640	나른한 하루도 의욕 스위치를 켜면 만족스럽게 보낼 수 있다
1641	위험! 해외여행 중에는 경계심의 스위치를 꺼서는 안 된다

포인트

'요점' '중요한 점'이라는 뜻으로 'O가지 포인트'처럼 숫자와 함께 사용하는 경우가 많다. 얼핏 '방법'과 비슷한 느낌이지만, 단순한 방법론이 아니라 무언가를 달성하기 위한 핵심 요소를 나타낸다.

다른 표현 요점, 진수, 본질, 요령

1642	가격 결정의 3가지 포인트
1643	테니스 국가대표에게 배우는 양손 백핸드 포인트
1644	매트리스를 고르는 3가지 포인트

잡학

온갖 방면의 잡다한 지식을 말하는데, 자질구레하지만 쓸모 있는 지식이라는 인상이 강하다. 유머러스하면서 호기심을 끄는 효과를 노릴 수도 있다.

다른 표현 토막 상식

1645	장수를 위한 잡학 지식
1646	『똑똑한 식물학 잡학사전』(다나카 오사무, 사람과나무사이, 2024)
1647	자동차에 대한 잡학 지식

원칙

'기본적인 규칙'이라는 뜻이다. 어떤 상황에서도 흔들리지 않는 법칙이라고도 표현할 수 있다. 무게감 있는 단어이므로 가벼운 내용에 사용하면 어색하다.

다른 표현 원리, 법칙, 철칙, 골든 룰

1648	아무도 가르쳐주지 않는 비즈니스 글쓰기의 3가지 원칙은 '구조, 상대, 어감'(다이아몬드 온라인, 2020년 2월)
1649	비즈니스 협상의 3가지 원칙
1650	아동심리학자가 강조하는 육아 원칙

관계

다른 표현 상관, 관련, 연결

부모 자식이나 남녀, 스승과 제자 등 일반적인 인간 관계뿐만 아니라, 사건이나 사물의 관계 역시 사람들의 흥미를 끈다. 특히, 양쪽이 대조적이거나 각각 강한 매력을 갖고 있을 때, 혹은 서로 전혀 관계가 없어 보일 때 더욱 효과가 크다.

1651	『돈과 영어의 비상식적인 관계』(간다 마사노리, 리미트리스, 2024)
1652	종교와 비즈니스의 깊은 관계
1653	비트코인과 기후위기의 관계

편한

다른 표현 안성맞춤, 장소와 시간에 구애받지 않는

문맥에 따라 '편리하고 쉽다' 혹은 '마음이 편안하다'라는 의미로 쓰인다. 두 가지 다 사람이 추구하는 것이므로 설득력 있는 카피로 만들 수 있다.

1654	입어보면 굉장히 편한 남성 보정 속옷
1655	아이도 쓰기 편한 앱
1656	편한 장소에서 편한 시간에 배우는 온라인 클래스!

예측

다른 표현 예상, 전망, 어림, 가늠

'미래에 일어날 일을 다른 사람보다 먼저 알 수 있다'는 것은 매우 큰 이점이다. '예언'이라고 하면 과장되게 들려서 오히려 의심스럽기도 하지만, '예측'이라고 하면 '자신의 생각'이라는 뉘앙스여서 거부감 없이 전할 수 있다.

1657	『초예측』(유발 하라리 외, 웅진지식하우스, 2019)
1658	인간의 욕망 패턴을 알면 미래를 예측할 수 있다
1659	AI가 예상하는 소멸 직업 리스트

앞으로

다른 표현 지금부터, 다가오는, 내일, 미래

시대를 앞서가거나 미래를 내다보고 있다는 인상을 주는 표현이다. 지금까지 존재했던 것이라도 '앞으로의 ○○'이라고 부름으로써 암묵적으로 '지금까지 통용되던 규칙이 바뀌었다'는 뉘앙스를 전할 수 있다. 심플하면서도 사람의 마음을 사로잡는 단어다.

1660	앞으로 10년, 세대를 모르면 비즈니스를 할 수 없다!
1661	『앞으로의 라이프스타일』(가도쿠라 타니야 외, 한스미디어, 2015)
1662	앞으로의 수산업에 IT 전략이 불가피한 이유

○년 후

다른 표현 ○년 지난 후, ○년 뒤

'○년 후에도 같은 상태가 지속된다'는 패턴과 '○년 후까지 이상적인 변화를 만들겠다'는 패턴을 주로 사용한다.

1663	『10년 후 당신의 책장에 남을 비즈니스 서적(10年後あなたの本棚に残るビジネス書)』(간다 마사노리, 가쓰마 가즈요, 다이아몬드사, 2008)
1664	5년 후, 순이익을 2.5배로 만들어줄 아이템
1665	20년 후의 인구 구성을 고려해 사업 전략을 짜야 하는 이유

언제나 이용 가능

다른 표현 접근, 상시

아무리 좋은 서비스도 내가 원할 때 이용할 수 없다면 무용지물이다. 언제든 내가 보고 싶을 때 볼 수 있고, 내가 이용하고 싶을 때 이용할 수 있다는 건 고객 입장에서 큰 메리트다. 그런 상품이나 서비스를 알릴 때 유용하게 쓸 수 있는 표현이다.

1666	365일 언제나 이용 가능한 무인 꽃집
1667	언제든 이용 가능한 당신의 클라우드 스토리지
1668	지금 클릭하면, 언제나 이용 가능한 할인 코드 제공

이런 적 있다

다른 표현 자주 있는, 전형적

'흔히 있다' '경험한 적이 있다'는 뜻으로, 읽는 사람이 공감하게 만들거나 재미있는 경험을 떠올리게 만드는 효과가 있다. 진지한 내용에는 그다지 어울리지 않는다.

1669	면접 중 실수, 나도 이런 적 있다 베스트 10
1670	술 먹고 실수, '나도 이런 적 있어요' 에피소드 대모집
1671	첫 만남에 말실수, 나도 이런 적 있다!

습관

다른 표현 공통점, 요령, 관례, 버릇

'○○한(하는) 사람의 습관'이라는 패턴으로 자주 쓰인다. 사람들이 선망하는 인물이 제시될 때 주목도가 높아진다. 긍정적으로도 부정적으로도 쓸 수 있는 표현이다.

1672	『성공하는 사람들의 7가지 습관』(스티븐 코비, 김영사, 2023)
1673	세계 정상의 자리에 선 아티스트의 기록 습관
1674	하루의 성과를 떨어뜨리는 아침 습관 3가지

상식

다른 표현 양식, 표준, 모두가 하고 있는

'알고 있어야 할 지식' 또는 '알고 있는 게 당연하다'는 뉘앙스로 쓰인다. 일반적으로 사람들은, 남들이 '모두 하고 있으면' 왠지 모르게 '자신도 해야 할 것 같은' 압박을 느끼는 경향이 있다. 심플하면서도 효과가 높은 표현이다.

1675	권력형 성추행, 범죄라는 건 이미 상식
1676	잘못 알고 있는 건강 상식
1677	모두가 하고 있는 사업이라면, 절대 하지 마세요

특집

다른 표현 스페셜, 코너, 셀렉션, 기획

신문, 잡지, TV 프로그램 등에서 자주 볼 수 있는 단어로 '특정 테마나 토픽에 관한 정보를 모은 것'을 뜻한다. 단편적인 정보도 '특집' '스페셜'이라는 콘셉트로 제시하면, 눈길을 끌 수 있다.

1678	매출 100대 기업 특집
1679	이색 요리 대특집
1680	이번 주는 어린이날 특집

○○기(記)

다른 표현 일기

특정 주제의 이야기를 짧게 표현할 수 있는 단어다. 사례로는 관전기, 여행기, 맛집 탐방기 등이 있다. '○○ 일기'라고 하면 개인적인 느낌이 커져서 내용이 더 궁금해진다.

1681	메이저리그 관전기
1682	두근두근 배낭 하나 메고 떠난 남미 여행기
1683	3개월 만에 10kg 감량에 성공한 다이어트 일기 대공개

극히

다른 표현 겨우, 단지, 불과, 극소수

수량이나 정도가 매우 적은 것을 나타내는 표현이다. 정보, 혜택 등과 함께 쓸 경우, '나만 알고 싶다'는 심리를 자극할 수 있다.

1684	그 많은 내용 중 극히 일부만 소개하면 다음과 같습니다
1685	극히 드문 반값 세일 찬스를 놓치지 마세요
1686	극소수의 기업밖에 도입하지 않은 인사 제도란?

독창성과 우월성 강조하기

지금 시대는 비슷한 상품과 서비스가 흘러넘쳐 완전히 독창적인 것은 거의 없다. 진짜로 획기적인 상품이 나온다고 해도 금세 또 누군가가 모방해 비슷한 상품이 나올 것이다. 즉, 비슷비슷한 상품과 서비스 사이에서 고객에게 선택을 받아야 하는 것이다. 이런 환경에서 카피를 쓰기 전에 반드시 답해야 할 중요한 질문이 있다. **왜 다른 상품이 아니라, 당신이 파는 상품을 사야 할까?**

고객이 어떤 상품을 사는 까닭은 다른 상품에는 없는 '무언가'가 있기 때문이다. '가격이 싸다'는 것도 그중 하나가 될 수 있다. 하지만 저렴한 가격만으로 승부를 보려고 하면 경쟁 업체도 똑같이 싸게 팔기 시작할 테니 결국에는 서로에게 손해가 될 뿐이다.

이때 내세워야 할 것은 **'그 상품만의 독자적인 특징(독창성)'**과 **'다른 상품보다 뛰어난 특징(우월성)'**이다. 이 전략이 바로 USP(Unique Selling Proposition), 즉 '고유 판매 제안'이다. 이제 소개할 카피는 당신이 팔고자 하는 상품의 독창성과 우월성을 발견하고, 그것을 언어화하는 방법에 관한 것이다.

○○스타일	다른 표현 ○○에게 배웠다, ○○풍	
누구나 선망하는 것에 대해서는 따라서 해보고 싶은 욕망이 있다. 유명인의 이름이나, 단체, 지명에 스타일을 붙이면 하나의 유행처럼 인식될 가능성이 높아진다.	**1687**	올해 유행은 복고 스타일?
	1688	북유럽 스타일 인테리어
	1689	구글 스타일로 일하는 법

○○식	다른 표현 ○○형, ○○스타일, ○○지향	
'○○스타일'과 같은 뜻이다. '○○식'은 '방식'에서 따왔기 때문에, 더 구체적인 이미지가 있다.	**1690**	스탠퍼드식 수면법은 바로 이런 것
	1691	지중해에 사는 셰프가 본 '지중해식 다이어트'(《포브스 재팬》, 2019년 4월)
	1692	프랑스식 육아법

노하우

다른 표현 수단, 수법, 하우 투

어떤 특정한 인물이나 단체의 독창적인 방법, 기술, 이론을 홍보할 때 유용하게 쓸 수 있는 단어다.

1693	집 정리 노하우, 이것만 기억하라
1694	토익 만점 노하우를 한 권에
1695	공부의 신이 전해주는 시험 대비 노하우

생각법

다른 표현 사고법, 해법

'자기만의 독창적인 이론' 혹은 '사물을 바라보는 독특한 시각'을 홍보할 때 쓸 수 있는 표현이다. 앞에 무엇을 붙이느냐에 따라 독창성과 우월성을 한꺼번에 표현할 수 있다.

1696	『부자들의 생각법』(하노 벡, 갤리온, 2013)
1697	『고수의 생각법』(조훈현, 인플루엔셜, 2023)
1698	노벨상 수상자들의 생각법

이론

다른 표현 ○○설, 논리, 이치

무언가에 대한 자신의 사고를 정리해 '○○이론'이라고 이름을 붙인다. '○○'에는 자신의 이름도 쓸 수 있고 키워드를 넣을 수도 있으며, 그 자체로 네이밍이 된다. 읽는 사람은 그 사람 나름의 세계를 해석하는 방식에 흥미를 느낄 것이다.

1699	'농사꾼 이론'으로 재배한 무농약 채소 배달 서비스
1700	앞으로의 비즈니스를 형성하는 새로운 이론 - 'U이론'을 선점하라!
1701	『LOVE 이론』(미즈노 게이야, 분코샤, 2013)

얼리버드

다른 표현 선착순, 한정

남들보다 먼저 일어나서 하루를 시작하는 아침형 인간을 뜻하는 말로, 부지런하고 성실하다는 긍정적 이미지를 갖고 있다. 빨리 움직이는 사람들을 위해 특별한 이벤트를 하거나 그들을 타깃으로 하는 상품을 기획해서 홍보할 때 적합하다.

1702	얼리버드를 위한 할인 이벤트
1703	신학기, 얼리버드 프로모션
1704	얼리버드 특전, 모든 상품 20% 할인 적용

선택받은

다른 표현 ○○초이스, 셀렉트, 엄선된

'누군가에게 선택받았다'는 피동 표현을 쓰면 가만히 있어도 누군가가 와서 선택했다는 뉘앙스를 풍기기 때문에 우월성을 더 강조할 수 있다. 인기 혹은 혜택이 있다는 것을 저절로 알릴 수 있는 표현이다.

1705 올해 많은 독자들에게 선택받은 인기 도서를 한자리에!

1706 직장인에게 가장 많이 선택받은 다이어리

1707 증권맨들에게 선택받은 손목시계 브랜드 5

○○이 선택받는 이유

다른 표현 ○○이 사랑받는 이유

광고에서는 대중적으로 사용되는 표현으로, 이미 정형화된 카피이기도 하다. 어떤 차별점이 있기에 선택받았는지 그 이유가 은근히 궁금해진다. 단, '다른 상품과의 차이'를 읽는 사람이 공감할 수 있도록 확실히 표현해야 한다.

1708 칸쿤이 신혼 여행지로 선택받는 이유

1709 소니손해보험이 끊임없이 선택받는 이유(소니손해보험)

1710 우리가 선택받는 5가지 이유

○○과 다르다

다른 표현 따라 할 수 없다, 지금까지와는 다르다

'다른 상품과 차이가 있다'는 것을 직접적으로 전하는 표현이다. 이 표현 역시 그 '차이'가 무엇인지 궁금하게 만든다. '○○이 선택받는 이유'보다 더 자신감이 느껴진다.

1711 음향의 깊이가 다른 카 오디오

1712 지금까지 출간된 카피라이팅 책과는 다르다!

1713 지금까지와는 180도 다른 모객의 법칙

이것이 다르다

다른 표현 왜 ○○을 선택할까, ○○이 결정타

'○○과 다르다'보다 좀 더 구체적이고 세세한 차이를 명시하는 표현이다. '이것'이라고 하면 그 대상이 무엇인지 알고 싶어진다.

1714 잘되는 기업의 문화는 이것이 다르다

1715 파나소닉 세탁기는 이것이 다르다(파나소닉)

1716 또 먹고 싶어지는 디저트는 이것이 다르다

세상에 하나뿐인

다른 표현 유일의 ○○, 유일무이한

주문 제작이나 커스터마이징 제품에 자주 쓰는 표현이다. 이 표현의 핵심은 1이라는 숫자 자체보다 '제각각 특별하고 가치가 있다'는 점을 세련되게 어필한다는 데 있다.

1717	완성까지 128시간, '세상에 하나뿐인 양복'을 만드는 기쁨《포브스 재팬》, 2017년 2월)
1718	세상에 하나뿐인 스마트폰 케이스를 당신에게
1719	세상에 하나뿐인 당신만의 인생 설계를 도와드립니다

사상 최○○

다른 표현 이전에는 없던 ○○, 첫 시도, 역대급

'역사상 없었던' '최초의'라는 뜻을 강조하는 표현이다. 섣불리 쓸 수 없어 보이지만 업계나 자사 등으로 범위를 좁히면 충분히 활용 가능하다. 좀 더 캐주얼한 표현으로는 '역대급'이 있다.

1720	서일본철도 사상 최고급 럭셔리 버스 도입(서일본철도)
1721	창업 이래 사상 최대의 실적
1722	사상 최대 주식 거래량을 통해 바라본 경제 전망

의외로 없었던

다른 표현 의외로 있었던, 이런 ○○을 원했다

'생각지도 못했는데' 효과가 있다거나 혹은 효과가 없는 일이 생기곤 하는데, 이렇게 예상을 빗나가는 사건에 사람들은 관심이 많다. 그 의외성을 어필하면서 독창성과 우월성을 동시에 언급하는 표현이다.

1723	의외로 없었던 문구 리스트(프레지던트 온라인, 2010년 11월)
1724	의외로 효과 있었던 피부 트러블 해결책
1725	의외로 적중률 높은 첫인상 심리학

존재감

다른 표현 전지전능한, 관록 있는

'어떤 단체나 조직에서 절대로 없어서는 안 되는' '전체 분위기를 좌지우지하는'이라는 뜻을 세 글자로 압축한 힘 있는 단어다. 수많은 유사, 경쟁 상품 사이에서 강렬한 존재감이 있다는 것을 나타낼 수 있다.

1726	미국 주식 시장을 뜨겁게 달군 테슬라의 존재감
1727	존재감 있는 사람이 되는 법
1728	모든 것을 잊게 하는 압도적 존재감

○○의 법칙

다른 표현 섭리, 철칙, 규칙, 원리, 작법

'이런 법칙만 잘 알아도, ~하게 된다'라는 인과관계가 깔려 있는 표현이다. '이것만 알면 당신도 할 수 있다'라고 해석되므로 언제 사용해도 효과가 좋다.

1729	『돈이 되는 말의 법칙』(간다 마사노리, 살림출판사, 2016)
1730	일 잘하는 사람들이 실천하고 있는 '휴식의 법칙'은?
1731	『악마의 영문법 100법칙』(도키요시 히데야, 더북에듀, 2024)

더(The) ○○

다른 표현 원조○○, 톱○○

브랜드명에서 무수히 많이 쓰이는 표현인데, 정의를 확실히 내리기는 힘들지만 '원조' '대표적' '하나밖에 없는'이라는 느낌을 준다. 너무 익숙해서 진부하게 들릴지 모르지만 그 상품만의 차별점이 있을 때 사용하면 좋다.

1732	『더 해빙』(이서윤, 홍주연, 수오서재, 2020)
1733	더샵(포스코)
1734	『더 골 1: 당신의 목표는 무엇인가?』(엘리 골드렛, 제프 콕스, 동양북스, 2019)

비교해보세요

다른 표현 비교해주세요, 따져보세요

'○○보다 좋지요?'라고 주장하는 것이 아니라, 다른 상품과 비교를 권하며 고객이 차이점을 깨닫게 이끈다. 그렇게 이끌어낸 대답은, 수동적으로 얻은 정보가 아니라 스스로 판단한 것이므로 확신하고 받아들이게 된다.

1735	얼마나 잘 드는지 비교해보세요. 순식간에 새 칼처럼 되살아나는 나이프 샤프너
1736	1년 치 전기료와 비교해보세요
1737	이 튼튼한 보장 조건을 타 상품과 비교해보십시오

평판이 좋은 ○○

다른 표현 호평받는, 입소문 난, 보장하는

평판이 좋다고 하면 누구나 호기심이 인다. 어떤 지역에서 혹은 특정 직업군 사이에서, 소셜미디어에서 평판이 좋은 뭔가가 있다고 말해주는 표현으로 쓰이기 때문에, 제안하는(O) 것뿐만 아니라, 동시에 타깃을 좁히는(N) 역할도 한다.

1738	주부들 사이에서 입소문 난 요리책 10
1739	지역에서 평판이 좋은 건축 설계 사무소
1740	SNS에서 평판이 좋은 헤어숍

보통이 아닌

다른 표현 장난 아닌, 얕볼 수 없는, 심상치 않은

여기서 보통이 아니라는 것은 데이터나 논리에 바탕한 것이라기보다는 '감'에 의한 것으로 봐야 한다. 그로 인해 미스터리한 느낌도 풍길 수 있다.

1741	체험 모집, '이 사람, 보통이 아닌데'라고 느꼈을 때는?
1742	보통이 아닌 아름다움을 선사합니다
1743	장난 아닌 레시피, 국물 맛이 끝내줘요

같지 않다

다른 표현 다르다, 비슷하지 않다

'다르다'라는 것을 굳이 직접적으로 말하지 않음으로써 오히려 강조할 수 있는 표현이다. 예문을 '다르다'로 바꾸면 뉘앙스 차이를 더욱 명확하게 알 수 있다. '○○은 같지 않다'라고 카테고리를 묶어 표현하는 패턴과 '○○과 ○○은 같지 않다'라고 두 가지를 비교하는 패턴이 있다.

1744	모든 만년필이 같지는 않다
1745	차(茶)는 그 어느 것도 같지 않다(기린 베버리지)
1746	일과 간병의 병행은 '육아와 같은' 것이 아니다(프레지던트 온라인, 2019년 6월)

차이

다른 표현 차, 다름, 상이

두 대상을 비교할 때 자주 쓰는 표현으로, 사람들은 공통점이나 차이점에 반응하기 마련이다. 1748처럼 비슷한 대상의 미세한 차이, 1749처럼 단계별 차이를 설명할 때 쓸 수 있을 뿐 아니라, 1747처럼 정반대의 대상이나 장단점을 대조할 때도 사용할 수 있다.

1747	'잘난 척하는 사람'과 '겸손한 사람'의 단 한 가지 차이 (다이아몬드 온라인, 2022년 11월)
1748	릴스와 쇼츠의 차이는?
1749	코딩 강좌, 어드바이스 편과 마스터 편의 차이는?

업계

다른 표현 일대, ○○계, 동업자, 관계자

세일즈 카피로 쓸 때는 주로 같은 종류의 제품이나 서비스 중에서 우월하다는 것을 표현하는 문장으로 구현된다. 캐주얼한 문장에는 어울리지 않는다.

1750	업계 최초 반품률 0% 달성
1751	업계 최초! GPS 기능 탑재
1752	교육업계에서 유례를 찾기 힘든 명문대 진학률 기록

No.1	다른 표현 최고, 최강, 톱, 퍼스트
일반적으로 1위는 잘 알려져 있지만, 2위는 사람들의 기억에 남지 않는 경향이 있다. 그만큼 1위와 2위의 차이는 크다. No.1을 내세우는 카피에는 사람들의 마음을 강하게 울리는 특별한 힘이 있다.	**1753** 대학생에게 선택받은 No.1 노트북
	1754 지난 5년간 꾸준히 소비자들에게 선택받은 인기 No.1 맥주
	1755 점유율 No.1 포털 사이트

독보적	다른 표현 압도적, 독주
경쟁 상품이나 서비스와 비교해 차별화된 강점이 있다는 사실을 드러내는 표현이다. 판매자의 자신감을 호소력 있게 전할 수 있다.	**1756** 독보적 화질의 프리미엄 TV
	1757 1톤 하중도 견디는 독보적 복원력의 매트리스
	1758 압도적 충전 속도를 자랑하는 전기차

오리지널	다른 표현 독창적, 커스터마이즈
독창적이고 독특하다는 것을 확실하게 말하는 표현이다. 상품의 독창성 또는 구매자의 독창성을 강조하는 방식으로 쓸 수 있다. 한정의 뉘앙스도 있어 구매욕을 자극하는 표현이다.	**1759** 본 매장의 오리지널 프린트 티셔츠를 선착순 500명에게 무료 증정
	1760 당신만을 위한 오리지널 굿즈를 5개부터 제작
	1761 이직에 유리한 오리지널 프로젝트 만들기

○○발	다른 표현 ○○○로부터의, 기점으로 한, 프로듀스
'~에서 비롯되었다'는 의미이나 카피에서는 '발상의 근원지'로 쓰이는 경우가 많다. 기업이나 대학, 연구 기관 등을 넣어 독창성을 표현할 수 있다.	**1762** 농어촌발 혁신 프로그램을 지원합니다!(시즈오카현)
	1763 디지털발, 세계로 연결되는 교육
	1764 교세라발 오리지널 애니메이션 특설 사이트(교세라)

주특기

다른 표현 장기, 특기

181쪽의 '맡겨주세요'와 뉘앙스가 비슷하지만, 자신감이 상당히 강하게 드러나는 직접적인 표현이다. 회사명이나 이름을 넣어 '○○의 주특기'라고 하면 응용 범위가 넓어진다.

1765	주식회사 ○○의 주특기
1766	취업 면접에서는 주특기로 승부하라!
1767	나의 엑셀 주특기

최고

다른 표현 최상, 으뜸, 어울리다, 적합하다, 딱 맞는다

'매우 뛰어나다' 또는 '만족한다'는 뉘앙스를 간결하게 표현할 수 있다. 또한, '적합하다'는 뉘앙스도 내포하고 있다.

1768	스토어. 애플 제품과 만날 수 있는 최고의 장소입니다 (애플)
1769	『최고의 휴식』(구가야 아키라, 알에이치코리아, 2017)
1770	당신에게 최고의 직업은 무엇인가?

왕

다른 표현 왕도, 킹, 여왕

그 분야에서 뛰어나거나 톱클래스에 해당하는 것을 나타내는 표현이다. No.1이나 업계 2위와 같이 명확하게 순위를 매기지 않아도 되는 만큼 사용하기 쉽다. 반면에 모호하고 근거가 확실하지 않은 경우가 많아 신뢰성이 떨어질 수 있다.

1771	중고차 매입의 왕
1772	태양광 발전의 왕
1773	초콜릿 케이크의 왕, 자허토르테

칼럼

캐치 카피와 헤드라인

'캐치 카피'와 '헤드라인'은 비슷한 듯하지만 역할에 차이가 있다. 캐치 카피는 상품의 이미지를 전달하는 데 목적이 있지만, 헤드라인은 다음 문장을 읽게 만드는 것이 목적인 만큼, 흥미를 불러일으킬 수 있는 단어를 사용한다. 또한 캐치 카피는 상품의 모든 매력을 전달하기 위해 말을 압축하는 반면에, 헤드라인에서는 모든 것을 다 이야기할 필요가 없다. 다음 내용이 뭔지 궁금하게 만들어 그다음 문장으로 바통을 넘겨주면 성공이다. 캐치 카피는 개인 경기, 헤드라인은 단체 경기로 생각하면 이해하기 쉽다.

판매 조건 제시하기

완전히 똑같은 신발을 같은 가격에 팔고 있는 가게 A와 B가 있다고 치자. 다만 B가게에서는 지금 '덤' 으로 클리닝 스프레이를 주고 있다. 당신이라면 어느 가게에서 사겠는가? 덤이 매력적으로 느껴진다 면, B가게에서 사려고 할 것이 분명하다. 설령 B가게가 더 비싸다고 하더라도 차액이 몇천 원 정도라 면 덤이 있는 쪽을 선택할지도 모른다. 즉, 고객은 **구매를 결정할 때 여러 조건을 종합적으로 판단하기** 마련이다. 이렇게 다양한 조건, 즉 가격이나 혜택, 지불 방법 등이 바로 이 책에서 말하는 '제안'이다.

판매 조건을 내세운 카피의 대표적 예로, '정가 ○○원의 상품이, 지금 사면 ○○원'이 있다. 여기에는 **'앵커링**anchoring **효과'**가 숨어 있다. 이는 **처음 본 숫자가 다음 숫자를 받아들이는 심리에 영향을 미친다** 는 것을 말한다. 처음부터 '3만 원'이라고 하는 것보다 '정가는 5만 원이지만 지금 사면 3만 원!'이라고 하면, 5만 원이 바로 앵커(닻) 역할을 하게 되어 3만 원이 싸게 느껴진다.

단	다른 표현 고작, 기껏해야, 설마
'적다' '싸다'는 것을 주관적으로 표현하는 단어다. 시세를 잘 알아보고 그것보다 적다는 것을 정확하게 어필해야 한다.	**1774** 매월 단 3000원으로 영화 무제한 시청
	1775 한 달 전기료가 고작 2만 원
	1776 겨울용 코트, 단 하루만 10% 세일

딱	다른 표현 온리, 꼭
'딱, 이 정도' '이 이상은 돈이 들지 않는다'라는 의미다. 보통 가격과 나란히 쓰이기 때문에 메시지가 분명하게 드러난다. 다만 가벼운 느낌이 강하기 때문에 상황을 잘 살펴 적절하게 사용해야 한다.	**1777** 스포츠웨어가 상하복 세트에 딱 3만 원
	1778 초기 비용, 설치 비용 전부 합쳐 딱 50만 원에 제공
	1779 추가 요금 일절 없이, 딱 10만 원에 해결

2개 사면 1개 무료

'Buy 2 Get 1 Free'로도 불리는 유명한 카피 공식이다. 이에 딱 맞는 기획전이 있어야 쓸 수 있는 카피지만, 단기간에 매출을 높이기 위해 자주 사용한다. 반값으로 한 개를 파는 것보다, 두 개 사면 한 개를 덤으로 주는 편이 판매자에게는 유리하다.

다른 표현 세트로 사면 이득, 2+1 이벤트

1780	신제품 출시 기념! 2개 사면 1개 무료
1781	2개 강좌를 동시 수강하는 분은 추가 강좌를 공짜로 들을 수 있습니다
1782	디카페인 캔커피, 2+1 이벤트

무료

무엇을 무료로 할 것인지는 여러 유형으로 생각해볼 수 있는데, 여기서는 일부를 무료로 하는 경우와 덤이나 샘플을 무료 제공하는 경우를 예로 들었다.

다른 표현 프리, 공짜, 서비스

1783	인사이트 파인더 실전 강좌, 1강을 기간 한정 무료 공개
1784	책가방을 구입한 분께 '이름 스티커' 무료로 증정
1785	첫 구매 시, 미니 샘플 무료 증정

수수료 무료

상품이나 서비스 구매 시, 별도 비용이 발생할 경우에는 '추가 비용'이라고 인식되어 고객이 부담스러워할 것이다. 소비자에게 이러한 지출 부담을 줄여주면 판매에 유리해진다. 또는 일정액 이상 구입할 경우, 배송료를 무료로 해주면 매출액이 상승하는 효과를 기대할 수 있다.

다른 표현 추가 요금 없음, 수수료 없음

1786	교환 수수료 무료
1787	할부 수수료 무료
1788	3만 원 이상 구매하면 배송료 무료

○○비 무료

수수료와 마찬가지로, '추가 비용'이 발생하지 않는다는 것을 강조하는 표현이다. 또는 1791처럼 본래 비용이 발생하지만 특별히 무료로 해줄 때 사용하기도 한다.

다른 표현 비용 없음

1789	설치비 무료
1790	주차비 무료
1791	첫 회 상담료 무료

공짜

다른 표현 프리, 무료, 서비스, 봉사

'공짜'는 소비자의 금전적 리스크를 한 번에 없애주는 최강의 제안이라고 할 수 있다. 하지만 그만큼 의심하는 사람도 있으므로 확실히 이해하고 믿을 수 있도록 설명을 덧붙이는 것이 좋다.

1792	공짜로 홍보가 되는 기본 툴
1793	집 팔 때, 4년간 양도소득세 공짜로 하는 방법(프레지던트 온라인, 2009년 1월)
1794	공짜로 호텔에 묵을 수 있는 숙박권 대추첨 이벤트

캐시백

다른 표현 현금 환불, 돌려드립니다

포인트 카드를 발급하는 소매업 등에서 자주 볼 수 있는 혜택이다. 언뜻 '할인'과 다를 바 없어 보이지만, 가격을 깎지 않아도 되기에 경영상의 이점이 있다. 소비자 입장에서 캐시백은 '돈이 되돌아오는' 것이기 때문에 당연히 이득으로 느껴진다.

1795	이번 달 신청하신 분께 빠짐없이 3만 원 캐시백
1796	공식 홈페이지에서 예약하면 캐시백 적용
1797	50포인트 쌓일 때마다 캐시백 만 원

할인

다른 표현 디스카운트, ○○% OFF

할인의 종류에는 여러 가지가 있다. 세트 할인이나 가족 할인, 대량 구입 할인, 생일 할인 등이 대표적이다. 이벤트 성격에 맞춰 사용하면 적어도 기본은 하는 단어다.

1798	가족이 2명 이상 신청하면, 전원에게 가족 할인 적용
1799	오리털 이불 세트 할인
1800	개강 일주일 전까지, 조기 신청 할인 접수 중

출시 이벤트

다른 표현 첫선, 첫 등장, 데뷔

새로운 제품이나 서비스를 시장에 선보일 때 효과적인 표현이다. 고객의 관심을 불러일으키는 '출시'에 '이벤트'가 더해져 임팩트가 더욱 커진다.

1801	디카페인 초콜릿 출시 이벤트
1802	AI 칩 탑재 노트북 출시 이벤트
1803	2025년 신차 출시 기념 이벤트

재고 처분

다른 표현 클리어런스, 밑지고 팔다, 떨이

'처분'이란 말에서 덤핑의 이미지가 풍긴다. 그만큼 많은 상품을 싸게 살 수 있다고 어필하는 표현이다.

1804	이번 여름 마지막 찬스! 재고 처분 세일
1805	적자 각오로 재고 완전 처분
1806	눈물의 재고 처분 세일 중

신규 가입 이벤트

다른 표현 신규 가입 한정, 신규 회원 특전

신규 고객 모집과 기존 고객 유지는 자동차의 네 바퀴처럼 무엇 하나 빠져서는 안 된다. 어느 한쪽으로 치우치지 않도록 균형을 맞추는 것이 중요하다. 신규 고객을 유치하려면 광고비가 든다. 따라서 신규 모집에만 신경을 쓰다 보면 고객은 모이지만 수익이 나지 않는 결과를 초래할 수 있다.

1807	웹사이트 신규 가입 이벤트 실시 중
1808	신규 가입 이벤트 기간 중에는 3회 무료 이용권 증정
1809	8월에는 신규 가입 이벤트를 실시합니다. 이번 기회를 놓치지 마세요!

소개 이벤트

다른 표현 소개 캠페인

고객을 소개해준 사람에게 주는 '소개 수수료'라고 쓰면 너무 장삿속이라는 인상을 줄 수 있으므로, 이벤트나 캠페인 등의 단어를 써 간접적으로 표현하는 게 좋다.

1810	친구 소개 이벤트
1811	가족 소개 이벤트
1812	신규 회원 소개 캠페인

홈

다른 표현 집, 자택에서, 집에서, 앳홈

집에서 할 수 있다는 것은 '특정 시간에 지정된 장소에 가지 않아도 된다'는 장점이 있다는 뜻이다. 일반적으로 어딘가에 가야 이용할 수 있다고 생각해온 상품이나 서비스에 사용하면 효과적이다.

1813	포토리딩 홈 스터디
1814	홈 에디션 염색약
1815	효과 좋은 홈 트레이닝

템플릿

다른 표현 틀, 모형, 포맷, 패턴, 시트

정리된 틀이나 양식을 말한다. 자신이 직접 찾거나 만드는 데 노력과 노하우가 필요한 일일수록 템플릿의 가치는 높아진다.

1816	회사 소개용 PPT 템플릿 제공
1817	합격률을 대폭 올려주는 이력서 템플릿
1818	처음 만나는 상대의 마음을 사로잡는 명함 디자인 템플릿을 무료로 드립니다

보상 판매

다른 표현 인수, 매입, 트레이드

'새로운 제품으로 교체하고 싶지만, 현재 사용 중인 물건을 버리기가 아까워 망설이고 있는' 소비자의 심리를 자극하는 방법이다. 보상금만큼 새 제품을 싸게 살 수 있다고 어필한다.

1819	보상 판매를 이용하면, 신형 스마트폰을 최대 30만 원 할인가에!
1820	사용 중인 안경 가져오시면 제품 구매 시 10% 할인해 드립니다
1821	구형 노트북 보상 판매 실시

○○의 날

다른 표현 ○○데이, ○○하기 좋은 날, ○○타임

특별한 이벤트를 기획하지 않더라도 기념일을 활용해 소비 심리를 자극할 수 있다. '특별함'을 연출하면 판매에 탄력이 붙고 화제성도 생겨서 고객을 끌어모으기 쉽다.

1822	근로자의 날 기념 이벤트
1823	세계 여성의 날 기념 행사
1824	환경의 날 기념 씨앗 무료 나눔

프로그램

다른 표현 기획, 계획, 프로젝트, 강좌, 교실

방송이나 컴퓨터 프로그램이 익숙하겠지만 여기서 소개하는 것은 강좌나 커리큘럼을 가리킨다. 뭔가 정리된 학습 단계가 있다는 뉘앙스가 전해져 체계 있고 명확한 콘텐츠라는 신뢰를 준다.

1825	아이와 함께하는 월간 독서 프로그램
1826	클릭률 200% 상승하는 배너 제작 프로그램
1827	기업의 건강 유지 프로그램, 과제와 해결책(《포브스 재팬》, 2016년 11월)

24시간, 365일 일하는 세일즈맨

세일즈 레터는 '세일즈맨십 인 프린트', 즉 '인쇄된 영업자'라고 불린다.

세일즈맨을 육성하려면 기초부터 일일이 교육이 필요하고, 영업 교육을 받았다고 해서 모두가 동일한 능력을 발휘하지는 못한다. 아무래도 개인차가 있기 마련이고, 그것이 결국 영업 실적 차이로 나타난다. 게다가 영업자가 하루에 방문할 수 있는 고객 수는 한정되어 있고, 영업점에서 하루에 응대할 수 있는 고객 수에도 한계가 있다.

하지만 세일즈 레터는 한번 잘 만들어서 발송만 하고 나면, 24시간 365일 영업 활동을 해준다. 당신이 잠을 자든 휴가를 떠나든, 대신 영업을 해주면서도 일이 힘들다거나 부당한 대우를 받았다는 등의 불평불만도 하지 않는다.

<월스트리트 저널>은 20년 이상 똑같은 내용의 세일즈 레터를 발송하고 있다. 이처럼 내용이 훌륭하다면 특별히 카피를 바꾸지 않고 얼마든지 반복해서 사용할 수 있다. 또한 세일즈 레터를 만드는 과정에는 어느 정도의 노력이 필요하지만, 일단 완성이 되면 동일하게 최고 수준의 영업력을 발휘할 수 있다. 세일즈맨처럼 개인차가 생길 일이 없는 것이다.

인터넷 판매가 주를 이루는 오늘날에는 세일즈 레터를 온라인으로 구현하고 있는데, 이를 랜딩 페이지라고 부른다. 랜딩 페이지는 세일즈 레터와는 달리, 시간 제약을 받지 않으면서도 많은 사람에게 다가갈 수 있다. 뛰어난 랜딩 페이지를 갖고 있다는 것은, 뛰어난 영업 담당자가 24시간 365일 항상 고객을 상대로 마케팅을 하고 있는 것과 다름없다.

Narrow

특정 고객을 타깃으로 삼는 카피

마케팅이란
'내가 팔려고 하는 상품의 가치를 알아봐주는
딱 맞는 사람과 만나는 기술'이다.

PESONA 법칙 - 범위 좁히기(Narrow)

거절할 용기를 내야
딱 맞는 고객과 만날 수 있다

상품을 제안하고(O) 나서 중요한 것은

그것을 사줄 사람의 범위를 좁히는(N) 일이다.

'많은 고객한테 어필하면 더 팔 수 있는데

굳이 고객의 범위를 좁힐 필요가 있을까?'

초보 카피라이터는 이렇게 생각할지 모르지만, 이것은 기우일 뿐이다.

고객의 범위를 좁히면 좁힐수록,
읽는 사람의 반응은 급격히 증가한다.

이 사실을 깨달은 것은 20년도 훨씬 전의 일이다.

나는 매출을 올리기 위해 매일 광고 카피를 쓰고 지우기를 반복하며 살았는데

어떤 카피에 사람들이 강렬하게 반응하는지를 어느 순간 깨닫게 되었다.

놀랍게도 '특정 고객을 대상으로 쓴 카피'에 사람들은 더 강하게 반응했다.

이 장에서 소개할 Narrow 법칙은 이렇게 탄생했다.

예를 들면 아래와 같은 카피들이다.

- 이렇게나 특별 혜택이 많다 보니 아무래도 모든 사람에게 제공할 수는 없습니다.
- 희소한 재료를 사용하므로 생산 수량이 한정되어 있습니다. 한 사람당 2상자로 제한하겠습니다.
- 장인의 손길로 하나하나 정성스럽게 만들고 있기에 한정 수량만 판매합니다.

처음에는 '수량 한정'이나 '기간 한정'이 먹혀서 효과가 좋은 거라고 생각했다. 하지만 이것뿐만이 아니었다.

'범위를 좁히는 카피'에는 단순히 '얼마 안 있으면 손에 넣을 수 없어요' 하고

행동을 촉구하는 것 이상으로 중요한 측면이 있었던 것이다.

그것은 바로 **'그 상품에 딱 맞는 고객과 만날 수 있다는 점'**이었다.

고객의 범위를 좁혀 이렇게 딱 맞는 고객을 만나기만 하면 **반복 구매율이 높아지고 이탈률은 낮아진다.** 게다가 고객 관리가 용이해지니 후속 상품을 기획할 여유도 생긴다.

오늘날 Narrow 법칙은 훨씬 더 중요해졌다.

광고가 범람하는 환경에서 살아가는 현대인들은 자신이 원하지 않는 상품에 대한 메시지를 받게 되면 그 회사를 비난하거나, 그 회사 상품의 구매를 줄이거나, 혹은 그 회사 영업자가 찾아와도 미팅을 거부하는 행동을 하게 되기 때문이다.

(『챌린저 고객The Challenger Customer』 브렌트 애덤슨 외, 포트폴리오, 2015)

그러므로 Narrow 법칙은 단기적으로 광고 효과를 올리기 위해서뿐 아니라, 장기적으로 타깃 고객을 관리하면서 고객 생애 가치(Life Time Value)를 최대화하는 전략을 짜는 데도 유리하다.

그렇다면 Narrow 법칙은 어떻게 사용해야 효과적일까?

우선은 범위를 좁힐 대상을 명확히 하기 위해 다음 질문에 답해야 한다.

[열쇠가 되는 질문]

- 동종업계에 비슷한 회사가 많은데
  왜 기존 고객은 우리 회사 제품을 골랐을까?
- 시중에 유사 상품이 많은데
  왜 기존 고객은 우리 제품을 사기로 했을까?

이 질문의 포인트는 '기존 고객'의 심리에 초점을 맞추는 것이다.
당신이 팔고 있는 상품을 이미 사용하고 있는 고객은
당신도 모르는 그 상품의 '강점'이 뭔지를 알려주는 사람이기 때문이다.

단적인 예를 하나 들어보자. 어떤 치과의사에게 "당신 병원의 강점은 뭔가요?"라고 물었더니
그 의사는 "제가 치료를 정성스럽게 하기 때문이죠"라고 답했다.
하지만 실제로 그 병원에 다니는 환자에게 물어보니 이런 대답이 되돌아왔다.
"그 치과는 제가 치료를 받는 동안 우리 아이가 놀 수 있는 공간이 있거든요."
이렇듯 자신의 강점을 정작 본인은 모르고 있는 경우가 많다.

그러므로 기존 고객이 '어떤 점'에 '왜' 만족하고 있는지를 조사해보면 상품의 가치가 더 명확
해지고, 앞으로 어떤 고객을 대상으로 마케팅을 해야 하는지도 좀 더 정확하게 파악할 수 있다.

다음으로는 '고객의 의견'을 전략적으로 활용할 수 있어야 한다.
기존 고객 중에서 앞으로 당신이 타깃으로 삼고 싶은 고객층을 대표할 수 있는 사용자를 찾아
내어 '고객의 목소리'를 심도 있게 들어보자. 그렇게 하면 '그와 비슷한 타깃 고객을 늘릴 수 있
는 전략'을 세울 수 있다.

마지막으로 소개할 방법은,
Narrow 법칙으로 카피를 쓸 때 빠르게 효과를 볼 수 있는 **'한정'** 수법이다.
홍보 메시지를 보냈는데도 읽는 사람이 거의 반응을 하지 않는 경우,

우선 의심해봐야 할 것이 '한정'의 유무다.

한정 수법이 들어 있지 않으면 **고객은 자신이 원할 때 언제든지 살 수 있다고 생각하게 되어 언제까지고 사지 않는다.**

한정 수법에는 **기간 한정과 수량 한정**, 두 가지가 있다.

기간 한정은

'3대 특전은 ○월 ○일까지'

'조기 할인가가 ○월 ○일로 종료됩니다'

와 같이 마감일을 명시하는 것이다.

수량 한정은

'선착순 ○명 한정'

'한 사람당 ○개까지'

처럼 제공하는 상품의 수가 한정되어 있음을 알리는 것이다.

이 두 가지 방법을 조합하는 카피도 있는데, 이때 중요한 것은 그 한정하는 내용에 진실성이 있어야 한다는 것이다.

예를 들어 '지금 신청하면 가입비 무료!'라는 카피에서는 진실성이 느껴지지 않는다. '지금'이라고 말하고 있지만, 언제까지 무료라는 건지 정확한 날짜가 표시되어 있지 않기 때문이다.

반면에 '지금 토익 시험 준비 중인 분, 이번 달 수험료를 대신 내드립니다'라는 카피에는 명쾌한 데드라인이 있기 때문에 진실성이 느껴진다.

이렇듯 마케팅이란,

'내가 팔려고 하는 상품의 가치를 알아봐주는 딱 맞는 사람과 만나는 기술'이다.

무리하게 많은 고객을 모으려고 애써봤자,

타깃이 아니라면 당신이 팔려고 하는 상품의 가치가 무엇인지 잘 알지도 못하면서 부정적인 리뷰만 남기고 이탈해버린다.

그렇게 되면 오히려 당신의 상품을 알아봐줄 고객을 만나기도 어려워진다.

그러므로 당신이 찾는 조건에 딱 맞는 고객에 집중하라.
그 외 필요 없는 고객은 거절할 줄 알아야 한다.
그래야 당신이 팔려고 하는 상품은 더욱 잘 나가고
당신의 비즈니스는 더욱 오랫동안 성장할 것이다.

거절하는 용기를 내는 것은
비즈니스를 오랫동안 성장시키기 위한 필수 전략이다.

읽는 사람을 특정해서 말 걸기

시끌벅적한 파티장에서도 나와 이야기하고 있는 상대방의 목소리는 잘 들린다. 이것이 바로 널리 알려져 있는 '칵테일 파티 효과cocktail party effect'다.

인간의 뇌는 복잡한 상황에서도 자신에게 필요한 정보에만 집중할 수 있는 능력을 갖고 있다. 쏟아지는 숱한 정보 중에서 자신이 관심 있는 정보에 주의를 기울이는 것을 바로 **'선택적 주의'**라고 한다. **카피라이터가 하는 일은 바로 이 '선택적 주의'에 딱 맞는 단어를 선택하는 것이다.**

혼잡한 곳에 서서 "모두 제 말을 들어주세요"라고 아무리 외쳐봐야 좀처럼 반응을 얻기는 힘들다. 하지만 만약 "아이가 아토피를 앓고 있다면 제 말을 들어주세요"라고 외친다면 어떨까? 비슷한 어려움을 겪고 있는 사람이 있다면 그 말에 반응할 확률이 높아진다. 마치 이름이라도 불린 것처럼 무시하기 어려울 수도 있다. 이처럼 **타깃의 범위를 좁히면 좁힐수록 '자신의 일'이라고 느낀 사람들의 반응을 얻기가 수월해진다.**

○○인 분에게

다른 표현 ○○인 당신에게, ○○하는 사람에게

'○○인 분에게'라는 말을 들으면, 타깃이 되는 고객은 그 메시지가 자신을 향한다고 느끼기 쉽다. 또한 쓰는 사람 입장에서도 '누구를 향해 쓸 것인지(=페르소나)'를 확실히 인식할 수 있어 카피를 쓰는 게 더 쉬워진다.

1828	컨설턴트분들에게 간다 마사노리가 전하는 제안
1829	끔찍한 요통으로 밤에 뒤척이기도 힘든 분에게
1830	비즈니스 리더여, 초등학생의 단체 줄넘기에서 배워라!

○○이 고민인 분에게

다른 표현 ○○으로 고민하는 분에게

고민(P)을 거침없이 지적하며 메시지를 전달할 때 사용한다. 1833의 '집의 와이파이가 자꾸 끊긴다'처럼 문제 상황을 구체적으로 묘사할수록 해당되는 사람은 더 생생하게 자기 이야기라고 느낄 것이다.

1831	비염 때문에 코가 자주 막혀 고민인 분에게
1832	출산 후 컨디션이 돌아오지 않아 고민인 분에게
1833	집의 와이파이가 자꾸 끊겨서 고민인 분에게

언젠가 ○○하고 싶은 분에게

다른 표현 앞으로 ○○하고 싶은 당신에게

꿈이나 희망을 갖고 있는 사람을 타깃으로 한 표현이다. 아직은 막연한 미래이므로 급히 특정한 상품을 판매하려 들기보다는 '우선은 관심을 갖게 하는'데 무게를 두는 편이 좋다.

1834	언젠가 회사를 그만두고 독립하고 싶은 분에게
1835	언젠가 대출 없이 카페를 열고 싶은 분에게
1836	언젠가 강아지를 키우고 싶어 하는 분에게

앞으로 #년 안에 ○○하고 싶은 분에게

다른 표현 앞으로 #년 이내에 ○○하고 싶은 분에게

'언젠가 ○○하고 싶다'고 하면 꿈처럼 막연하게 느껴질지 모르지만, '#년 안에 ○○하고 싶다'고 하면 구체성이 생겨 실감이 난다. 기간 한정의 좋은 사례다.

1837	앞으로 3년 안에 회사를 그만두고 싶은 분에게
1838	앞으로 5년 안에 주택 대출금을 다 갚고 싶은 분에게
1839	앞으로 1년 내에 비즈니스 영어회화를 마스터하고 싶은 분에게

어떻게 하면 좋을지 모르는 분에게

다른 표현 어떻게 해야 좋을지 모르는 분에게

'의사는 있지만 실현할 방법을 몰라서' 고민하는 사람의 마음을 대변하면서 자극하는 표현이다. 읽는 사람의 감정에 가까이 다가가(E), 기분 나쁘지 않게 고민을 묘사할 수 있어서 활용도가 높다.

1840	영업 실적을 더 올리고 싶은데 어떻게 하면 좋을지 모르는 분에게
1841	기타를 좀 더 잘 치고 싶은데 어떻게 하면 좋을지 모르는 분에게
1842	인스타에 올릴 사진을 좀 더 잘 찍고 싶은데 어떻게 해야 좋을지 모르는 분에게

어머님께·아버님께

다른 표현 부모님에게 보내는

자녀를 둔 부모를 대상으로 하는 표현이라는 것을 확실히 알 수 있다. 단독으로 쓰기도 하지만, 대부분의 경우는 '어떤 아이의 어머니, 아버지인지'를 밝혀 메시지의 대상을 한층 더 좁힌다.

1843	초등 저학년 자녀를 둔 부모님께
1844	생후 18개월부터 3세 미만의 아이를 둔 어머님께
1845	운동을 싫어하는 아이를 키우는 아버님께

○○을 사용하는 분에게

다른 표현 ○○을 이용 중인 분에게

단순한 전달 사항을 전할 때 자주 볼 수 있는 표현이지만, 여기서는 '특정 제품을 갖고 있는 사람'에게 초점을 맞춘 카피를 예로 들었다. 해당 상품을 갖고 있는 사람들은 솔깃할 수밖에 없어 주목을 끌기 쉽다.

1846	안드로이드 스마트폰을 사용하는 분에게. 아이폰에는 없는 추천 앱 10가지
1847	A350을 애용하시는 분에게. 기능이 한층 강화된 A360이 나왔습니다
1848	돋보기를 사용하는 분에게 드리는 솔깃한 정보

○○한 분에게, 긴급 안내!

다른 표현 ○○한 분에게, 긴급 연락

『금단의 세일즈 카피라이팅』에서는 '대상 고객을 명확히 하면서 긴급한 상황을 알려' 좋은 효과를 내는 방법을 소개하고 있다. 연령대나 상황, 지역 등 다양한 조건을 설정할 수 있다.

1849	1가구 2주택인 분에게, 긴급 안내!
1850	다초점 안경을 사용하는 60대에게 긴급 안내(『불변의 마케팅』 간다 마사노리, 두드림미디어, 2023)
1851	20대에 이직을 생각하고 있는 분에게, 긴급 안내!

○○을 위한

다른 표현 For ○○, ○○한정, ○○에게 보내는

누구를 위한 상품 또는 서비스인지를 한마디로 드러내는 표현이다. 조합이 자유로워 활용도가 높고 사용하기도 무척 쉽다. '○○'에 들어간 타깃 이외는 놓치는 것 같아 아깝기도 하겠지만, 실제로는 대상이 넓으면 넓을수록 메시지를 어필하기가 오히려 어렵다는 걸 명심하자.

1852	주니어 마케터를 위한 최신 디지털 마케팅 프로그램
1853	포토그래퍼를 위한 궁극의 노트북. Photographer × Surface Book(마이크로소프트)
1854	주말에도 일하는 여성을 위한 간단 레시피

바쁜 사람을 위한

다른 표현 시간이 없는 사람을 위한

대부분의 사람들은 바쁜 나날을 보내고 있으므로 누구에게나 해당된다는 의미에서 타깃층이 넓다고 볼 수 있다. 한편 이 표현은 짧은 시간에 효율적이라는 뉘앙스와 간단해 보이는 뉘앙스가 동시에 전달되어 주목을 끌기 쉽다.

1855	바쁜 사람들을 위한 영어회화
1856	바쁜 사람을 위한 프로그래밍 강좌
1857	바쁜 사람을 위한 '주식으로 자산 늘리는 법'(다이아몬드 온라인, 2022년 7월)

○○을 생각하는 분

다른 표현 ○○을 생각 중이신 분

이 표현은 사람의 특징이 아니라 희망이나 고민, 과제 등의 '내용'에 주목하고 있다는 것이 포인트다. 희망을 이루거나 고민 또는 과제를 해결하기 위한 정보를 함께 제공하면 효과적이다.	**1858** 간병 서비스 이용을 생각하는 분에게
	1859 회사의 복리 후생으로 스포츠클럽을 생각하는 경영자 필독
	1860 은퇴 후 귀촌을 생각하고 있는 당신에게 솔깃한 정보

○○야말로

다른 표현 ○○이기에 더욱, ○○한 당신이야말로, 그야말로

'이번에야말로'라고 쓰는 경우가 많지만, 여기서는 시간이 아니라 '무엇(물건) 혹은 누구(사람)이기에 더욱 더'라는 의미다. 의외성이 있는 것일수록 효과적인데, 1861은 '디지털 혁명은 대기업의 전유물'이라는 인식을 역으로 이용한 사례다.	**1861** 중소기업이야말로 디지털 혁명을!
	1862 사양 산업이야말로 모바일 서비스로 전환해야!
	1863 문과 출신이야말로 숫자 감각이 필수

가족을 소중히 여기는

다른 표현 가족을 생각하는, 가족을 끔찍이 아끼는

대상을 좁히는 표현의 한 가지다. 가족과 함께 시간을 확보하게 해주는 상품이나 서비스에 어울린다. 안전, 위생 면에서 높은 기준을 적용한다는 뉘앙스도 전해진다.	**1864** 가족을 소중히 여기는 30대 직장인을 위한 궁극의 투자법
	1865 가족을 소중히 여기는 맞벌이 부부의 시간 활용법
	1866 가족을 소중히 여기는 사람을 위한 시간 단축 가전제품 소개

칼럼
타깃 좁히기에 관한 오해

'○○을 위한'이라는 식으로 타깃 고객의 범위를 좁혀서 카피를 쓰면, 그에 해당되지 않는 사람들에게는 팔기 어렵다고 아쉬워하는 사람도 있을 것이다. 하지만 걱정할 필요 없다. 가령, 남녀 모두 입을 수 있는 패딩이 있다고 하자. 이때 상품은 그대로 두고 메시지만 '남성용'과 '여성용'으로 나눠서 만들면 된다. 남성에게는 '출근용으로도 입기 좋은 패딩', 여성에게는 '꾸미지 않아도 꾸민 것처럼 예뻐 보이는 패딩'과 같이 다르게 어필할 수 있다. 이처럼 비즈니스 타깃을 좁히는 것과, 메시지의 타깃을 좁히는 것은 별개의 일이다.

가치를 높이는 한정하기

리미티드 에디션이라서 혹은 계절 한정이라 계획에도 없는 구매를 한 경험은 누구에게나 있을 것이다. 수량이나 기간 한정으로 인해 '손에 넣지 못할지도 모르는' 상태는 행동을 촉구할 뿐만 아니라 **상품 자체에서 느낄 수 있는 가치를 높이는 효과**도 있다. 서로 사려고 하는 상황에서 프리미엄이 붙듯이 **구하기 어려운 상품에 더 큰 가치를 느끼기 때문**이다.

이러한 심리를 마케팅에 탁월하게 이용하고 있는 페라리는 시장 조사를 한 다음, 항상 수요보다 한 대 적게 생산해 브랜드 가치를 높인다고 한다.(『히스토리가 되는 스토리 경영』 구스노키 젠, 자음과모음, 2012) 품귀나 품절 현상을 기사화해서 고객이 더욱 몰려들게 만드는 PR 전략도 바로 여기에 해당한다.

이들 심리에 공통된 것은 **'한정'**이다. 한정하는 대상은 '수량' '인원수' '기간' '지역' 등 다양하게 설정할 수 있다. '조건'을 붙이는 것도 좋다. 요컨대 **누구나, 언제든지, 어떤 상황에서도 살 수 있는 상태로 하지 않는 것**'이 고객의 구매 의욕을 높이는 비결이다.

○개 한정	다른 표현 한 사람당 ○개까지	
이 표현을 사용할 때는 '왜 수량이 한정되어 있는지' 그 이유를 설득력 있게 제시해야 신뢰를 얻을 수 있다. 재고가 많이 남아 있으면서도 '○개 한정'이라고 거짓으로 홍보하지 않도록 주의하자.	**1867**	선착순! 오리지널 디자인 티셔츠 30벌 한정
	1868	수제 쿠키 하루 500개 한정 판매
	1869	10년 전 가격으로, 한 사람당 3개까지 구매 가능

○명 한정	다른 표현 ○분 한정, ○분만	
수량과 마찬가지로, '왜 인원이 한정되어 있는지' 그 이유를 확실히 명시하는 것이 바람직하다. 인원 한정이라 해놓고, 나중에 인원을 추가하는 행위는 신뢰를 잃는 원인이 된다.	**1870**	멤버십 소지자에게만 안내. 선착순 20명 한정으로 신청 접수 중
	1871	초저가 파티 세트, 하루 3팀 한정
	1872	전시장 정원 문제로 이번에도 10분만 모십니다

기간 한정

다른 표현 ○○까지 한정, ○○까지

이벤트 기간을 정해두는 것은 효과적이다. 기한이 다가올수록 구매 동기가 확실해지기 때문이다. 평소에 필요하다고 생각한 물건이었다면 기간 한정이 결정적 계기가 되어 구매로 이어지기도 한다.

1873	8월 12일까지 기간 한정 무료 체험
1874	3월 22일 이후에는 30만 원 인상될 예정이니 구매를 서두르세요
1875	4월 1일부터 4월 10일까지 기간 한정 특별 전시

지금이 기회

다른 표현 바로 지금뿐, 빨리, 놓치지 말고

'기간 한정'의 변형된 표현이다. '○○은 지금이 기회'로 쓰는 경우도 있지만, 지금이 '언제'인지를 밝히지 않으면 신뢰성이 떨어질 수밖에 없다. 그러므로 이 표현을 쓸 때는 기간을 밝히기를 권한다.

1876	바로 지금이 기회! 오후 3시까지 타임 세일
1877	반값 항공권 지금이 기회. 딱 3일간 구매 가능
1878	바로 지금뿐! 1시간 요금으로 2시간 이용 OK

○○(계절) 한정

다른 표현 ○○세일

기간을 '계절'로 한정하는 표현이다. 폭넓게 사용되고 있어 친숙하고 거부감이 적다. 상품이나 서비스가 계절과 관계가 없어도 사용할 수 있지만 그 계절에 어울리는 것이라면 더욱 설득력이 높아진다.

1879	사전 예약 개시, 연말연시 한정 메뉴 '해피뉴이어 세트'
1880	여름 한정 수영복 특별가 판매
1881	명절 한정 선물 세트 기획

회원 한정

다른 표현 멤버 한정, 등록자 한정, 전용

이 표현은 두 가지 장점이 있다. 우선, 기존 회원을 우대하기 때문에 회원들의 만족감이 높아진다. 두 번째는 그 우대 내용이 매력적이면 신규 회원 가입이 늘어난다는 점이다.

1882	회원 한정. 특별 강연회에 무료 초대합니다
1883	프리미엄 회원 한정 스페셜 아이템 증정
1884	2강부터는 유료 회원 전용 콘텐츠입니다

○○하는 분 한정

다른 표현 ○○인 분 한정, ○○한 고객 우선

자격이나 조건이 있는 사람에게만 특별한 메리트가 있다고 말해주는 표현이다. 타깃을 좁힘과 동시에 조건에 해당되는 사람에게는 특권이 있다고 느끼게 해준다. 이미 어떤 물건을 소유하고 있거나 그와 비슷한 것을 구매한 경험이 있는 타깃을 대상으로 하기 때문에 효과가 더 좋다.

1885	퓨처 매핑 기초 강좌를 수강하신 분 한정으로 특별가에 모십니다
1886	이 화면에서 신청하신 분 한정으로 PDF 자료 증정
1887	3개월 이상 참여하신 분 한정으로 제공되는 10% 할인 코드

단, ○○인 분에 한합니다

다른 표현 단, ○○인 분만

조건을 붙여 대상을 좁히는 표현이다. '○○하는 분 한정'과 같은 뜻이지만, '단'이 들어가면 더 까다로운 인상을 주기 때문에, '단'을 넣지 않고 쓰는 경우도 많다.

1888	셔츠 수선 50% 할인. 단, 이 매장에서 주문하신 분에 한합니다
1889	무료 상담은 유료 회원에 한합니다
1890	전시회 관람객에 한해서 음료 할인 쿠폰을 드립니다

○○인 분은 무료

다른 표현 ○○한정 무료

누구에게나 무료로 제공한다면 별로 고마움을 느끼지 못한다. 하지만 수혜자를 일부로 좁히면 희소성이 생겨난다.

1891	60세 이상인 분은 무료 입장
1892	레스토랑을 이용하시는 분은 주차 요금 무료
1893	미취학 아동은 무료입니다

권하지 않습니다

다른 표현 바람직하지 않습니다, 추천하지 않습니다

권하지 않는 이유를 직접적으로 말하면서 오히려 설득하는 표현이다. 타깃층과 반대되는 고객상을 묘사하면서, 역설적으로 '당신은 안 그렇죠?'라며 은근히 자부심을 올려준다. 또한 '이런 분에게는 권합니다' '이런 분에게는 권하지 않습니다'라는 식으로 비교해서 쓰는 경우도 있다.

1894	'아는 척' 하는 분에게는 이 책을 권하지 않습니다
1895	임대 목적인 분에게는 권하지 않습니다
1896	당장 효과를 바라는 분에게는 권하지 않습니다

환상의 ○○

		다른 표현	진귀한, 환상적인, 판타지

'환상'이라는 단어 자체는 '실재하지 않지만 실재하는 것처럼 보이는 것'이라는 뜻이다. 실재하는 뭔가가 '좀처럼 보기 드물고 신기하다'는 것을 은유적으로 표현하는 경우가 많다. 환상적인 분위기를 연출하면서 희소성을 드러낼 때 적합하다.

1897	저자가 생전에 남긴 환상의 메모가 10년 후 한 권의 책으로 탄생
1898	2만 원으로 환상의 케이크를 득템할 기회
1899	초연 이후 10년 만에 막을 올리는 환상의 뮤지컬

전설의

		다른 표현	구전되는, 전해 내려오는, 레전드

이 단어는 '전해 내려오는' '환상적인'이라는 의미가 있다. 또한, '쉽게 볼 수 없는'이라는 뉘앙스로도 쓰인다. 어떤 분야에서 권위 있는 사람이나 단체 등을 언급할 때, 강력한 임팩트를 주는 표현이다.

1900	전설의 카피라이팅 바이블
1901	21세기 록 사상 새로운 전설을 만들 밴드!
1902	'전설의 정치인'에게 배우는 교섭 비법

단 하나의

		다른 표현	한 개만, 단 한 가지, 독자적인

읽는 사람 입장에서는 단 하나에 해당하는 것만 알면 된다는 생각에 끌리게 되는 표현이다. 뒤집어 말하면, 그 하나의 조건을 충족하지 못하면 좋은 결과를 낼 수 없다는 메시지를 전한다.

1903	하락장을 뛰어넘는 단 하나의 기술
1904	결혼을 결심하기 전에 고려해야 할 단 하나의 조건
1905	'천직'의 커리어를 이끌어낸 단 하나의 방법(프레지던트 온라인, 2019년 8월)

유일한

		다른 표현	온리, 단 하나, ○○만

'유일'이라는 것은 '이것 외에는 없다'와 같은 뜻이므로 희소성을 어필할 수 있다. 1906, 1907에서 알 수 있듯이 확실하게 단정함으로써 자신감이 느껴진다.

1906	현재의 상태를 타개하기 위한 유일한 방법(『바보가 될 정도로 책을 읽어라バカになるほど本を読め』간다 마사노리, PHP 연구소, 2015)
1907	스포츠 워치야말로 유일한 만능 시계(《포브스 재팬》, 2018년 8월)
1908	간사이 지방에서 유일한 체험형 모터 스포츠 시설

나만의	다른 표현 당신만의, 맞춤의, 커스터마이징
'다른 사람한테는 없는 것을 갖고 싶다'는 욕구를 건드리는 표현이다. 커스터마이징이 가능한 상품이나 서비스에 사용하기 좋다.	**1909** 나만의 조립 컴퓨터로 최고의 게임 환경을!
	1910 형태도 색도 자유자재. 나만의 머그컵을 만들자
	1911 커스터마이징 자유. 나만의 독창적인 투어 플랜을 짜 보자

유니크한	다른 표현 독창적인, 개성 넘치는, 색다른
'유일한'의 의미이지만 '더없이 재미있다'는 뉘앙스까지 내포하고 있다. 다른 상품과 어떤 점이 다른지 궁금증을 갖게 하는 표현이다.	**1912** 유니크한 자기 어필의 기술
	1913 만족도 100%를 자랑하는 유니크한 연수
	1914 규모는 작지만 유니크한 부티크 호텔

○○할 수밖에 없는	다른 표현 ○○하지 않을 수 없는, ○○뿐
'하나밖에 없다'는 식으로 대상이 한정된다는 것을 표현한다. 단호한 인상을 줘 대상이 더욱 강조되는 효과가 있다.	**1915** 돈을 벌고 싶다면 '성실할 수밖에 없는' 필연적 이유(도요케이자이 온라인, 2022년 8월)
	1916 성공할 수밖에 없는 사람들의 비밀
	1917 몰입할 수밖에 없는 이야기

칼럼
첫눈에 꽂히는 헤드라인, 연결이 중요한 서브헤드

글을 대표하는 큰제목을 '헤드라인'이라 부르고, 중간중간 나오는 소제목을 '서브헤드'라고 부른다. 단 몇 초만에 더 읽을 글인지 아닌지가 결정되기 때문에 첫눈에 꽂히는 헤드라인을 쓰는 것이 중요하다. 또한 '서브헤드를 서로 연결해 읽기만 해도 요점을 쉽게 알 수 있도록' 글을 구성하는 것 역시 카피라이터가 꼭 기억해야 할 점이다.

특별함 나타내기

사람은 **특별 대우에 약하다.** 신용카드 회사나 백화점에서 '골드 회원' 제도 등을 운영하는 이유다. 특별 대우를 좋아하는 사람들의 심리는 몇 가지 현상으로 설명할 수 있는데, 첫 번째가 바로 '**스노브 효과**snob effect'다. 특정한 상품을 소비하는 사람이 늘어나면, 오히려 그 상품에 대한 수요가 줄어드는 현상을 말하는데, 명품업계에서 수량을 제한하는 것은 바로 이 현상 때문이다. 다음으로 '**베블런 효과** Veblen effect'는 가격이 올라가도 오히려 수요가 증가하는 현상을 말한다. 명품이나 사치품과 관련되어 있는데, 이러한 소비는 실용성보다는 부와 사회적 지위를 타인에게 보여주는 것 자체가 주목적이기 때문이다.

스노브 효과와 베블런 효과는 모두 1950년에 논문으로 발표되어, 반세기를 훨씬 지난 지금까지도 통용되고 있다. '사람이 물건을 사는 이유'는 온라인 쇼핑이라는 거대한 변화가 일어났음에도 소비 심리는 그다지 바뀌지 않은 것이다.

프리미엄	다른 표현 사치, 리치, 최고급, 최상급
'할증 가격'이라는 의미와 '고급'이라는 의미가 있다. '더 이상 손에 넣을 수 없기 때문에 정가 이상의 프리미엄이 붙는다'라는 전자의 의미로 쓰이는 경우도 있지만, 카피로 쓸 때는 후자의 의미인 '고급'을 나타내는 경우가 많다. 고급을 지향하는 사람에게 어필할 수 있는 단어다.	**1918** 데일리 프리미엄(파나소닉)
	1919 한번은 경험해보고 싶다. 프리미엄 호캉스
	1920 스탠다드 코스와 프리미엄 코스 중에서 선택해주세요

하이퀄리티	다른 표현 고급, 고품질, 하이엔드
고품질을 강조하는 데 적합한 표현이다. 단순히 '질이 높을' 뿐만 아니라, '고급'이라는 이미지까지 더해진다. 1922처럼 포테이토칩 같은 일상적인 소비재라도 고급 버전을 만든다면 사용할 수 있다.	**1921** 승용차의 쾌적성을 높이는 하이퀄리티 클리닝 서비스
	1922 재료와 제조법에 심혈을 쏟은 하이퀄리티 포테이토칩
	1923 하이퀄리티를 실현하는 프로페셔널 그룹

극상	다른 표현 최상급, 최고급, 럭셔리
하이퀄리티나 고품질과 같은 의미이지만, 하이퀄리티 중에서도 가장 좋은 상태를 '극상'이라고 표현한다. 하지만 실제로는 하이퀄리티, 고품질의 의미를 조금 과장해서 사용할 때도 많다. 고가 전략 상품을 화려하게 연출할 때에 효과적인 단어다.	**1924** 겨울 스포츠와 제철 요리를 무한대로 즐기는 극상의 휴일
	1925 극상의 와규를 아낌없이 넣은 특제 햄버거
	1926 한 번도 경험한 적 없는 극상의 부드러움

극대화한	다른 표현 정점까지 추구한, 끝까지 이른, 궁극에 다다른
'정점을 찍다'라는 의미를 나타낸다. 동시에 '사소한 데까지 신경 써서 자신만의 신념을 관철한다'는 뉘앙스를 내포하고 있다.	**1927** 고급스러움과 편의성을 극대화한 가죽 소파
	1928 유리의 심플한 아름다움을 극대화한 디자인 창호
	1929 '프로가 직접 전수!' 술안주의 비법을 정점까지 추구하다(NHK)

더할 나위 없는	다른 표현 견줄 게 없는, 더 이상은 없는, 발군의, 출중한
이보다 위는 없다, 즉 최상급이라는 뜻이다. 수치 비교에 의한 객관적인 순위라기보다는 어디까지나 개인이 주관적으로 느끼는 순위다. '극상'을 쓰기 부담스러울 때는 이 표현으로 바꾸면 이질감 없이 사용할 수 있다.	**1930** 더할 나위 없는 안락함을 선사하는 흔들의자의 매력
	1931 아이폰을 더할 나위 없이 쾌적하게 사용하는 비법
	1932 고급스러우면서 세심한 서비스로 더할 나위 없는 행복을 느껴보세요

이그제큐티브(executive)	다른 표현 중역, 임원, 간부, 높으신 분
기업의 고위 관리직이라는 의미로 '엘리트'와 비슷하지만 부정적인 이미지는 없다. 엄밀히는 경영진이 대상이지만, 단순히 '고급'이라는 뉘앙스로 쓸 때도 많다. 비교적 연령층이 높고 비즈니스 지향의 시장에서 어필하기 좋은 단어다.	**1933** 이그제큐티브를 위한 연설, 프레젠테이션 강좌
	1934 이그제큐티브의 '수면의 질'을 높이는 침실 환경 갖추는 법(《포브스 재팬》, 2016년 7월)
	1935 한번은 체험해보고 싶은 이그제큐티브 룸 패키지

엘리트

다른 표현 수완가, 인재, 우등생, 수재

'뛰어난 능력이 있다고 인정받은 사람'으로도 통하며, '선택된 사람'이라는 뉘앙스가 강하다. 이를 동경하는 사람도 있지만, 거부감을 느끼는 사람도 있으니 주의해서 사용하는 것이 좋다.

1936	세계의 엘리트는 '금요일 밤'에 일하지 않는다(프레지던트 온라인, 2019년 5월)
1937	엘리트만이 알고 있는 '큰돈을 투자받을 수 있는 프레젠테이션 기술'은?
1938	엘리트들이 무슨 일이 있어도 인정하고 싶지 않은 자신의 결점은?

어른의

다른 표현 사회인의, 어른이 즐기는

말 그대로 하면 어린이용이 아니라 성인용이라는 의미다. 하지만 카피에서는 '사치스러운' '상급자를 위한'이라는 뉘앙스로 사용되는 경우가 많다.

1939	어른의 휴일 클럽(JR 동일본여객철도)
1940	어른이 되어 알게 된 맛
1941	이것이야말로 어른의 사치, 만화 전권 시리즈 한 번에 통째로 구매

잘나가는 사람

다른 표현 뛰어난, 똑똑한, 수완가

'능력이나 재능이 있는' '성과를 내는' 사람을 가리키는 표현으로, 매우 직설적인 만큼 이미지를 전달하기 쉽다. 다만, 격식 있는 상황에는 그다지 어울리지 않는다.

1942	잘나가는 사람은 '자신의 목표를 말하지 않는다'(프레지던트 온라인, 2018년 2월)
1943	왜 잘나가는 사람의 책상은 언제나 깨끗할까?
1944	잘나가는 상사는 이렇게 지시한다

차이를 아는

다른 표현 ○○에 까다로운, ○○오타쿠

'사소한 차이도 알아차릴 정도로 섬세하고 날카로운 감각을 갖고 있다'는 의미다. 커피나 와인, 향수 등 미세한 차이에 따라 다양한 제품이 존재하는 기호품에 사용하기 좋은 표현이다.

1945	차이를 아는 골퍼를 위한 장척 드라이버 5선
1946	둔한 미각을 극복하고, 맛의 차이를 아는 어른이 되고 싶으신 분들의 참여를 기다립니다
1947	차이를 아는 여성들에게 추천하는 향수

천재

다른 표현 지니어스, 이단아

'연습이나 훈련을 그다지 많이 하지 않아도, 타고난 재능이나 능력이 있는 사람'이라고 보는 시각이 많다. 그래서 동경이나 선망의 감정을 불러일으킬 수 있다. 역으로 말하면 '나와는 거리가 멀고 관계없는 이야기'로 받아들일 가능성도 있다.

1948	연쇄 창업의 천재, 독자적 노하우 첫 공개
1949	스포츠로 세계에서 통하는 천재 만들기!
1950	킥의 천재로 불리던 남자가 드디어 은퇴 결심

럭셔리

다른 표현 리치, 디럭스, 프리미엄

'고급' '하이퀄리티' '극상'과 같은 뜻의 단어다. 일상적으로 쓰는 말은 아니어서, 신선하고 독특한 느낌을 줄 수 있다. 고가 상품이나 서비스에 사용할 수 있다.

1951	인생에, 럭셔리를 손에 넣는 기쁨과 감동을(BMW)
1952	럭셔리 워치는 언뜻 보여야 멋있다
1953	합리적인 가격으로 럭셔리한 여행을 즐겨보세요

사치

다른 표현 호화, 호사스러운, ○○을 마음껏 즐기다

부정적인 의미로 많이 쓰이지만, 잘 사용하면 특별한 대우를 원하는 사람들의 마음을 움직일 수 있는 단어다.

1954	'사치스러운 재료' 이것이 모스의 프리미엄(모스버거)
1955	작은 사치, 여자 둘이 하는 여행
1956	호텔에서 보내는 호사스러운 휴일

욕심쟁이

다른 표현 욕심 있는, ○○을 마음껏 즐기다

'제멋대로'라는 약간 부정적인 이미지도 있다. 하지만 카피에서는 대부분 예문처럼 '손에 많이 넣는다'는 긍정적인 의미로 쓰인다.

1957	하루 종일 수상 스포츠가 무제한. 욕심쟁이 비치 플랜
1958	정통의 맛이라면 지지 않는다! W비프와 계란 욕심쟁이 콤비!(일본 맥도날드)
1959	욕심쟁이도 만족하는 무제한 주류 제공 레스토랑

여유

	다른 표현 유유히, 한가로움, 느긋함
'여유가 있다'는 것은 금전적인 여유뿐만 아니라 정신적인 여유도 포함한다. 여기서는 '예산이 빠듯하지 않다' '심적으로 쫓기지 않는'이라는 뉘앙스가 풍기는 예문을 소개한다.	**1960** 여유 있는 노후를 위해 40대부터 해야 할 재테크
	1961 새로운 취미로 마음에 여유를! 가볍게 시작할 수 있는 취미 5선(아사히신문 디지털, 2020년 2월)
	1962 면접에서 여유 있게 대답하는 스킬

느긋하게

	다른 표현 여유롭게, 한가로이, 느슨하게
시간뿐만 아니라 신체적으로, 정신적으로도 '여유가 있다'는 뉘앙스로 사용될 때가 많다. '유유히' '한가로이'라는 뉘앙스도 엿볼 수 있다.	**1963** 안락한 객실에서 느긋하게 휴식을 취하십시오
	1964 위기 상황에서도 느긋해 보이는 사람들의 비밀
	1965 느긋하게 즐기는 어른의 위스키

전통

	다른 표현 계승, 헤리티지
'전통'은 돈으로는 만들 수 없으며 오랜 세월이 필요하다. 그러므로 이 단어가 들어가면 신뢰도가 높아진다. 세월을 거쳐 전해 내려오는 문화나 역사가 브랜드 가치를 만들어내기 때문에 전통품은 고급품이 되기도 쉽다.	**1966** 30년 전통을 자랑하는 갈빗집
	1967 인도네시아가 자랑하는 전통 음악이 흐르는 힐링 카페
	1968 명인이 손수 만든 전통 예복

숨겨둔

	다른 표현 특별한, 비장의 카드, 비장의 무기, 킬러○○
'다음을 위해서 소중히 간직해두다'에서 파생하여 '특별한'이라는 의미로 사용된다. 특별함을 나타내는 다양한 상황에서 쓸 수 있어 범용성이 높다.	**1969** 적도 아군으로 만드는 '숨겨둔 한마디'
	1970 주식으로 집을 마련한 그가 숨겨온 투자 비법
	1971 15분밖에 시간이 없다! 남은 재료로 바로 만들 수 있는 숨겨둔 레시피

특별한

다른 표현 스페셜, 평소와는 다른

'보통과는 달리 특별하다'라는 의미를 있는 그대로 전달하는 단어다. 1972, 1973에서 소개하는 것은 '특별 대우'라는 뉘앙스다. 다만, 특별 대우를 받은 기억이 없는 사람에게 사용하면 역효과가 날 수 있으니 상황에 맞게 잘 사용해야 한다.

1972 특별한 당신에게 드리는 멤버십 특전

1973 당신이 지금까지 받아본 적 없는 특별한 공지입니다

1974 특별한 한 잔을 보내드립니다(UCC 우에시마 커피)

○할

다른 표현 ○○퍼센트(%), 대부분

비율을 나타내는 단어로, 카피에서는 인원이나 할인율을 강조할 때 자주 보인다. 이때 사용되는 숫자는 엄밀한 데이터에 기초한 것이 아니라 추정치로 보는 것이 좋다.

1975 90%가 모르는 주식 투자 요령. 성장주를 찾는 6가지 포인트(다이아몬드 온라인, 2023년 4월)

1976 2할의 고객이 8할의 수익을 올리고 있는 현실

1977 10퍼센트의 사람들만 알고 있는 건강법

우대

다른 표현 특별 대우, 예우, 환영

'특별히 잘 대우함'이라는 뜻으로, 단순한 초대와는 다르다는 것을 강조하는 표현이다.

1978 숙박 고객은 호텔 내 레스토랑 10% 할인 우대

1979 회원만을 위한 각종 우대 서비스를 이용하실 수 있습니다

1980 방문 시, 이 '우대 할인 티켓'을 제시해주세요

초대

다른 표현 초빙, 초청, 특별히 모십니다

유료 행사에 무료로 초대하는 경우와 한정된 사람만 초대하는 경우, 두 가지가 있다. 양쪽 모두 우대하고 있다는 사실을 전달한다.

1981 라이브 컨설팅 세미나에 초대

1982 렉서스 오너 한정 이벤트에 초대

1983 9월 중 계약하신 분에 한해 연말 콘서트 초대

당신만

시판되고 있는 상품의 대다수가 공장에서 대량으로 찍어내는 '공산품'이라고 할 수 있다. 그런데 만약 주문 제작 상품을 취급한다면 '당신에게만' '당신만의' 같은 표현을 사용해 특별한 것을 갖고 싶어 하는 고객의 마음을 끌어당길 수 있다.

1984	당신만을 위한 수제 맥주 만들기에 도전해보지 않겠습니까?
1985	당신만을 위한 맞춤형 요금제 플랜
1986	당신만이, 당신을 아름답게 할 수 있다(시세이도)

마음에 드는

'좋아하는' '마음을 사로잡은'이라는 의미다. '개인적인 기호와 잘 맞는다'는 뉘앙스를 전한다. 사람은 물론 거의 모든 대상에 쓸 수 있는 표현이다.

1987	마음에 드는 한 잔을 찾아서(스타벅스 커피 재팬)
1988	입주자의 마음에 드는 색을 고를 수 있습니다
1989	마음에 드는 음악과 함께 여행을 떠나자

한 단계 업그레이드

대폭적인 상승이 아니라 '약간'이라는 뉘앙스와, '평균적인 것과는 다른'이라는 뉘앙스를 겸한 표현이다. 과장되지 않은 표현이므로 사용하기에 좋다.

1990	한 단계 업그레이드된 단열 효과를 볼 수 있는 새시
1991	한 단계 업그레이드된 겨울용 타이어 베스트 3
1992	영어회화 실력을 한 단계 업그레이드해드립니다

감싸다

직접적으로는 '몸에 걸치다' '두르다'라는 뜻이지만, '감돌다' 또는 '풍기다' '자아내다'라는 뉘앙스로도 쓰인다. '입다'라는 표현에서는 바로 느낄 수 없는 긍정적인 감촉이나 분위기가 전해진다.

1993	기분 좋게 목을 감싸는 캐시미어 100% 머플러
1994	클래식한 분위기를 자아내는 재킷
1995	공간을 아늑한 빛으로 감싸는 조명의 힘

장인		다른 표현 전문가, 프로, 명장, 거장, 마이스터
품질에 대한 집념을 느낄 수 있는 표현이다. 대량 생산보다는 심혈을 기울여 손수 만든다는 뉘앙스를 전달한다.	**1996**	장인의 커피(UCC 우에시마 커피)
	1997	장인 정신으로 구현한 극상의 품질
	1998	매끄러운 나뭇결을 다듬어내는 장인 기술(닛케이 채널, 2023년 4월)

칼럼
문장력만으로는 팔 수 없다?!

카피를 쓸 때 잊어서는 안 되는 순서가 있다. 그것은 ①'누구에게' ②'무엇을' ③'어떻게 말할까'의 순서다. 일반적으로 카피라이팅이라고 하면 표현 기술이라고 생각해 ③'어떻게 말할까'에만 주목하기 쉽다. 하지만 사실은 ①'누구에게 팔까'를 생각하는 것이 가장 중요하다. 북극에 사는 이누이트에게 얼음을 팔 수 없는 것처럼 타깃을 잘못 설정하면 잘 팔 수 있는 물건도 팔지 못하게 된다.

그다음으로 중요한 것이 ②'무엇을 말할까'다. 상품이나 서비스가 어떤 것이고, 어떤 조건으로 고객에게 제공할 수 있는가를 말한다. 구체적으로는 상품의 '가격'이 얼마인지, 경쟁 상품과는 다른 이 상품만의 '매력'이 무엇인지, 그리고 지금 사야만 하는 '이유'는 무엇인지 등이다. 갖고 싶어 하는 사람을 찾아냈다고 해도, 이 제안 자체에 매력이 없으면 거래가 성사되지 않는다.

이러한 요건을 갖춰야 비로소 ③'어떻게 말할까'에 도달할 수 있다. 물론 문장력이 좋으면 고객의 눈에 띌 가능성이 높아진다. 하지만 구매로 이어진다고는 단언할 수 없다. 카피라이팅을 요리에 비유하자면 '조리법'을 생각하기 전에 먼저 '고객이 무엇을 먹고 싶어 하는지'를 조사하고, 그 메뉴의 '재료'를 모으는 것이 중요하다는 말이다.

수준 나누기

당신이 제공하는 상품이 지식, 기술과 관련되어 있다면 타깃의 수준을 염두에 두고 카피를 써야 한다. 입문자나 초보인 사람에게 응용 테크닉을 소개해봐야 사용할 수 없다. 그래서 중요한 것이 **수준별 좁히기(N)**다. '초보자에게도 언젠가는 필요할 테니까' '상급자에게도 도움이 될 테니까' 같은 이유를 들면서 가능한 한 많은 사람들에게 메시지를 전하고 싶을 것이다. 하지만 **그런 유혹에 넘어가면 대상이 모호해져서 결국 그 누구도 설득할 수 없게 된다.**

여기에서 소개하는 단어를 보면 초급, 상급에 해당하는 것은 있지만 중급에 해당하는 것은 별로 없다. 그 이유는 중급이라는 개념이 모호하기 때문이다. 초급, 중급, 상급처럼 단계별로 준비되어 있는 경우라면 문제가 없지만, 단독으로 판매하는 상품이라면 '중급'이라고 설명했을 때 어느 정도의 수준인지 바로 와닿지 않는다. 일반적으로는 '초보라고 할 정도도 아니지만 그렇다고 능숙한 편은 아닌' 상태를 가리키므로 대상자의 층은 두터울 것이다. 하지만 단어의 의미가 애매하기 때문에 반응률은 떨어진다. 이때는 수준을 묘사하지 말고 '~인 분에게'라고 말하는 편이 더 효과적이다.

입문	다른 표현 지금부터 시작하는, 첫 번째, 초급	
처음 배우는 사람을 위한 과정에 쓰는 단어다. 단계별 과정을 전제한 만큼 너무 쉬운 내용에는 어울리지 않는다.	**1999**	경제학 입문
	2000	직장인을 위한 데이터 사이언스 입문
	2001	컴퓨터를 몰라도 걱정 제로. 초보자를 위한 스마트폰 입문 수업

기초	다른 표현 기본, 베이직, 토대	
기초, 기본, 베이직 모두 의미는 크게 다르지 않다. 앞뒤 단어와의 어울림을 고려해 골라 쓰면 된다.	**2002**	기초부터 배우는 한국어
	2003	생선 요리의 기본. 이것만 기억하면 신선한 생선 요리를 집에서도 즐길 수 있다
	2004	글로벌 인재로 거듭나기 위한 영어회화 베이직 강좌

첫걸음

다른 표현 첫발, 초보, 먼저, 우선, 퍼스트 스텝

입문 중에서도 '첫 번째로 해야 할 일'을 가리킨다. 많은 사람이 어려워하거나 어디서부터 시작해야 할지 헤매는 주제에 쓰면 매우 효과적이다.

2005	적금밖에 모르는 당신을 위한 주식 첫걸음
2006	시골 이주 계획의 첫걸음은 정보 수집부터
2007	『가장 쉬운 독학 일본어 첫걸음』(김연수, 동양북스, 2016)

기본 중의 기본

다른 표현 완전 기본, 왕기초, 스타트 라인

'기본 중에서도 가장 기본이 되는 것'을 가리키는 부드러운 표현이다. 첫걸음과 비슷해 보이지만, 꼭 '가장 처음'이라는 의미는 아니고, '몇 가지 기본 중에서 이것만은 절대로 잊어서는 안 된다'라는 뉘앙스를 내포하고 있다.

2008	비즈니스맨의 정장 스타일, 기본 중의 기본
2009	경제학 '기본 중의 기본'(도요케이자이 온라인, 2013년 3월)
2010	아침 물 한 잔, 건강을 위한 기본 중의 기본

처음

다른 표현 첫○○, ○○의 입구, 시작, 최초

여러 상황에서 다양한 의미로 쓰인다. 어떤 상품이 새롭게 등장했다고 말할 때 쓰기도 하고, 신규 고객에게 혜택을 준다고 말할 때 쓰는 경우도 있다.

2011	처음 맡는 간부직, 어쩌지? 불안을 없애는 3가지 비법 《포브스 재팬》, 2018년 3월)
2012	100% 재생 알루미늄에서 처음으로 탄생한 Mac입니다(애플)
2013	저희 가게에서 처음 구매하는 분 한정, 10% 할인 쿠폰 증정

초보자

다른 표현 비기너, 초심자, 입문자

대상이 '초보'라는 사실을 명확하게 드러내야 할 때 적합하다. '초보자'라는 단어에 읽는 사람이 부정적인 반응을 보일 것 같다면, '처음' '기초' '입문' 등 다른 단어를 쓰면 된다.

2014	초보자가 사면 안 되는 '5가지 투자신탁'(도요케이자이 온라인, 2019년 5월)
2015	테니스 초보가 가장 많이 하는 실수
2016	초보 운전자가 조심해야 하는 것

제로부터

다른 표현 처음부터, 바닥에서부터, 아무것도 모르는 상태에서

'미경험'이라는 뉘앙스를 잘 전달하는 표현이다. '무경험'은 조금 딱딱한 표현이지만, '제로부터'라고 쓰면 너무 딱딱한 인상을 피할 수 있다.

2017	완전 제로부터 시작하는 필라테스
2018	연애 경험 제로라면 반드시 알아야 할 연애 심리 불변의 법칙
2019	키보드를 만져본 적도 없다! 제로부터 시작하는 시니어 컴퓨터 교실

가볍게 시작하는

다른 표현 부담 없이 시작하는, 시험 삼아, 리스크 없이

기본적으로 사람은 자신의 행동이나 습관을 좀처럼 바꾸려 하지 않는다. 어렵고 복잡해 보이는 일은 시작부터 문턱이 높기 때문에 '가볍게 시작할 수 있다'는 말은 행동의 문턱을 낮춰주는 효과가 있다.

2020	가볍게 시작하는 가계부 관리(《닛케이신문》, 2010년 12월)
2021	가볍게 시작하는 유튜브 마케팅
2022	하루 10분, 가볍게 시작하는 운동 습관

속성

다른 표현 개론, 요점, 퀵 가이드

'정말 필요한 최소한의 것을 단시간에 습득할 수 있도록 정리했다'는 내용을 알릴 때 쓰는 단어다. 분량이 많아 읽거나 보는 데 시간이 걸리는 상품에는 이 표현이 적합하지 않다.

2023	당뇨병 가족력이 있는 분께 추천하는 당질 제한 속성 수첩
2024	도로 연수 속성반 모집
2025	경영자를 위한 디지털 마케팅 속성 프로그램

○○도 알 수 있는

다른 표현 ○○도 이해하는, ○○도 OK

일반적으로 배우기 어려운 뭔가를 매우 쉽고 간단하게 이해할 수 있다고 말하고 싶을 때 쓸 수 있는 표현이다. ○○에 '초등학생' '원숭이' 같은 단어를 넣어서 누구나 쉽게 접근할 수 있다고 강조한다. 잘못 쓰면 읽는 사람이 불쾌함을 느낄 수도 있기 때문에 주의해서 써야 한다.

2026	초등학생도 알 수 있는 엑셀 왕기초
2027	누구라도 알 수 있는 파산의 징조
2028	신입사원도 알 수 있는 친근한 사례(『임팩트 컴퍼니インパクトカンパニー』 간다 마사노리, PHP연구소, 2019)

○○도 가능한

다른 표현 ○○도 할 수 있는, ○○도 불가능하지 않은

'○○도 알 수 있는'과 비슷하지만, '○○도 가능한'은 그냥 '안다' '이해한다'가 아니라, '가능해지도록 서포트한다'는 뉘앙스를 갖고 있다. 예문처럼 읽는 사람의 '행동'이 동반되는 내용에 최적이다.

2029	초보자도 가능하다! 포토샵으로 동영상 보정하는 방법
2030	내향적인 사람이라도 영업 실적을 올릴 수 있는 방법
2031	누구나 가능한 초간단 텐트 설치법

그림으로 이해하는

다른 표현 시각적으로 알 수 있는, 보기만 해도 알 수 있는

도표, 그림, 사진 등 시각적인 자료만으로 이해할 수 있다는 뜻이다. 원래 글을 읽어야만 내용을 알 수 있었던 무언가를, 일러스트나 사진만으로 쉽고 편하게 알 수 있다고 하면 누구나 혹할 것이다.

2032	그림으로 이해하는 원리
2033	그림으로 이해하는 한자
2034	간병하는 사람 필독! 보기만 해도 알 수 있는 간병 기술

한눈에 알 수 있는

다른 표현 일목요연, 퀵 가이드, 속성

'그림으로 이해하는'과 같은 의미로 쓰이는 경우도 많지만, 시각적으로 설명하고 있다는 것을 강조하는 것이 아니라 '빠른 속도'를 강조하는 표현이다. 앞서 소개한 '속성'과 타깃이 겹친다.

2035	회사의 상태를 한눈에 알 수 있는 재무제표 읽는 법
2036	세세한 규칙을 한눈에 알 수 있다! 도해 야구 규칙 해설
2037	한눈에 알 수 있는 피타고라스 정리

○○에서 가장 쉬운

다른 표현 ○○에서 가장 간단한

정말로 국내 최고, 세계 최고로 알기 쉬운지 증명할 수는 없지만, 카피에서 폭넓게 사용되고 있는 표현이다. '무척 간단하고 알기 쉽다'는 것을 강조한다.

2038	세상에서 가장 쉬운 독서 수업
2039	세계에서 가장 쉬운 비트코인 원리 해설
2040	세상에서 가장 쉬운 파스타 레시피

달인

다른 표현 스승, 명인, 거장, 대가, 명수, 강자

원래는 무예나 기예에 통달한 사람에게 사용되는 표현이었는데, 지금은 '어떤 분야에서 매우 뛰어난 사람'이라는 뜻으로, 분야를 불문하고 폭넓게 쓰인다. 과장되거나 허풍스러운 느낌이 들 수 있으므로 상황에 맞게 잘 골라 써야 한다.

2041	디저트의 달인이 추천하는 버터
2042	판매의 달인
2043	스도쿠 달인에게 배우는 시간 단축법

프로

다른 표현 스페셜리스트, 전문가, 숙련가, 엑스퍼트

'어떤 분야의 최고 일인자'까지는 아니더라도, 숙달된 '전문가'를 뜻한다. 깊이가 있고 전문성을 요하는 분야나 기능과 무척 잘 어울리는 단어다.

2044	한 번의 수업으로 당신도 포토샵 프로
2045	컬러 코디네이터 프로가 당신에게 어울리는 색상을 골라드립니다
2046	질병 조기 발견에 도움을 주는 진단의 프로들

까다롭게

다른 표현 깐깐한, 철저한

특별한 기준을 바탕으로 세세한 부분까지 신경 쓰는 모습을 가리킨다. '흔히 판매되는 표준적인 상품에는 없다'는 것을 암시한다. 고급, 상급을 지향하는 사람에게 잘 통하는 표현이다.

2047	까다롭게 고른 유산균만 넣었습니다
2048	까다롭게 선별한 멜론으로 만든 멜론빵
2049	저염, 무색소. 깐깐하게 만든 비엔나 소시지

본격

다른 표현 본고장, 본가, 원조, 전통

전통적인 격식이나 형식을 갖추고 있다는 것을 나타낸다. 2051, 2052처럼 음식 등이 '정식 과정에 따라 만들어졌다'고 홍보할 때 자주 사용된다. 상품이나 서비스가 준비 끝에 출시를 앞두고 있음을 알릴 때도 적합한 단어로, 기대감을 자극한다.

2050	소형판 스페이스 셔틀, '드림 체이서' 본격 시동《포브스 재팬》, 2018년 12월)
2051	본격 국물 맛이 살아 있는 사누키 우동의 명가
2052	인도 직수입 향신료로 만든 본격 카레를 만끽하다

완전	다른 표현 완전, 퍼펙트, 컴플리트
빠짐없이 모든 내용을 망라하고 있다는 인상을 준다. 어떤 주제를 A부터 Z까지 전체적으로 알고 싶어하는 사람에게 어필할 수 있는 표현이다. 반대로 시간을 들이지 않고 핵심만 알고 싶은 사람은 부담을 느낄 수 있다. 그런 사람들에게는 '속성'이 적합하다.	**2053** 이력서 쓰는 법 완전 정복
	2054 노무사 시험 완전 마스터!
	2055 자동차 마니아 필독! 자동차 완전 가이드

상급 편	다른 표현 고급 편, 마스터 편
상품의 타깃을 초보자나 중급자가 아닌 상급자로 명확히 좁힌(N) 표현이다. 이 단어를 보았을 때, 자신이 초급자라는 자각이 있는 사람은 관심을 보이지 않을 것이다. 반면 타깃에게는 상급자의 자신감에 호소하는 효과가 있다.	**2056** 엑셀 조건 함수 사용법 상급 편
	2057 어도비 일러스트레이터 고급 편 강좌
	2058 스키장 상급자 코스 도전을 꿈꾸는 분들에게

능숙한	다른 표현 잘하는, 솜씨 있는, 탁월한, 귀신 같은 솜씨
'어느 정도 할 수 있는 상태에서 한층 더 수준이 높아진 상태'를 의미한다. 하지만 반드시 '상급'인 것은 아니다. 2060처럼 '현명하다'는 뜻으로 사용하는 경우도 많다. 다양한 상황에서 쓸 수 있는 표현이다.	**2059** 상대를 불쾌하게 하지 않는 능숙한 거절법
	2060 아이의 투정에 능숙하게 대처하는 부모의 태도
	2061 자신의 부모보다 연상인 상사와 능숙하게 대화하는 법

프로 뺨치는	다른 표현 전문가 뺨칠 정도의, 아마추어답지 않은
'프로 수준의 기술력이 있다'라는 의미의 표현으로, 상급자를 대상으로 하는 뉘앙스를 풍긴다. 2063, 2064와 같이 '초보자도 프로처럼 할 수 있다'고 설득할 때도 쓴다. '기본은 뗐고, 이제는 인정받는 수준이 되고 싶어 하는' 타깃에게 통하는 표현이다.	**2062** 프로 뺨치는 기타 테크닉
	2063 스마트폰으로 프로 뺨치는 사진 찍는 법
	2064 프로 뺨치는 문장력을 익힐 수 있다

여성의 마음 사로잡기

'사람은 감정으로 물건을 사고, 논리로 정당화한다'는 소비의 기본 원리는 남성과 여성 모두에게 적용된다. 그런데 아무래도 여성이 '공감 능력'이나 '센스' 등의 요소가 남성에 비해 높은 것이 사실이다.

이러한 특징은 커뮤니케이션 방식에서도 드러난다. 여성은 공감을 바라며 이야기를 시작하는데 남성은 해결책을 제시하기 바빠 대화가 어긋나는 경우가 많다. 남성의 뇌와 여성의 뇌가 어떻게 다른지에 대한 설명은 일단 여기서는 제쳐두자. **중요한 것은 여성을 대상으로 한 상품에 자주 쓰이는 특정한 단어가 있고, 그러한 것들이 시장의 문화를 형성하고 있다는 사실이다.**

카피라이팅에서도 '여성들이 쉽게 반응하는 단어'가 있다. 여기서는 그런 단어들을 모아서 소개해보겠다. 카피라이터는 읽는 사람의 관심사에 맞춰 단어를 골라야 한다. 여성 고객이 다수를 차지하는 상품을 팔 때는, 여성이 '갖고 싶다' '하고 싶다'고 느끼게 하는 단어가 무엇인지를 계속 연구해야 한다.

엘레강스	다른 표현 우아한, 화려한, 고귀한	
'엘레강스'라는 단어 자체에서 '우아한' '고상한' 등의 미적인 뉘앙스를 느낄 수 있다. 다른 단어로는 대체하기 어려운 고귀하고 신비한 분위기를 드러낸다.	2065	엘레강스한 분위기를 발산하는 숙녀다운 스타일(《보그》, 2016년 8월)
	2066	엘레강스한 옷맵시를 완성하는 봄 컬러 소품
	2067	엘레강스하고 여유로운 기분에 젖어드는 거실에 주목

셀럽	다른 표현 슈퍼스타, 톱스타, 카리스마, 유명 인사	
셀러브리티의 줄임말로, '유명인'이라는 의미에서 비롯되어 '화려하고 부유한'이라는 뜻으로 사용되는 경우도 많다. 고급스러운 느낌이나 비일상적인 분위기를 연출하는 데 효과적인 표현이다.	2068	셀럽이 사랑하는 헤어숍
	2069	셀럽 사이에서 난리 난 뷰티 아이템
	2070	때로는 저녁 준비와 뒷정리에서 해방되어 셀럽의 기분을 느껴보세요

쁘띠

'작다'라는 물리적 사이즈에 '귀엽다'는 느낌까지 더해진 단어다. 물리적으로 크기가 작다는 것을 나타낼 뿐만 아니라 아기자기하고 앙증맞다는 뉘앙스를 풍긴다.

2071	눈으로 먼저 반하는 쁘띠 디저트
2072	부담 없이 선물하기 좋은 쁘띠 기프트 세트
2073	쁘띠 스카프 매는 법

촉촉한

손으로 만졌을 때의 '촉감'이나 먹었을 때의 '식감'을 나타낸다. '물기를 머금은'이라는 느낌을 동반하므로 화장품의 보습 효과를 강조하는 데 적합하다.

2074	촉촉한 초코칩(오리온)
2075	촉촉한 케이크 시트의 비밀은?
2076	바르는 순간 입술이 촉촉해지는 립밤

집에서

'집안일은 여성의 일'이라는 인식이 강했던 과거에는 '집'이라는 단어가 여성을 연상시켰지만, 오늘날에는 그렇지 않다. 이 단어는 '집에서 할 수 있다'는 문맥으로 사용되는 경우가 많다. '홈'으로 대체할 수 있다.

2077	집에서 손쉽게 튀김 요리를
2078	엄마 아빠가 영어를 못해도 문제없어! 집에서 할 수 있는 어린이 영어 레슨
2079	집에서 만드는 아기 장난감

무드

전체적인 느낌이나 감성을 중시하는 이들에게 어필하는 표현이다. 인테리어, 패션, 컬러 등 다양한 대상에 쓸 수 있다.

2080	가을 무드에 어울리는 재킷
2081	크리스마스 무드를 완성하는 파티 아이템 20선
2082	신혼부부에게 추천하는 감성 인테리어

귀여운

다른 표현 큐트, 사랑스러운

일반적으로 '귀엽다'는 것은 여성이 구매를 결정하는 중요한 판단 기준 중의 하나다. '큐트'를 쓰는 경우도 부쩍 늘어났다.

2083	점심이 기다려지는 귀여운 도시락통
2084	귀여움을 한층 높이는 대표 블러셔 5종
2085	큐트하면서 매력 있는 액세서리 모음전

멋진

다른 표현 근사한, 세련된, 쿨한

'훌륭하다'는 뜻뿐만 아니라 '귀엽다' '아름답다'와 같은 뉘앙스까지 풍긴다. 남성에게도 어필할 수 있는 단어이지만 여성 타깃의 상품이라면 이 단어를 잘 사용해보자.

2086	3040 여성을 위한 멋진 오피스룩
2087	키도 자신감도 높여주는 멋진 하이힐
2088	마음에 드는 옷에는 멋진 옷장이 어울린다

깨끗한

다른 표현 깔끔한, 맑은, 투명한

아름다움을 추구하는 사람은 여성뿐만이 아니지만, 카피에서 '깔끔하다' '깨끗하다'에 호응이 높은 쪽은 여성이다. 청결은 아름다움과 직결되는 요소이기 때문에 미용, 패션 제품의 카피에서 폭넓게 사용된다.

2089	깨끗하고 투명한 피부의 시작은 세안
2090	어른의 우아하고 깔끔한 캐주얼 패션 20선
2091	깨끗한 책상을 만드는 비장의 정리 아이템

미인

다른 표현 미녀, 여신

'미인'이 되고 싶지 않은 여성은 아마도 없을 것이다. 비슷한 단어인 '미녀'보다는 '미인' 쪽이 좀 더 고급스러운 느낌을 준다. '○○미인' 식으로 조합해 쓰면 좋다. '아름다운 피부를 만들기 위해'라고 쓰면 장황해지지만, '피부 미인'이라고 표현하면 단 네 글자로 의미를 명확히 전달할 수 있다.

2092	피부 미인이 빠트리지 않는 여름 자외선 대비 아이템 소개
2093	쇄골 미인을 만드는 마사지 테크닉
2094	미인의 기본은 피부

매력적인

다른 표현 매혹적인, 사랑받는, 사람을 매료시키는

성별과 관계없이 통하는 단어이지만, 미용 관련 상품에서 많이 쓰이다 보니 여성에게 좀 더 친숙하고 어필된다. 최근에는 남성 타깃의 그루밍 상품이 다양해지면서 더욱 널리 사용되고 있다.

2095	매력적인 눈매를 만드는 아이라이너 사용법
2096	매력 넘치는 여성에게 어울리는 숄더백 5선
2097	전형적인 미인은 아니지만 매력적인 여성들의 공통점

매혹적인

다른 표현 매료, 매력적인, 마성의

'매력적인'과 비슷한 뜻이지만, '매혹'은 글자 그대로 사람을 현혹시키는 미스터리한 뉘앙스를 담고 있어 신비로운 느낌을 드러낸다. '사로잡다'라는 뉘앙스도 있다.

2098	매혹적인 음색의 향연
2099	매혹의 나라, 이탈리아
2100	파리에서 온 매혹적인 향수

세련된

다른 표현 스타일리시한, 화려한, 고급의, 멋진

'스타일리시하고 도시적이며 사람들이 선망한다'는 뜻을 모두 품고 있는 단어다. 미용 관련 상품에 자주 쓰이는 '매력적인'에 비해 패션이나 소품, 인테리어 등 활용 범위가 훨씬 넓다.

2101	세련된 커리어우먼들의 선택
2102	세련된 조명으로 집 분위기를 바꿔보지 않겠습니까?
2103	스카프 하나로 세련된 인상 연출하는 법

엄마

다른 표현 맘, 자녀를 둔, 어머니, 어머님

타깃을 '아이를 가진 여성'으로 좁힌(N) 상황에서 자주 사용하는 단어다. 특히 어린 자녀를 둔 엄마는 다른 고객층이 구매하지 않는 특정 상품(기저귀나 이유식, 유아복 등)을 사기 때문에 확실한 고객층이라고 할 수 있다.

2104	초보 엄마를 위한 이유식 매뉴얼
2105	육아에 지친 엄마를 위한 힐링 여행
2106	갱년기로 힘들어하는 엄마를 위한 필수 영양제

사랑스러운

다른 표현 귀여운

'귀여운'과 의미는 비슷하지만 나이에 덜 구애받고 사용할 수 있는 단어다.

2107	예비 신부를 위한 사랑스러운 드레스 모음전
2108	사랑스러운 핑크를 모티브로 한 스카프
2109	성인 여성의 사랑스러움을 돋보이게 하는 행동은?

기뻐하는

다른 표현 반가운, 좋은, 흡족한, 만족하는

'즐거운'과 또 다른 뉘앙스를 나타낸다. 또한 '기쁘다'는 표현은 2111처럼 꼭 사람이 아닌 신체나 동물을 대상으로도 쓸 수 있다.

2110	엄마도 기뻐하는 아이 선물
2111	몸이 기뻐하는 아침 식사 메뉴 10선
2112	여름에 반가운 린넨 셔츠 셀렉션

괜찮아요

다른 표현 좋아요, 안심

여성에만 한정해서 쓰는 표현은 아니지만, 공감 능력이 높은 여성에게 더욱 효과가 좋은 표현이다. 2115처럼 행동하는 데 동기를 부여하거나 용기를 북돋워 주기도 한다.

2113	숨기지 않아도 괜찮아요! 거실을 오픈형 수납으로 세련되게
2114	민감한 피부에도 괜찮아요
2115	올해 크리스마스에는 뭐든 욕심을 내도 괜찮아요

한때

다른 표현 잠깐 동안, 일시, 잠시, 한동안

'잠깐 동안'이라는 뜻이지만, '일시'나 '잠시'라고 하면 약간 딱딱한 느낌이 들고, '시간'이라고 하면 매력적인 느낌이 들지 않는다. '한때'라고 표현함으로써 같은 시간이라도 '우아함'을 전할 수 있다. 따라서 고급스러운 단어와 함께 사용해야 잘 어울린다.

2116	호사스러운 한때! 추억에 남을 어른의 크루즈 여행
2117	숲속의 호텔에서 안락한 한때를
2118	고층 카페에서 도심의 번잡함을 잊고 느긋한 한때를 보내지 않겠습니까?

화사한

다른 표현 화려한, 눈부신

'꽃처럼 아름다운 모습' '화려한 모습' '빛나는 모습'을 의미한다. 시각적인 것에 사용할 때가 많지만 2120과 같이 분위기에 관련해서도 쓸 수 있다.

2119	화사한 봄 원피스 10선
2120	집 분위기를 바꿔주는 화사한 조명
2121	화사한 피부 톤의 비밀

아리따운

다른 표현 고운

고전적이며 고상한 아름다움을 표현할 때 적합한 표현이다. 외모뿐 아니라 마음, 태도 등에도 사용할 수 있다.

2122	전통복을 차려입은 아리따운 여성
2123	아리따운 자태를 만들어주는 자세 교정법
2124	아리따운 신부를 위한 출장 메이크업 서비스

아름다운

다른 표현 눈부신, 사랑스러운, 예쁜, 어여쁜, 고운

'눈부시다' '사랑스럽다' '에쁘다' 등 여러 의미를 내포하고 있다. 한 단어로 풍부한 뉘앙스를 전할 수 있는 표현이다.

2125	식물성 오일로 아름다운 머릿결을
2126	눈부시게 아름다운 보석 셀렉션
2127	아름다운 장미의 컬러를 그대로 구현한 립스틱

포상

다른 표현 특별한 선물, 상

본래는 지위가 높은 사람이 낮은 사람에게 좋은 것을 준다는 의미이지만, 카피에서는 스스로 자신에게 주는 보상이나 위로의 의미로 널리 쓰인다.

2128	열심히 일한 나에게 주는 포상 휴가
2129	어른을 위한 특별한 선물
2130	봄의 포상, 딸기 케이크

Action

행동을
촉구하는
카피

카피라이팅이란 새로운 세계를 만드는 작업이다.
카피라이터인 당신은 밥벌이라는 현실을 뛰어넘어,
로망이 흘러넘치는 세계로 가는 다리를 만드는 사람이다.

행동하게 만드는 것이
카피의 진짜 목적이다

'행동'을 촉구하는 카피는

고객이 직접 구매 버튼을 누르거나 사게 만드는 카피를 말한다.

고객이 '반응하는 확률(반응률)을 높이기 위한 카피'라고도 할 수 있다.

온라인 환경에서는 구매 버튼 가까이에 있는 카피이며,

아래와 같은 문장들이 바로 행동을 촉구하는 카피에 해당된다.

'신청은 지금 바로!'

'등록은 매우 간단!'

'오늘 오전 10시까지 주문하면 내일 도착 가능합니다'

서둘러서 움직이라고 이야기할 뿐인 한 줄이지만,

무시할 수 없는 카피다.

이 카피를 어떻게 쓰느냐에 따라 고객의 반응은 크게 달라질 수 있기 때문이다.

그렇다면 이제 행동을 촉구하는 카피를 쓸 때 어떤 법칙이 있는지에 대해 이야기해보겠다.

1. 고객의 수고를 덜어주는 단어를 고른다

가장 중요한 순간은 구매 버튼을 누르기 전후로,
'고객의 수고를 덜어주는' 뭔가가 있어야 한다.

구체적으로 말하자면 구매 버튼 하나를 누르기만 하면 모든 것이 일사천리로 해결되는 게 가장 좋다. 절차가 복잡하고 다음 단계로 넘어가기가 까다로우면 그 순간 고객이 이탈한다고 생각해야 한다. 고객의 수고를 덜어주는 것이 팬심을 더 두텁게 하고 고객 만족도를 높이는 데 효과적이라는 것은 이미 미국 다수의 기업이 조사한 결과로 판명되었다.
(『고객이 기업에게 원하는 단 한 가지』 매튜 딕슨 외, 센시오, 2022)

"…그런데 그건 카피라이터가
아니라 웹디자이너가 해야 할 일 아닌가요?"

물론 맞는 말이기는 하지만, 고객이 똑같은 구매 과정을 거친다 해도
어떤 카피로 안내했느냐에 따라 느낌이 전혀 달라진다.
앞선 조사 결과에 따르면, 어떤 카피를 썼느냐에 따라 고객의 행동량이 2배나 차이가 난다고 한다.

고객의 수고를 덜어주는 표현의 원리 원칙은,
1) 고객의 입장에 서서
2) 권하고 싶은 베스트 선택지를
3) 이야기하듯 전달하는 것이다.

예를 들면,
'○○일까지는 발송할 수 없습니다'
→ '드디어 ○○일부터 발송을 개시합니다!'

'시간 지정은 불가능합니다'

→ '죄송하게도 시간 지정은 어렵습니다만, 최단 시간 안에 발송해드리겠습니다'

'○○일 이후에는 자동적으로 배송료가 발생합니다'

→ '○○일까지는 배송료가 무료입니다. 간단하게 지불 정보를 기입해주세요. 만약 원치 않으시면 ○○일까지 취소해주세요. 3일 전에 확인 메일을 보내드리겠습니다. 또한, 언제라도 온라인에서 취소 가능하니 안심하세요'

한마디로, 구입 조건이나 주의 사항을 있는 그대로 쓴다기보다는 긍정적인 면을 부각해서 친근하게 이야기하듯 전달해야 읽는 사람은 번거롭게 느끼지 않는다. 구매 경험이 좋은 기억으로 남아야 다시 이용하기도 쉽고 주변 사람에게도 소개하고 싶어진다.

2. 고객이 이것저것 생각하게 만들지 않는다

컬럼비아 대학에서 선택지가 많으면 상품 판매에 어떤 영향을 미치는지를 실험했다.
가게 앞에서 잼 시식 행사를 열었더니 다음과 같은 실험 결과가 나왔다.

• **24종류의 잼을 준비한 경우** → 시식 행사에 온 사람의 **3%**가 구입
• **6종류의 잼을 준비한 경우** → 시식 행사에 온 사람의 **30%**가 구입

이처럼, **선택지가 적을 때 오히려 구매율은 10배나 상승했다.**
물론 파는 사람 입장에서는 온갖 종류의 상품을 소개하고 싶겠지만, 많은 선택지를 제시하기보다는 '**추천 상품**'의 범위를 좁혀야 고객 반응률이 높아진다.

3. FAQ는 딱딱한 규정문이 아니라 친근한 문장으로 바꾼다

FAQ(자주 하는 질문)는 대단히 중요하다.

고객 입장에서 궁금한 것들에 대한 자세한 답변을 미리 받을 수 있으면,

구매 전 고민이나 불안이 가라앉게 된다.

실제로 FAQ는 구매율을 올리는 촉매제 역할을 한다.

그런데 대부분의 FAQ 문장이 사무적이고 딱딱한 투로 쓰여 있다. 하지만 고객과의 관계를 소중하게 생각한다면, **인간미를 느낄 수 있는 친근한 문장**으로 바꾸는 것을 검토해야 한다.

실제 사례를 소개해보겠다. 미국의 가정용 수영장을 시공, 판매하는 회사가 주가 폭락으로 수주가 일제히 취소되어 도산 위기를 맞닥뜨렸을 때의 이야기다. 방문 영업을 할 수 없게 된 한 영업직원이 홈페이지의 FAQ란에 고객들에게 받은 온갖 질문에 대해 성실하게 답변을 올리기 시작했다. 그러자 얼마 지나지 않아 1억 원 규모의 계약이 성사됐다.

도대체 어떻게 답변을 올렸기에 이런 결과가 나왔을까? 바로 고객의 질문에 상세하게 답하는 것이었다. 그 전까지는 '수영장 공사는 얼마입니까?'라는 고객의 질문에 '전화 주세요'라고 대답하고 말았지만, 이제는 숨기는 것 없이 웹상에서 세세하게 다 설명하기로 방침을 바꾸고 아래와 같이 답변했던 것이다.

> 저희에게 문의하신 고객님들이 가장 궁금해하는 것은 '파이버글라스제 수영장의 가격에 관한 사항'입니다. 이는 답변드리기 매우 어려운 질문이지만, 일반적인 견적 방법에 대해 가능한 한 정확하고 알기 쉽게 설명해드리겠습니다. 수영장을 구입하신다는 건 자동차 또는 주택을 구입할 경우와 마찬가지로, 여러 가지 옵션이 있어서 가격대가 매우 다양합니다. (이하, 견적 산출 방법을 수영장 타입별 시공, 보수 비용과 함께 상세히 비교)
>
> (리버풀사 웹사이트의 가격에 관한 FAQ 페이지. https://www.riverpoolsandspas.com/cost)

이렇게 상품을 자세히 알고 있는 담당자가 마치 눈앞에 있는 고객에게 설명하는 것처럼 내용을 정리하는 것이 좋다.

FAQ에 답하는 일은 웹사이트의 카피나 세일즈 메일을 쓸 때도 매우 도움이 될 테니 카피라이팅 스킬을 높이고 싶은 사람은 꼭 도전해보자.

4. 마지막으로…, 추신

마케팅 카피라이팅의 세계에서 고객들은 '**제목**'을 가장 많이 보고, 그다음으로 '**추신**'을 많이 읽는다. 이는 100년이 넘게 상식으로 알려져 있다.

그렇다면, 추신에는 무슨 말을 써야 할까?

정답은, **당신이 가장 인상 깊게 남기고 싶은 말**이다.

물론 고객이 구매를 결정짓도록 마감일을 한 번 더 안내하는 것도 좋고,

제목에서 사용한 카피를 다시 한 번 강조해도 된다.

여기서 나는 잘 만들어진 영화의 라스트 신처럼 추신을 써보라고 이야기하고 싶다.

등장인물이 모두 나와서 축하하는 장면 말이다.

이런 장면에서는 영화의 진짜 주제를 자연스럽게 드러내면서 여운을 남긴다.

그렇다면,

'당신이 하고 싶은 이야기의 진짜 테마란 무엇인가?'를 생각해보자.

애플처럼 미의식으로 가득 찬 창조성인가?

구글처럼 세계를 장악한 기술인가?

아니면 리츠 칼튼처럼 배려 넘치는 직원들인가?

당신이 고객에게 남기고 싶은 진짜 중요한 메시지를

맨 마지막에 어떻게 표현할 것인가?

이 마지막 한마디에 따라 인상이 전혀 달라질 수 있다.
또한 이 한마디가 당신 자신에게도 영향을 미치면서
고객과 만나는 마음의 준비를 하게 된다.

카피라이팅이란 새로운 세계를 만드는 작업이다.
카피라이터인 당신은 밥벌이라는 현실을 뛰어넘어,
로망이 흘러넘치는 세계로 가는 다리를 만드는 사람이다.

마케팅 카피라이터는 긍지 높은 직업이라고,
강조하는 까닭이 바로 여기에 있다.

구체적인 행동 촉구하기

카피라이팅 스킬 중의 하나로 **CTA**(Call To Action)가 있다. 이는 '읽는 사람에게 어떤 행동을 촉구하고 싶은지를 확실하고 구체적으로 호소하는 것'을 말한다. 주변에서 흔히 보이는 카피들을 살펴보면, 바로 이 CTA가 빠져 있는 문장이 많다. 예로 이런 안내문을 들 수 있다. '친목회는 19시에 시작됩니다. 바쁘신 줄은 알지만, 정시에 시작될 수 있도록 부디 여러분의 이해와 협조를 부탁드립니다.' 매우 정중해 보이는 이 글에서 문제는 **'시작하기 전에 와주세요'라는, 가장 중요한 메시지가 빠져 있다는 사실이다.** 물론 그런 말은 굳이 하지 않아도 다 알지 않느냐고 반문할지도 모르지만, CTA를 도입하면 다음과 같은 문장으로 바뀐다.

'친목회는 19시에 시작합니다. 전원이 모여서 건배를 하고 즐거운 시간을 보내고자 하니 **18시 50분까지 도착해주시기 바랍니다.'** 이렇게 읽는 사람에게 원하는 행동(18시 50분까지 도착)을 구체적으로 알려줘야 상대방은 뭘 해야 할지 고민하지 않아도 된다. 당연하게 들릴지도 모르지만, 이 차이는 매우 크다. **상대에게 원하는 행동을 확실하게 언급함으로써 그 행동이 이뤄질 확률이 극적으로 상승하는 것이다.**

지금 바로 ○○해주세요

다른 표현 당장 ○○을 부탁드립니다, 즉시 ○○해주세요

급하지 않은 일은 잊어버리기 십상이다. 그러므로 고객이 카피를 읽었을 때 바로 행동으로 옮기게 하는 것이 좋다. 어떤 행동을 해야 하는지를 구체적이고 확실하게 쓰는 것이 포인트다.

2131	지금 바로 아래 버튼을 클릭해주세요
2132	지금 바로 신청 엽서에 필요 사항을 기입해서 반송해주세요
2133	무료 전화 070-000-0000으로 지금 바로 전화해주십시오

우선 ○○해주세요

다른 표현 어쨌든 ○○해주세요, ○○부터 시작합시다

구매 바로 직전 단계에서 행동을 요청하는 경우는 이 표현이 더욱 자연스럽다. 앞서 소개한 '지금 바로 ○○해주세요'보다 더 편한 느낌이 들기 때문에 고객으로서는 부담감이 적다. 다만, 사용할 수 있는 상황과 그렇지 못한 상황이 있으니 잘 구별해 써야 한다.

2134	우선 상담해주세요
2135	우선 색상부터 골라주세요
2136	우선 무료 체험 레슨을 예약해주세요

답은 ○○에

다른 표현 ○○에서 말씀드리겠습니다, 나중에 알려드리겠습니다

읽는 사람에게 '수수께끼'를 내고, 그에 대한 '답'은 일부러 다른 곳에서 알려주는 표현이다. '다음 내용은 광고 후에'와 같은 식으로 TV 프로그램 등에서도 빈번하게 사용되며, 이를 본 사람은 당연히 다음 내용이 알고 싶어진다.

2137	당신은 포켓몬, 울트라맨, 아니면? 답은 제1장에(『임팩트 컴퍼니インパクトカンパニー』 간다 마사노리, PHP연구소, 2019)
2138	퀴즈의 답은 12페이지에!
2139	답은 이어지는 무료 동영상 세미나에서 말씀드리겠습니다

여기로

다른 표현 여기를 클릭, 다음을 읽다, 더 보다

웹상에서 문장이 길어지거나 공간이 부족할 경우, 다른 페이지로 유도할 때 사용한다. 또는 '애태우는' 효과를 노려 의도적으로 사용한다. 다만, 화면이 바뀔수록 이탈하기도 쉬우므로 주의해야 한다.

2140	답은 여기로 ☞
2141	그다음 내용은 여기로 ☞
2142	자세한 사항은 여기로 ☞

추신

다른 표현 P.S., 마지막으로, 덧붙입니다, 깜빡했습니다

편지를 쓰던 시절, 본문에 미처 쓰지 못한 내용을 보충해서 추가할 때 사용하던 단어였다. 카피라이팅에서 마지막에 전하고 싶은 말을 반복하거나 내용 일부를 일부러 본문에 쓰지 않고 분리해 강조하는 등 의도적으로 활용한다.

2143	추신. 신청자가 많을 경우 선착순으로 마감하오니 서둘러주십시오
2144	P.S. 이쪽은 소득 공제 대상입니다
2145	마지막으로 할인이 가능한 기간은 3월까지입니다

서둘러주세요

다른 표현 이제 곧, 아직 늦지 않았습니다

서둘러서 움직여주었으면 좋겠다는 의사를 단도직입적으로 전달한다. 이때 포인트는 '왜 서둘러야 하는지'를 밝히는 것이다. 특별한 이유도 없이 '서둘러주세요'라고 호소하면 신용을 잃을 수 있으므로 주의해야 한다.

2146	서둘러주세요. 잔여석이 얼마 남지 않았습니다
2147	선착순 100명 한정. 희망하시는 분은 서둘러주세요
2148	서둘러주세요! 단종 제품이므로 재고가 소진되는 대로 판매가 종료됩니다

앞으로 ○일

다른 표현 남은 ○일, ○일까지 추가 접수 중, D-○

'남은 일수'를 구체적으로 밝혀 행동을 촉구한다. 특히 신청을 촉구하는 경우에는 기한을 너무 길게 잡으면 안 된다. 가령 '신청 마감까지 25일 남았습니다'라고 하면 읽는 사람 입장에서 서두를 필요를 느끼지 못할 것이다.

2149	신청 마감까지 앞으로 2일
2150	내일까지 신청하는 분에 한해서 샘플 3종 세트를 무료로 드립니다
2151	디자인 공모전, 마감까지 앞으로 5일 남았습니다

종료

다른 표현 이제 곧 종료, 끝

'종료일'이나 '폐점일'이 다가오는 것도 행동을 유도하는 큰 요인이 될 수 있다. 어떤 가게에서 폐점 세일을 파격적으로 할 때 고객이 붐비는 것이 쉬운 예다. 이때 '종료 타이밍을 명확히 밝히면, 고객 입장에서는 빨리 가지 않으면 좋은 기회를 놓칠 수도 있다고 생각하게 될 것이다.

2152	마감 전이라도 정원이 차면 모집이 종료됩니다
2153	오늘 종료!
2154	할인가 예약은 내일로 종료됩니다

마지막

다른 표현 최종, 파이널, 라스트

평소에는 손님이 오지 않다 가도, 폐점 세일을 하면 몰려드는 일은 매우 빈번히 일어난다. 그와 마찬가지로 '마지막'이라고 어필하면 고객 수가 증가하는 효과가 있다. 다만, '마지막'이라고 말해놓고 나중에 또 세일을 하면 고객들에게 신용을 잃게 되니 사용에 주의하자.

2155	베스트셀러를 쓰는 방법, 처음이자 마지막으로 노하우 완전 공개!
2156	가격 인상 전의 마지막 세일을 놓치지 마세요
2157	올해의 마지막 특별 세일

두 개의 길

다른 표현 두 개의 선택지, 두 갈래 길

'크로스로드 클로즈(crossroads close)'로 불리는 대표적인 세일즈 카피 기법이다. 상품을 사지 않고 현 상태를 유지하는 쪽과 상품을 사서 변화하는 쪽, 두 가지 옵션을 제시해 행동을 유도한다.

2158	지금 당신에게는 두 개의 선택지가 있습니다. 하나는 A, 그리고 또 하나는 B
2159	사람들은 대부분 두 개의 길 중에서 어느 하나를 선택합니다
2160	위기 상황에서 회사가 선택할 수 있는 두 가지 길. 혁신 그리고 유지

대세를 따르려는 심리 이용하기

사람은 **주변의 많은 사람이 '좋다'고 말하면 자신에게도 좋을 거라고 생각하는 경향**이 있다. 이런 심리를 '**밴드왜건 효과**bandwagon effect'라고 부른다. '밴드왜건'이란, 원래 퍼레이드의 맨 앞에서 음악대(밴드)를 이끄는 자동차(왜건)를 가리킨다. 미국의 선거 유세 때 군중을 모으는 도구로 이용된 이후, 대세에 따르거나 승산이 있을 것 같은 후보를 지지하는 현상을 일컫는 용어로 쓰이고 있다.

인기 있는 것에 사람들이 몰리는 현상은 전 세계 공통적인 현상이나 한국이나 일본을 비롯한 아시아 국가에서는 더욱 두드러지는 경향이 있다. 그러므로 카피를 쓸 때도 이러한 군중심리를 잘 이용할 필요가 있다.

'지금 유행하는' '현재 가장 핫한' '요즘 대세'와 같은 표현에 끌렸던 경험은 누구에게나 있을 것이다. 이번에는 주변의 반응에 영향을 받는 인간의 심리를 이용한 카피에 대해서 알아보자.

요즘 화제인	다른 표현 장안의 화제, 지금 화제인, 요즘 대세인
많은 사람이 보고, 사고, 알리지 않으면 애초에 화제에 오르지 않는다. 그래서 '화제'라는 말은 세상의 유행을 나타낸다. 읽는 사람이 그 화제의 내용을 알고 있으면 '역시 유행하고 있네' 하는 확신이 강해지고, 알지 못하면 '뒤처지고 싶지 않아' 하고 조급한 마음이 들 것이다.	**2161** 요즘 화제인 유튜버의 3가지 성공 요인
	2162 오키나와에서 요즘 화제인 해양 액티비티 5선
	2163 요즘 화제인 타트체리 주스 시음해보세요

유행	다른 표현 트렌드, 풍조, 인기
단정적으로 유행하고 있다고 전해주는 표현이다. 유행한다는 것은 많은 사람들의 지지와 관심을 받고 있다는 뜻이므로 신뢰를 얻을 수 있다. 동시에 '유행에 뒤처지고 싶지 않다'는 감정에도 호소할 수 있다.	**2164** 지금 유행하는 코딩 활용법
	2165 지금 유행 중인 뉴스레터 베스트 10
	2166 요즘 도쿄에서 유행하는 것들(《산케이신문》)

소문난

다른 표현 대세인, 멋있는, 패셔너블, 핫한

'요즘 화제인'과 같은 뜻이다. 소문이 날 정도로 많은 사람이 보고, 사고 있다는 뉘앙스를 전하는 표현이다. 역시 유행에 뒤처지거나 화제에서 소외되고 싶지 않은 사람들의 심리를 공략하는 단어다.

2167	여고생들 사이에서 소문난 요거트 아이스크림
2168	시부야에서 소문난 라멘집 20
2169	소문이 자자한 특수 부위 고깃집

친숙한

다른 표현 낯익은, 잘 알려진, 모두가 아는

'요즘 화제인' '소문난'과 비슷하지만, '모두가 알고 있다'기보다는 '당신도 알고 있다'는 뉘앙스로 사용하는 경우가 많다. 이미 알고 있는 정보에는 친근감과 안정감을 느끼는 심리를 자극하는 표현이다.

2170	친숙한 재료로 아이들도 맛있게 즐기는 영양 간식
2171	드링크제로 친숙한 '타우린', 난치병 치료약으로(아사히 신문 디지털, 2019년 2월)
2172	잘 알려진 BGM 명곡

가장 많이 팔린

다른 표현 베스트 바이, 선택 No.1, 베스트셀러

'많은 사람이 구입했다'는 것을 직접적으로 나타내는 표현이다. 2173처럼 '언제 가장 많이 팔렸는지(기간)', 2174처럼 '어디서 가장 많이 팔렸는지(장소)', 2175처럼 '누구에게 가장 많이 팔렸는지(대상) 식으로 범위를 지정해서 쓰면 더욱 신뢰가 느껴진다.

2173	지난 30년간 가장 많이 팔린 경차
2174	본 매장에서 가장 많이 팔린 청바지
2175	2030에게 가장 많이 선택받고 있는 건강 관리 앱

거의 모든 사람

다른 표현 대부분이, 90%가

'거의'라는 말은 다소 추상적이지만 사람의 마음을 움직이는 힘이 있다. '모두가 찾는' '대부분이 하고 있는' 역시 비슷한 효과를 낸다. 물론 구체적인 수치를 제시할 수 있으면 더욱 좋다.

2176	매장을 찾아주신 거의 모든 분이 구입한 제품입니다
2177	거의 모든 사람이 오해하고 있는 진실
2178	구매자의 90%가 재구매하고 있습니다

○○이 선택한	다른 표현 ○○셀렉트, ○○초이스, ○○픽
유명인이나 전문가가 선택했다고 하면 권위가 생기면서 설득력이 강해진다. 만약 앞에 일반인을 넣는다면 '친근감'을 느끼도록 쓰면 된다.	2179 컨설턴트들이 선택한 정장 브랜드
	2180 CEO들이 선택한 여름휴가에 읽을 책
	2181 모두가 선택한 실속 아이템 베스트 30

성황리에	다른 표현 사랑받아, 성원에 힘입어, 호평, 대성황
사람이 많이 모였다는 뜻으로 대부분 '잘 팔리고 있다'는 뉘앙스로 쓰인다. 비슷한 단어로 '대성황'이나 '대호평'도 있다. 어느 쪽이든 모두 열기를 느끼게 하는 단어다.	2182 폐점 세일 성황리에 진행 중
	2183 작가와의 만남, 성황리에 종료
	2184 아마존 프라임 데이 호평!(《닛케이 MJ》, 2018년 8월)

줄 서서 먹는	다른 표현 애타게 기다린, 예약이 끊이지 않는, 예약이 불가능한
맛집이라고 소문이 난 가게들은 줄을 섰다 들어가야 하는 경우가 꽤 많다. 주로 음식점에 많이 쓰는 표현으로, 현재 가장 인기 있는 음식점이라는 것을 가장 강력하게 전달한다.	2185 줄 서서 먹는 휴게소
	2186 겨울에도 줄 서서 먹는 냉면 집
	2187 요리사들도 줄 서서 먹는 수제 햄버거 집

국민○○	다른 표현 국민적, 한 집에 한 대
'많은 사람에게 사랑받고 있다'는 것을 짧게 표현할 수 있는 단어다. 다수의 검증을 거쳤다는 뉘앙스가 있어 구매 리스크를 낮춰주는 효과가 있다.	2188 KB 국민은행
	2189 모두의 혼다(혼다 자동차)
	2190 국민 간식, 떡볶이의 색다른 매력

자신 없어 하는 분도	다른 표현 못한다고 하는 분도, 어려워하는 분도
어떤 일에 서툴거나 어려워하는 사람은 '그런 분들도 걱정 없어요'라는 말을 들어도 마음을 놓지 못하기 마련이다. 그래서 한 발 더 들어가 '자신 없다고 하던 사람이 차츰 잘할 수 있게 되더라'라고 짚어주면 시도할 가능성이 높아진다.	2191 스포츠는 자신 없다고 말하던 분들도 이미 대부분이 즐기고 있습니다
	2192 계산은 자신 없다던 분도 혼자서 소득세를 납부하고 있습니다
	2193 음악에 자신 없는 분도 3개월 만에 피아노를 칠 수 있게 되는 강좌 드디어 개강!

축제	다른 표현 페스티벌, 제전, 축전
사람들이 많이 모여 활기차고 북적거리는 모습을 단적으로 표현할 수 있다. 비슷한 의미인 '파티'와 비교해 누구에게나 열려 있다는 인상을 줘 부담이 적다.	2194 봄의 빵 축제(야마자키 제빵)
	2195 봄맞이 가전 세일 페스티벌
	2196 스위스 호숫가에서 열리는 '차원이 다른' 와인 축제, 다음은 20년 후?(《포브스 재팬》, 2019년 9월)

칼럼

전문용어는 써야 할까, 말아야 할까

빨래집게 같은 도구로 손가락을 집어서 혈액 중의 산소 농도를 측정하는 기기가 있다. 그렇게 측정한 산소 농도를 '새츄레이션saturation'이라고 한다. 만약 당신의 거래처가 병원이고 상품을 홍보할 대상이 의사나 간호사라면 이 단어를 그대로 사용해도 문제가 없을뿐더러, 오히려 확실히 알고 있다는 사실에 신뢰를 얻을 것이다. 하지만 병원에 온 환자들에게 이 단어를 말해봐야 무슨 뜻인지 제대로 전달되지 않을 것이다.

카피라이팅에서는 '읽는 사람의 머릿속에 들어 있는 단어'를 사용하는 것이 원칙이다. 카피를 쓰는 사람은 '자기 머릿속에 있는 단어'를 꺼내어 표현하기 마련이지만, 읽는 사람이 어떻게 받아들일지에 주의를 기울여 단어를 선별해야 공감을 얻을 수 있다.

그런 의미에서 읽는 사람에게 친숙한 단어라면 전문용어를 사용하는 것이 좋으며, 읽는 사람이 알지 못할 것 같으면 전문용어는 사용하지 않는 것이 좋다. 만약 상대에게 생소한 단어이더라도 꼭 사용해야 할 필요가 있을 때는 보충 설명을 제대로 해야 한다. 반대로, 잘 아는 사람에게 보충 설명을 했다가 역효과를 내 반감을 살 수도 있다. 그러므로 어떤 단어를 쓰든, 그것이 '읽는 사람의 머릿속에 들어 있는지, 그렇지 않은지'를 먼저 잘 따져보는 것이 중요하다.

신뢰감 심어주기

당신이 빵집에서 선물을 고르고 있다고 치자. 점원이 "저희 가게의 추천 상품은 바로 이 치즈케이크입니다"라고 권했다. 그러고 보니 가게 입구 유리문에도 그 치즈케이크 사진이 붙어 있었다. 잠시 고민하는 사이, 옆에 있던 손님 두 명의 대화를 우연히 듣게 되었다.

"지난번에 이 딸기케이크 선물로 사 갔더니 엄청 좋아하더라." "아, 정말? 그럼 나도 그걸로 사 갈까?"

만약 당신이라면 어떤 케이크를 사겠는가? 점원이 좋다고 권한 것인가? 아니면 옆에 있던 손님이 '좋다'고 말한 것인가? 십중팔구 후자를 고를 것이다. **소비자가 상품을 구매할 때는 판매자의 의견이 아닌 '제3자의 의견'을 더 신뢰하기 때문**이다.

유명 사회심리학자 로버트 치알디니는 타인의 행동을 보고 따라 하는 경향을 '사회적 증거social proof' 효과라 말했으며, 광고나 웹사이트에 '고객 후기'를 넣는 것 역시 이 효과를 노린 것이다. 이때 고객의 실명과 실제 사진이 같이 올라가는 것이 가장 바람직하다. 그렇지 않을 경우 '조작'이라고 의심받을 수 있다.

고객만족도	다른 표현 ○○명의 고객이 만족하고 있습니다	
외부 기관에 의한 조사 결과라면 더 강력한 증거로 사용할 수 있다. 실제로 고객만족도는 자사에 의한 조사 결과가 거의 대부분이다 보니 제대로 검증할 수 없는 경우도 많다. 따라서 더욱 정확하고 객관적으로 수치를 제시하려는 노력이 필요하다.	2197	'고객만족도 No.1'이라는 경영 전략의 충격
	2198	고객만족도 97.4%(당사 조사)
	2199	본 학원에 다니는 아이들의 만족도 95.6%(자체 조사)

○○명이 구입	다른 표현 ○○명 참가, ○○명 신청, ○○명이 고른	
비율을 제시하는 카피의 경우, 분모가 없으면 신뢰도가 떨어진다. 반면 이처럼 인원수를 밝히게 되면 구체성이 생기고 호소력이 상승한다.	2200	창업 10년 동안 누계 3만 명이 넘는 분들이 구입했습니다
	2201	전국 순회 강연에는 지금까지 2만 2075명의 열정 있는 이노베이션 리더가 참가했습니다
	2202	출시 1년 만에 10만 명이 고른 노트북

수상

다른 표현 어워드, 입선, 우승

수상 실적은 '권위성'과 '신뢰성'을 보여준다. 굿디자인상이나 대통령상 등 품질을 증명하는 수상 실적이 있다면 적극적으로 활용하자. 어떤 상의 예선 통과나 입선 이력도 사용할 수 있다.

2203	공장 건물이 도시경관상을 수상했습니다
2204	올해의 브랜드상 수상
2205	○○인증처로부터 품질우수상을 받았습니다

감사장

다른 표현 인정, 표창장, 상장

공공기관이나 단체 등에서 받은 감사장도 신뢰를 얻기에 좋은 이력이다. 2208처럼 일반인에게 받은 감사장은 일종의 '고객의 소리'로 사용할 수 있다.

2206	○○경찰청장으로부터 감사장을 받았습니다
2207	○○시로부터 감사장을 받았습니다
2208	○○초등학교 학생들로부터 귀여운 감사장을 받았습니다

효과 검증 완료

다른 표현 과학적으로 확인된, 과학적으로 인정받은

'효과가 있다는 것이 확인되었다'고 직접적으로 알리는 표현이다. 그 근거나 증거를 제시해야 하는 번거로움이 있으나, 데이터만 확실하다면 엄청난 효과를 볼 수 있다.

2209	고객 모집 효과가 검증된 홈페이지 디자인 템플릿
2210	10개의 피부 유형에 효과 검증 완료된 세안제
2211	장기적인 건강 효과가 과학적으로 확인된 10가지 식품 《포브스 재팬》, 2017년 10월)

역대 ○위

다른 표현 TOP ○에 선발된, 베스트 ○, 랭킹 ○위

'많은 사람들이 관심 갖는 상품이다'라는 것을 순위를 통해 드러내는 표현이다. 특히 '역대'라는 단어가 들어가면서 오랫동안 사랑받았다는 것을 강조한다. 가장 임팩트가 있는 것은 역시 1위겠지만, 3위 정도까지는 효과를 노려볼 수 있을 것이다.

2212	아마존 비즈니스 분야 역대 1위 도서
2213	현직 포토그래퍼들에게 조사한 역대 1위 카메라 브랜드는?
2214	독자들이 뽑은 역대 만화 베스트 3

반신반의

'의심할 정도는 아니지만, 완전히 믿지도 않는다'라는 뜻이다. 물건을 살 때는 이것이 진짜 자신이 원하는 것인지, 혹은 정말 효과가 있는 것인지 의심스러울 수밖에 없다. '걱정했는데 괜찮았다'라는 문맥에 사용할 수 있는 표현이다.

2215	구매해서 사용해보기 전까지는 반신반의했던 고급 가전제품의 진실
2216	반신반의했던 가정용 태양광 패널. 설치 후, 그 효과에 깜짝 놀라다
2217	솔직히 반신반의했습니다. 하지만 받고 보니…

○○에 의하면

출처를 알리는 표현으로, 자료나 연구기관, 회사, 인물 등과 함께 쓴다. 출처가 유명하거나 사회적으로 신뢰받는 곳일수록 설득력이 강해진다.

2218	교육부에 의하면 코로나 이후 교육격차 심각해져
2219	통계청에 의하면 한국인의 기대수명은 83.5년
2220	혈액 검사 데이터에 의한 질병 조기 발견

인기 No.1

'많은 사람이 사고 있다'는 것을 말해주는 표현이다. '많은 고객의 선택을 받았으므로 좋은 것임이 틀림없다'라고 생각하게 만든다. 실제로 사용하는 경우에는 범위를 지정한다. 2221처럼 '장소'이거나 2222처럼 '기간', 2223처럼 '상품 카테고리'일 때도 있다.

2221	우리 가게 인기 No.1 메뉴
2222	이번 달의 인기 No.1
2223	결혼 축하 선물로 인기 No.1 이니셜 머그컵

체계적

질서가 있고 정돈된 것을 표현하는 단어다. 그 정보나 상품이 잡다하지 않고 짜임새 있다는 것이 전달되어 신뢰도를 높일 수 있다. 조금 딱딱한 단어이므로 캐주얼한 상황에는 어울리지 않는다.

2224	체계적인 스마트스토어 운영으로 돈 버는 법
2225	체계적으로 입소문 내는 방법
2226	전직 IT 대기업의 시스템 엔지니어가 개발한 체계적인 매칭 시스템

경력 ○○년의

다른 표현 업력 ○○년의, 족적, 공적, 업적, 실적

오랫동안 어떤 분야에서 종사했다고 말하면 읽는 사람 입장에서는 신뢰가 간다. 분야 전문가가 양질의 서비스를 제공한다는 식의 카피에 쓸 수 있다.

2227	경력 20년의 베테랑 마케터가 컨설팅해드립니다
2228	누적 7000건의 상담 경력이 있는 카운슬러가 대기 중
2229	30년 경력의 전문가들이 시공합니다

전문가

다른 표현 스페셜리스트, 엑스퍼트, 달인, 현인

특정 분야의 손꼽히는 권위자가 아니더라도 '○○의 전문가'라는 말을 써서 입지나 위상을 잘 표현할 수 있다. 사용하기 편리하지만, 기준이 명확하지 않은 만큼 자칫 잘못 사용하면 신뢰를 잃을 수 있으므로 주의해야 한다.

2230	원예 전문가의 강좌로 집에서도 분재를
2231	상속 전문가에게 무료 상담을 받아보세요
2232	법인 영업 스페셜리스트들이 한자리에 모였다!

엄선

다른 표현 좋은 것만 가려낸, 선발한, 골라낸

그냥 모으기만 한 것이 아니라, 말 그대로 엄격하게 고른 것을 의미한다. 2233처럼 까다롭게 가려내기 위해서는 선택하는 사람의 권위성이 요구되지만, 2234, 2235처럼 선택하는 사람을 특정하지 않아도 신중하게 선별했다는 인상을 줄 수 있다.

2233	투자 전문가가 엄선한, 달러 약세인 지금이야말로 매수해야 할 종목 10선
2234	전국에서 엄선한 맛집 리스트를 공개합니다!
2235	엄선한 재료로 만든 이유식

수많은

다른 표현 많은, 셀 수 없이 많은

단순히 숫자가 많다는 것을 가리키는 경우와 종류가 많다는 것을 나타내는 경우가 있다. 그냥 '많다'라고 표현하면 가늠하기가 애매할 수도 있지만 '수많은'이라고 표현하면 격식 있는 인상을 주고 신뢰감이 높아진다.

2236	국내외에서 수많은 상을 받은 디자인 조명
2237	보유 자산 140조, 수많은 투자 격언… '투자의 신' 워런 버핏(아사히신문 디지털, 2023년 4월)
2238	수많은 팬을 만든 문구 브랜드

권위에 기대기

병원에서 감기에 걸린 환자에게 하얀 가루약을 처방했는데, 사실 그것은 감기약이 아니라 그냥 밀가루였다. 흰 가운을 입은 의사가 "이건 목 통증에 잘 듣는 약입니다" 하며 약을 먹게 했더니 신기하게도 어느 정도 효과가 있었다고 한다. 이것이 바로 우리가 잘 알고 있는 '플라세보(속임약) 효과placebo effect'다.

고객의 신뢰를 얻으려면 '파는 사람의 의견'보다 '제3자의 의견'이 더 중요하다고 앞서 이야기한 바 있다. 이번에는 다른 상황을 생각해보자. 만약, 치즈케이크를 권한 사람이 가게 점원이 아니라, 그 지역에서 유명한 파티시에였다면 어땠을까? 그 파티시에가 추천한 치즈케이크를 사고 싶지 않을까?

이 두 가지 사례의 공통점은 바로 의사, 유명 파티시에라는 **'권위'** 있는 존재다. 사람들은 어떤 분야의 전문가나 유명인이 권하는 것이라면 무조건적으로 믿고 구매하는 경향이 있다. **똑같은 말도 누가 하느냐에 따라 반응이 180도 달라지기도 한다.** 광고에 자주 등장하는 '○○ 전문가가 사용' '연예인 ○○씨가 사용하고 있다'와 같은 표현에서도 알 수 있듯이, **권위 있는 개인이나 단체를 언급하면 설득력을 높일 수 있다.**

○○이 반드시 하는	다른 표현 ○○이 절대 빠트리지 않는, 이것만은 꼭 한다
권위 있는 직업이나 유명인의 이름을 빌려 설득력을 높이는 표현이다. '프로가 반드시 하는' 것을 따라 하면 효과를 볼 수 있을 거란 기대를 갖게 한다.	**2239** 의사가 감기 초기에 반드시 하는 응급 처치
	2240 유능한 변호사가 법정에 나가기 전에 반드시 하는 것
	2241 승무원이 비행 때 반드시 챙겨 가는 아이템 베스트 3

○○인증	다른 표현 ○○공인, ○○보장, ○○추천
인증한 단체가 유명하다면 매우 강력한 카피가 되지만, 무명이라면 그다지 효과를 기대할 수 없다. 인증의 주체로 인물을 제시해서 표현할 수도 있다.	**2242** 미슐랭이 인정한 레스토랑
	2243 BMW가 인증한 중고차(BMW)
	2244 국가 공인 자격증의 모든 것

○○이 추천한

다른 표현 ○○셀렉트, ○○이 애용하는, ○○도 감탄한

어떤 권위자로부터 좋은 평가를 얻은 경우, 그 점을 내세우면 효과적으로 어필할 수 있다. 권위자의 추천이나 선택은 자신의 평판과도 직결되기에 믿을 수 있는 정보라는 인상을 준다.

2245	외과 의사가 추천한 외과 의사
2246	프로 주식 투자자가 추천한 유망 종목 5
2247	프랑스의 일류 레스토랑 셰프 3명 중 1명이 선택한 칼

○○애용

다른 표현 애호, ○○이 사랑한, 사랑해 마지않는

카피를 쓰기 전에 상품을 저명인이나 유명 단체에서 사용하고 있는지 정확하게 파악하는 것이 중요하다. 2250처럼 유명인이 아니더라도, 특정 직업군이나 같은 업계 사람들을 넣어도 설득력 있는 카피가 된다.

2248	전 세계 셀럽이 애용하는 하이주얼리 브랜드
2249	올여름 파트너는 이것! 에디터가 애용하는 데일리 백 《보그걸》, 2019년 7월)
2250	문구회사 직원들이 애용하는 고급 볼펜

○○납품용

다른 표현 ○○도 빠져 있는, ○○도 선택한

원래는 왕실이나 정부에 납품하는 물품을 가리키는 말이다. 실제로는 '애용'과 거의 같은 의미로 쓰인다. 그러한 유래로부터 '유서 깊은' '공식적으로 인정받은'과 같은 뉘앙스를 풍긴다.

2251	○○호텔 납품용 매트리스
2252	벨기에 왕실 납품용 최고급 다크 초콜릿
2253	대통령도 빠져 있는 안경 브랜드

○○은 이렇게 말했다

다른 표현 ○○에 의하면, ○○도 말한 것처럼

제3자의 말을 빌려서 주장을 뒷받침하는 표현이다. 그 제3자가 대중에게 인지도가 있으면서도 전문적인 지식이 있는 사람이어야 한다.

2254	『차라투스트라는 이렇게 말했다』(프리드리히 니체, 민음사, 2004)
2255	에디슨은 이렇게 말했다고 전해진다. "곤경이란 다음의 새로운 세계를 발견하는 문이다."
2256	투자의 거장 조지 소로스는 금융시장은 본질적으로 불안정하다고 말했다

○○만이 알고 있는

비밀이나 비결이 있다는 뉘앙스로, 그 비밀을 알고 있는 사람에게 권위성이 있어야 한다는 점이 포인트다. 반드시 유명인일 필요는 없으며, 사람들이 선망하는 회사의 직원이거나 직업군을 내세우면 된다.

다른 표현 ○○이 말하려 하지 않는

2257	구글 직원만 알고 있는 단어 19개(비즈니스 인사이더 재팬, 2018년 1월)
2258	간호사만 알고 있는 심야 병원의 속사정
2259	급성장하는 회사는 알고 있다! 우수한 사원을 계속 채용하는 방법

○○이 밝히는

사람들은 '어떤 분야의 전문가에게는 오랜 경험과 지식에서 비롯된 비결'이 있기 마련이라고 생각한다. 따라서 이러한 비결을 알려준다고 하면 많은 사람이 궁금해할 것이다.

다른 표현 ○○이 말하려 하지 않는, No.1 ○○이 밝히는

2260	거장 디자이너가 밝히는 도쿄올림픽 포스터 제작 비화 (NHK스포츠 스토리, 2020년 1월)
2261	일론 머스크가 스타십 제조와 비행 시기에 관해 자세히 밝히다(테크크런치 재팬, 2019년 12월)
2262	인플루언서가 밝히는 요즘 화제의 신상 레스토랑

○○이 절대 하지 않는

잘나가거나 성공한 사람이 절대 하지 않는다고 하면, 그것이 뭔지 궁금해진다. 자신이 쓰고 있는 방법이 잘못된 건 아닌지 확인하고 싶은 마음에 적중하는 표현이다.

다른 표현 거의 하지 않는, 보통은 하지 않는

2263	부자들은 절대 사지 않는 아이템
2264	일 처리가 빠른 사람은 절대로 하지 않는 것
2265	성공하는 사람들이 절대로 하지 않는 7가지 행동

○○이 하고 있는

잘되는 사람들에게는 공통점이 있다고 암시하는 표현이다. 뒤집어 말하면, '이걸 모르니까 잘 안되는 건지도 몰라' 하고 생각하게 만든다. '하고 있다' 즉, 실제로 행동이 이루어지고 있다는 사실도 신뢰가 가는 포인트다.

다른 표현 ○○이 몰래 하고 있는

2266	일 잘하는 관리자가 남몰래 하고 있는 '부하 직원 프로모션' 기술(다이아몬드 온라인, 2018년 11월)
2267	도쿄대에 단번에 합격한 아이들이 초등학생 때부터 하고 있는 공부법
2268	매년 최고 수익을 올리고 있는 회사가 하고 있는 근무 시간 관리법

고객 안심시키기

앞서 소개한 바 있지만 사람은 누구나 얻는 것보다 손해 보는 것에 더 민감하다. 이와 관련된 심리 실험이 있다. 어떤 학교에서 한 학급 중 절반의 학생들에게만 학교 마크가 새겨진 머그컵을 나눠 주었다. 컵을 받지 못한 나머지 절반의 학생들에게는 그 머그컵을 찬찬히 살펴보게 했다. 얼마 후, 머그컵을 받은 학생들에게 그 컵을 받지 못한 나머지 학생들에게 팔라고 지시했다. 받지 못한 나머지 학생들에게는 반대로 컵을 사라고 지시했다. 이때 양쪽 학생들에게 '얼마라면 머그컵을 팔아도 좋고, 또한 얼마라면 사도 좋다고 생각하는가?'를 물었다. 머그컵 소유자가 그 컵을 **팔려고** 제안한 평균 가격은 **5.25달러**, 머그컵을 소유하지 않은 학생이 컵을 **사려고** 제안한 평균 가격은 **2.75달러**였다. 즉, 거의 2배의 차이가 났다.(『승자의 저주』 리처드 탈러, 이음, 2007)

'손실 회피 편향'으로 불리는 이 심리를 역으로 생각하면, **'손해 볼 일은 없어요'라고 제안하는 것은 구매로 이끄는 강력한 방법**이 된다. 전형적인 예인 '환불 보장'과 같이 구매자의 리스크를 미리 제거해서 고객을 안심시키는 것을 **'리스크 리버설**risk reversal'이라고 한다.

안심	다른 표현 안전, 신뢰, 의지	
'맡겨두면 안심이다'라는 뉘앙스를 담고 있다. 비슷한 말로 '안전'이 있으며 함께 쓰는 경우도 많다. 안전이 위험의 반대인 반면, 안심은 불안의 반대로 생각할 수 있다.	**2269** 안심할 수 있는 BMW 360° Safety(BMW)	
	2270 노인 맞춤형 주택, 안심되는 노후를 위해	
	2271 안심 보증 팩	

역시	다른 표현 과연, 명불허전	
이 표현을 사용할 경우, 그에 상응하는 실적이나 근거가 수반되지 않으면 읽는 사람의 머릿속에 쏙 들어오지 않는다.	**2272** 코코아는 역시 모리나가♪(모리나가 제과)	
	2273 가전은 역시 LG	
	2274 당신의 '진짜 나이'는? 노화의 정도는 역시 얼굴로 알 수 있다(《내셔널 지오그래픽》, 2023년 2월)	

○○이기에

다른 표현 ○○이기 때문에, 그러므로, 그렇기에

자격을 강조하며, 권위를 부여하는 표현이다. ○○에 믿을 수 있는 단체나 개인, 실적 등이 들어가면 읽는 사람의 신뢰를 얻을 수 있다.

2275	점유율 1위 기업이기에 가능한 일
2276	현직 교사이기에 알고 있는 부모의 좋지 않은 행동
2277	불면증 경험자이기에 추천할 수 있는 수면 유도 음악

부동의

다른 표현 흔들림 없는, 변함없는, 확고한, 움직일 수 없는

'불변'과 비슷하지만 '불변'은 그 상태가 질적으로 변화하지 않는다는 뉘앙스가 강한 반면에, '부동'은 그 위치나 지위가 흔들리지 않는다는 뉘앙스가 강하므로, 어떤 포지션을 계속 유지한다는 느낌을 주는 표현이다. '불변의 법칙'을 '부동의 법칙'이라고는 하지 않는다.

2278	우리 가게 부동의 인기 No.1 메뉴
2279	중형차 부문 부동의 1위
2280	뛰어난 환경 적응 능력으로 부동의 지위를 구축한 참새와 전봇대의 깊은 관계(JBpress, 2021년 5월)

만능

다른 표현 만병통치약, 전능, 올마이티

모든 것에 효능이 있다거나 많은 일을 능숙하게 할 수 있다는 의미다. 비슷한 의미를 가진 단어로 '만병통치약'이 있다.

2281	임금 인상, 만병통치약이 아니다(《닛케이신문》, 2023년 6월)
2282	반려견 산책에 적합한 소형 만능 파우치
2283	해초는 제균도 책임지는 바다의 만능 선수(《네이처 다이제스트》, 2017년 2월)

어울리는

다른 표현 적합한, 적절한, 상응하는, 걸맞는, 타당한

'상응하다' '걸맞다'라는 뜻이며, 그밖에 '적합하다'는 뉘앙스도 내포하고 있다. '최적'이라고 표현하면 딱딱한 느낌이 들지만 '어울린다'는 어디에나 무난하게 쓸 수 있다.

2284	쿨비즈(COOL BIZ)로 어울리는 옷차림 9선(《닛케이신문》, 2023년 5월)
2285	진화를 거듭하는 SUV에는 그에 걸맞는 타이어가 있다(타이어 제조사 브리지스톤)
2286	이직 축하 선물로 어울리는 아이템은?

○○하기를 잘한

다른 표현 후회하지 않는, 만족하는, 다행인

마음을 대변하는 표현으로, 앞에서 나온 '추천'과 같은 뉘앙스이지만, '추천'이라고 하면 약간 강요당하는 느낌이 들 수 있다. 반면 이 표현은 개인의 감상을 말할 뿐이므로 거부감이 들지 않는다.

2287	올겨울 사기를 잘한 아이템 10선
2288	50대, 처분하기를 잘한 물건 3가지(생활 정보 사이트 ESSE online, 2023년 4월)
2289	구독하기를 잘한 유튜브 채널 15선

일절

다른 표현 전혀, 완전, 이게 전부, 전액

부정적인 말과 함께 써서 '전혀'라는 의미를 표현한다. '절대 아니다'라는 문맥으로 사용되며, 상품에 대한 자신감을 드러내는 동시에 구매자의 불안감을 없애준다.

2290	테스트 기간에는 요금이 일절 청구되지 않습니다
2291	자료를 신청하셔도 구입 의무는 일절 없습니다
2292	할부 이자, 수수료, 배송료. 그 무엇도 일절 받지 않습니다

환불

다른 표현 무료 반품, 반환 보장

'마음에 들지 않으면 환불해드립니다'는 가장 인기 있는 리스크 리버설(사는 사람의 리스크를 파는 사람이 부담하는 일) 카피다. 실물을 볼 수 없는 온라인 쇼핑에서 이러한 환불 보증 제안은 구매율을 크게 높여주는 요소다.

2293	만족하지 못한다면 전액 환불해드립니다
2294	실제로 사용해보고 아니다 싶으시면, 전화 한 통으로 전액 환불해드립니다
2295	이유 불문하고 기꺼이 환불해드립니다

요금은 받지 않습니다

다른 표현 환불해드립니다, 돌려드립니다

결과적으로 환불과 같지만, 아예 돈을 내지 않아도 된다고 말하기 때문에 더 강력하다. 약간 변형된 카피로, 약속을 지키지 못한다면 파는 사람이 책임을 지겠다고 공언하는 패턴과 추가 요금이 필요 없다고 알리는 패턴이 있다.

2296	성과가 나오지 않는다면, 요금은 받지 않습니다
2297	만약 5일 안에 공사를 완성하지 못한다면, 1일당 3만 원을 돌려드립니다
2298	프로젝터 등 비품 이용 요금은 받지 않습니다

후결제

다른 표현 후불, 나중에 결제, 사용해보고 결제

보통의 경우 결제와 동시에 상품을 받지만 온라인 쇼핑의 경우 상품을 직접 보지 못한 상태에서 결제를 하게 되는데, 이때 후불이라고 말해주면 사는 사람 입장에서는 불안한 마음이 가시게 된다.

2299	상품 도착 후 10일 이내에 결제하시면 됩니다
2300	선구매, 후결제 서비스를 도입합니다
2301	30일간 상품을 사용해보시고 결제하세요

보증

다른 표현 ○○을 약속, 개런티

보증의 대표적인 예로는 전자제품에 대한 품질 보증이 있다. 표준 보증 기간은 1년인 경우가 가장 많다. 보증 기간이 길수록 고객에게 믿음을 줄 수 있지만, 그만큼 리스크도 커진다. 이 외에도 최저가를 약속하는 '최저 가격 보증'이 있다.

2302	지금 구매하면 무상 보증 기간 3년 연장
2303	사용자 과실로 인한 손상도 보상해주는 안심 보증 패키지 추천!
2304	업계 최저가 보증

후회하지 않으실 겁니다

다른 표현 손해 보지 않습니다, 실망시키지 않겠습니다

구매 후 후회할 때가 있다. 이를 마케팅 용어로는 '구매자의 후회(buyer's remorse)'라고 한다. 구입을 검토하는 사람은 '후회하지 않으실 겁니다'라고 단언하는 말에서 품질에 대한 자신감을 느낄 수 있어 불안감이 줄어든다.

2305	맛 보증. 절대 후회하지 않으실 거예요
2306	저의 제안에 응하시면 절대 후회 안 하실 겁니다
2307	완성도에 자신 있습니다! 절대 실망시키지 않겠습니다

무조건 증정

다른 표현 무조건 당첨, 100% 증정

몇 명만 추첨해서 상품을 주는 이벤트에는 당첨되기 힘들기 때문에 크게 매력을 느낄 수가 없다. 하지만 가입이나 참가만 하면 무조건 당첨되는 이벤트는 강력한 동기부여가 된다. 단, 당연한 말이지만 필요 없는 물건을 선물로 주면 안 된다.

2308	10개 구입 시 무조건 증정! 열전도 스푼(하겐다즈 재팬)
2309	무조건 증정! 참가하시는 모든 분께 무릎 담요를!
2310	스탬프 10개 모으시면, 아메리카노 무조건 증정

노마진	**다른 표현** 다시없을 가격, 사장님이 미쳤어요
'가격이 싸다'고 말하는 표현 중 가장 강력한 것으로 '어디를 가도 이 가격으로는 살 수 없다'는 것을 암시한다. 싼 물건을 비싸게 사게 될까 걱정하는 고객 입장에서는 안심되는 단어다.	**2311** 3주년 기념. 감사의 마음을 담아 선착순 10분께 노마진으로 최고급 와인 판매
	2312 노마진 오피스 용품점
	2313 반려동물 용품 노마진 대방출

칼럼

이메일은 제목이 생명

당신은 광고성 이메일에 제목을 붙일 때, 세심한 것까지 신경 쓰고 있는가? 클릭하게 만들기 위해 어떤 아이디어를 적용하고 있는가? 흔히 하는 실수 중 하나가 단순히 내용을 요약하는 제목을 붙이는 것이다. 일반적으로 제목에는 '발신처'와 '용건'을 꼭 넣는 것이 원칙이다. 즉 '누가 보낸 메일인가?' '용건은 무엇인가?'라는 질문에 미리 답해주는 것이라 할 수 있다.

하지만 이것만으로는 충분하지 않다. 하루에도 쉴 새 없이 광고성 이메일이 쏟아지는 시대에 웬만한 메일은 바로 쓰레기통으로 직행하기 때문이다. 그러므로 받는 사람이 제목을 보는 순간, '나한테 이득이 되겠다' 혹은 '이건 재미있겠다'고 생각하게 만드는 표현을 꼭 넣어야 한다. 그렇지 않으면 클릭조차 하지 않을 확률이 높다. 메일 내용이 아무리 훌륭해도, 고객에게 진짜 도움 되는 것이라고 해도 일단 클릭을 하지 않으면 아무 소용이 없다.

미국에서 다이렉트 메일이 주류였던 시대에도 마찬가지였다. 그때는 '얼마나 많은 사람들이 봉투를 열어볼 것인가'가 성공 여부를 결정했다. 봉투째 쓰레기통에 버려지는 경우가 비일비재했기 때문이다. 그래서 로버트 콜리어는 받은 사람이 봉투를 열어보게 하기 위해 온갖 궁리를 했다. 그가 만든 기법 중 하나가 바로 '티저(teaser, 애태우는 것)'다. 지금은 광고에서도 많이 사용하는 기법으로 내용을 바로 밝히는 게 아니라, 상대의 궁금증을 유발하는 이미지나 힌트가 될 카피 또는 시각적 장치를 이용하는 것이다. 이메일의 경우에는 한 줄 제목이 티저 역할을 수행한다. 한마디로 '이메일은 제목이 생명'이라고 말해도 과언이 아니다.

분위기 끌어올리기

지금부터 소개하는 것은 분위기를 띄우는 카피들이다. '슈퍼' '최강의' '대단한' 같은 단어를 보면 알 수 있듯이, 단어 자체에 큰 의미가 있다기보다는 이른바 **'양념'** 역할을 하는 것들이다.

진부한 단어가 나열되어 있거나 문장 전체가 평범하고 밋밋한 인상을 준다면, 양념 역할을 하는 단어 하나만 넣어도 읽는 사람의 주목을 끌 수 있다. 예를 들면, '화이트'를 내세우는 세제나 치약 같은 제품에 '슈퍼 화이트'라고 수식어를 붙여주면 순식간에 기대감이 상승하는 것을 느낄 수 있다.

다만 양념이 지나치면 재료의 맛을 해치는 것처럼, 이런 표현 역시 포인트로 사용해야지 남발하면 오히려 역효과를 낸다는 것을 명심해야 한다.

단연코 톱	다른 표현 몹시 뛰어난, 뛰어넘은, 따라잡을 수 없는	
다른 경쟁 상품들과 비교가 되지 않을 정도로 좋다는 뜻이다. 비슷한 제품이 쏟아지는 상황에서 무엇을 골라야 할지 힘들어하는 사람들에게 통하는 표현이다.	2314	지역에서 매출로 단연코 톱인 고깃집. 세심한 배려가 '테이블'에 있었다
	2315	사용해보면 알 수 있다! 효과 단연코 톱!(스미토모 화학)
	2316	뷰티 에디터 사이에서 단연코 톱으로 꼽히는 에센스

궁극의	다른 표현 최고의, 천하제일의	
'갈 데까지 가보았다' '최고다'라는 뜻이다. 실제로는 '매우 뛰어난' 정도의 뉘앙스로 사용되는 경우도 많다. 2319처럼 음식에 붙여 사용하면 '타협하지 않고 철저하게 높은 품질을 추구한다'는 느낌을 살릴 수 있다.	2317	궁극의 로맨스 패키지(리츠 칼튼)
	2318	'궁극의 암호'로 유전 정보를 전송. 도시바와 도호쿠대, 첫 성공(아사히신문 디지털, 2020년 1월)
	2319	프렌치 레스토랑의 점장도 감탄하는 궁극의 라멘

최강의	다른 표현 유례없는, 비교 대상이 없는, 발군의
'가장 강하다'라는 뜻에서 파생하여 '매우 뛰어나다' '무척 편리하다' 등 폭넓은 의미를 지닌다. '최고의'와 같은 뜻이지만 '최강의'가 훨씬 더 구어 같은 느낌이 있다.	**2320** 최강의 조직을 만드는 경영의 원칙
	2321 Mac 사상 최강의 성능(애플)
	2322 최강의 설득 심리학

대단한	다른 표현 엄청난, 압도적인, 장난 아닌
흔한 말이기는 하지만, 뒤에 오는 단어에 강력한 인상을 부여한다. 어디까지나 주관적인 표현이기에 객관성이 요구되는 내용에는 어울리지 않는다. 뒤집어 말하면, 읽는 사람에게 '감정'이 전해져 친근함이 느껴지므로 공감을 불러일으키기에 좋다.	**2323** 드론 시장의 대단한 가능성
	2324 듣기 능력을 비약적으로 성장시키는, 대단한 영어회화 학습법
	2325 일상 속 대단한 물건들

슈퍼	다른 표현 초, 대규모, 울트라, 익스트림
원래 대단한 대상에 슈퍼를 붙이면 더더욱 대단한 느낌을 전달할 수 있다. 여기에 울트라까지 붙여서 '슈퍼 울트라'라고 쓰면 강력함이 그 이상으로 전달되는 카피를 만들 수 있다.	**2326** 슈퍼 스마트 쇼핑 서비스 제공
	2327 슈퍼 울트라급 노트북 세일
	2328 6개월에 한 번 슈퍼 세일 중, 20일까지 진행

중독되다	다른 표현 습관이 되다, 빠지다, 홀딱 반하다
무언가에 열중하게 된다는 의미로, 어딘가 병적일 정도로 빠져 있다는 느낌을 풍긴다. 주로 식품에 쓰이는 경우가 많지만, 취미나 오락 등 다양한 대상에도 쓸 수 있다.	**2329** 여름 최고의 디저트! 빙수에 중독되다
	2330 엄청 맵지만 한번 먹으면 중독되는 매운맛 소시지
	2331 신기할 정도의 편안함에 중독되는 가죽 신발

월등한

'궁극의' '최강의' 등에 견줄 수 있는 표현으로, 어딘가 힘찬 기운이 느껴진다.

2332	5성급에 어울리는 월등한 서비스를 경험해보세요
2333	뻑뻑함 제로. 월등히 맛있는 카스텔라
2334	날아갈 듯이 빠르고, 월등히 똑똑한 스토리지 (애플)

위험한

다른 표현 장난 아닌, 있을 수 없는

이 표현은 시대가 바뀜에 따라 의미도 달라졌다. 원래는 2336처럼 '큰일났다' '곤란하다'라는 뜻이었지만 최근에는 '대단하다'는 긍정적인 감정을 나타낼 때도 사용하고 있다.

2335	『위험한 심리학』(송형석, 알에이치코리아, 2018)
2336	올림픽 선수촌 타운을 구매하는 사람의 위험한 노후 (프레지던트 온라인, 2019년 7월)
2337	한번 먹으면 중독되는 위험한 맛! 특제 탕수육

엄청

다른 표현 대단한, 매우, 진심, 몹시, 완전

뒤에 어떤 단어가 오느냐에 따라서, '심하다'라는 부정적인 의미와 '대단하다'라는 긍정적인 의미로 나뉜다. 일상적 단어로, 격식을 차리는 문장에 쓰기에 적합하지 않다.

2338	엄청난 할인율로 유명한 패션 사이트
2339	엄청 즐거운 배드민턴 교실
2340	엄청 쓸 만하다! 디즈니랜드 마니아 가이드북

마음껏

다른 표현 끝까지, 제대로, 충분히

'끝까지' '한계 없이'를 뜻하는 표현으로, 자유로움까지 느껴진다. 양껏 즐기고, 느끼고 싶어 하는 고객의 마음에 어필하는 단어다.

2341	마음껏 쓸 수 있는 가성비 스킨
2342	프랑스 보르도가 가장 뜨겁게 달아오르는 5일간, 마음껏 와인을 즐기다(《포브스 재팬》, 2018년 7월)
2343	아기와 함께라도 마음껏 여행을 즐길 수 있는 비장의 서비스

갓(god)	다른 표현 언빌리버블, 신들린
'훌륭하다' '믿을 수 없다'라는 감동을 '신(神)'에 비유하여 나타내는 극히 캐주얼한 표현이다. 갓연아, 갓정국, 갓세리 등 유명인의 이름에 붙이거나, 갓명곡, 갓무대, 갓게임 등 다양하게 변형할 수 있다.	**2344** 이것이 바로 갓게임
	2345 유튜브 조회 수로 증명된 갓무대
	2346 갓성비를 자랑하는 농축 세제

폭발	다른 표현 작렬, 솟구치다, 내뿜다, 터질 듯한, 격분
솟구치는 듯한 느낌을 임팩트 있게 전달하는 단어다. 급격하게 변화하는 모습을 표현할 때 쓸 수 있다. 대부분의 경우 '정말 대단하다'라는 의미로 통하며 어감이나 이미지를 우선해서 사용하는 것이 좋다.	**2347** 귀여움이 폭발하는 강아지 영상 10
	2348 '요괴워치', 폭발적인 인기의 비결(도요케이자이 온라인, 2014년 8월)
	2349 SNS에서 폭발적 인기를 끌고 있는 스마트폰 케이스

강렬한	다른 표현 과격한, 맹렬한, 격렬한
'굉장히 강하다'라는 뉘앙스를 강조할 때 사용하는 표현이다. 강한 인상을 남기는 단어이므로 사용할 수 있는 상황이나 대상이 한정적이다.	**2350** 강렬한 한 문장으로 독자를 사로잡는 법
	2351 결제할 때 점원의 놀란 표정! 강렬한 임팩트를 남긴 가죽 지갑
	2352 강렬한 직사광선으로부터 피부를 지키는 법

필살기	다른 표현 승부수, 결정타, 비밀 병기, 최종 수단
다소 거친 느낌을 주는 단어이지만, '강력한 효과'가 있다거나 '결정적인 수단'이라는 것을 표현하고 싶을 때 사람들의 주목을 끌 수 있다. 또한 '극적인 효과를 올리는 수단'이 있다는 것을 암시해 해결책을 원하는 사람의 흥미를 불러일으킬 수 있다.	**2353** 유저를 잡고 놓아주지 않는다! 유명 크리에이터의 장난기 가득한 웹디자인 필살기
	2354 부엌의 찌든 때에 필살기인 아이템 5
	2355 법인 영업에서 안이한 '필살기'를 바라서는 안 되는 이유(다이아몬드 온라인, 2019년 1월)

메가	다른 표현 빅, 킹, 파워풀, 그랜드
컴퓨터나 스마트폰 등의 디스크와 메모리 용량을 나타내는 단위로 친숙한 표현이다. 카피라이팅에서는 데이터 용량과 상관없이, '매우 크다'는 뉘앙스로 쓰일 때가 많다. 무어의 법칙에 끝이 없다면 머지않아 테라(tera), 페타(peta), 엑사(exa)가 대체할 것이다.	**2356** 보통 사이즈의 2.5배 크기. 메가 돈가스
	2357 10년 만에 세계는 격변, 10가지 메가 트렌드(《닛케이 비즈니스》, 2019년 4월)
	2358 기가 텐동에는 새우가 무려 10마리

초	다른 표현 울트라, 진짜, 뛰어난
명사 앞에 '초(超)'를 붙이는 것만으로도 파워풀한 느낌이 든다. 2359, 2360처럼 일반적으로 널리 쓰이는 명사에 '초'를 붙임으로써 의외성과 좋은 의미에서의 이질감을 줄 수 있다.	**2359** 커뮤니티 디자인에서 배우는 초영향력
	2360 『초집중력』(멘탈리스트 다이고, 글로세움, 2020)
	2361 일류 호텔의 초이득 런치 메뉴

폭풍	다른 표현 최대급, 다이너마이트, 호쾌한, 격한
정도의 크기를 강조하고 싶을 때 효과적인 단어다. 폭풍 구매, 폭풍 인상, 폭풍 증가, 폭풍 속도, 폭풍 판매 등 다양한 단어와의 조합이 가능하기 때문에 융통성 있게 활용할 수 있다.	**2362** 소문의 마파두부. 이 맛은 아주 매운맛? 아니면 폭풍 매운맛?
	2363 일을 '폭풍 속도로 끝내는 사람'은 무엇을 하고 있는가 (도요케이자이 온라인, 2018년 2월)
	2364 앞으로 3개월간 폭풍 상승이 기대되는 주식 10

자이언트	다른 표현 점보, 거대, 거인, 킹사이즈
'아주 거대하다'는 것을 표현하는 단어다. '자이언트 바바'라는 유명 프로레슬러도 있었는데, 이 닉네임에서도 '아주 크다'는 이미지가 잘 전달된다.	**2365** 모노그램 자이언트 컬렉션(루이비통)
	2366 일본 IT업계는 아직 엇비슷. 누가 자이언트가 될 것인가?(도요케이자이 온라인, 2017년 4월)
	2367 우리 가게 특제 점보 사이즈 초밥

메가톤급

다른 표현 빅, 거대한, 대형의

이 표현 역시 '아주 크다'는 것을 나타낸다. 구체적인 사물뿐 아니라 추상적인 사건 등에도 사용할 수 있다는 점에서 훨씬 범용성이 높다고 할 수 있다.

2368	앞으로 TV는 메가톤급 시대, 당신의 집을 영화관으로
2369	곧 메가톤급 세일이 시작됩니다
2370	대식가도 고군분투하는 메가톤급 메뉴 특집

미친

다른 표현 비상식적인, 있을 수 없는

원래 부정적인 단어이지만, 보통과는 다른 것에 대해 '상상을 뛰어넘는'이라는 뜻에서 호의적으로 사용되는 경우도 많다. 예문에서도 알 수 있듯이 보통의 방식과는 다르다는 뉘앙스를 풍기기 때문에 그 '차이'가 무엇인지 궁금해진다.

2371	미친 기획을 실현한다! 창조적인 회사를 만드는 시스템과 인재 육성법
2372	30분 만에 완독하는 미친 독서법
2373	『미친듯이 심플』(켄 시걸, 문학동네, 2014)

가득한

다른 표현 특집, ○○으로 한가득, ○○투성이의

많은 종류와 양의 정보가 들어 있는 잡지처럼 내용물이 알알이 차 있다는 것을 알릴 때 쓰는 단어다. '무언가가 많이 들어 있는 상태'를 효과적으로 나타낸다.

2374	다른 곳에서는 들을 수 없는 성공 비결로 가득한 인터뷰집
2375	신기능이 가득한 스마트 워치, 12월 출시!
2376	보기만 해도 즐겁다! 즐거움이 가득한 홈파티 메뉴

풍성한

다른 표현 푸짐한, 가득한, 수북한

'가득한'과 같은 뜻으로, '푸짐하다' '양이 박하지 않다'는 의미다. 음식 등에 자주 쓰이며 '많이'를 강조하는 표현으로 다양한 상품에 쓸 수 있다.

2377	풍성한 혜택이 있는 연말 세일
2378	20종류 이상의 풍성한 해산물이 자랑인 뷔페
2379	하와이 알뜰 쇼핑 정보가 수북

대작전	다른 표현 계획, 프로젝트, 이벤트
의외로 관공서에서 많이 사용하는 단어다. 프로젝트나 행사에 '대작전'을 쓰면 흥미를 유발하기 쉽고 부담 없이 참여할 수 있는 분위기를 낸다. '작전'보다 '대작전' 쪽이 더 즐거운 느낌을 준다.	**2380** 강과 바다의 청정 대작전(국토교통성)
	2381 숲 만들기 현민 대작전(시즈오카현)
	2382 봄철 씨앗 뿌리기 대작전

절찬	다른 표현 극찬, 격찬, 훌륭한, 열심히
'매우 칭찬하다'라는 의미로, 단어 그대로 쓰거나 '절찬리에' '대절찬'처럼 변형해 쓰기도 한다.	**2383** 마라토너도 절찬! 쿠션감이 뛰어난 러닝화
	2384 10분 만에 만들 수 있는 우리 집 대절찬 레시피 공개!
	2385 햇딸기로 만든 수제잼, 절찬리에 판매 중

바로 이것이	다른 표현 이것이야말로, 이것만이, 틀림없이
'이것만은' 또는 '이것만이'를 강조하는 표현으로, 카피에 리듬감을 넣어준다. 보통 '바로 이것이 ○○' 형태로 사용된다.	**2386** 바로 이것이 기술력의 차이
	2387 바로 이것이 유바리 멜론의 맛!
	2388 바로 이것이 어른의 통 큰 구매! 한꺼번에 200만 원을 지불하고 구입한 것은?

120%	다른 표현 기대 이상으로, 상상 이상으로
'기대 이상으로' '상상 이상으로'라는 뉘앙스로 쓰인다. 120이라는 숫자 그 자체에는 큰 의미가 없으며, 흔히 최대치를 의미하는 100을 뛰어넘는 것에 의미가 있다.	**2389** 일정 관리 앱 120% 활용술
	2390 엄청나게 맛있는 옥수수 120% 활용 레시피
	2391 체중 감량 효과 120% 높여주는 식단

너무 ○○하다	다른 표현 엄청나게, 무척
부정적인 맥락에서 자주 사용되었으나 긍정적인 맥락에서도 널리 쓰이고 있는 추세. 매우, 굉장히, 몹시 등 정도를 강조하는 단어는 여러 가지가 있지만, 친근한 표현이면서도 정도가 크다는 뉘앙스를 단적으로 잘 보여주는 표현이다.	**2392** 안녕하세요. 너무나도 즐거운 아이패드입니다(애플) **2393** 너무 자유로운 이성과 원만히 사귀는 방법 **2394** 너무 완벽한 밀폐력의 비밀

찐	다른 표현 개, 대단히, 몹시, 아주
단어의 앞에 붙여 '진짜' '진심을 담은'이라는 뜻을 나타낸다. 친근한 느낌을 주면서도 강조의 뉘앙스가 있다.	**2395** 뷰티 유튜버가 추천하는 찐애정템 **2396** 숨겨둔 찐맛집 **2397** 내돈내산 찐쇼핑 리스트

파괴력	다른 표현 파워, 임팩트
놀라움이나 충격을 받을 정도로 무척 강한 임팩트가 있다는 뉘앙스로 쓰인다. 별로 중요하지 않은 주제에 사용하면 실망감을 줄 수 있기 때문에 신중하게 사용해야 하는 표현이지만, 주제를 잘 선택하면 효과적으로 활용할 수 있는 단어다.	**2398** 일본 최초! AI 라이팅 지원의 파괴력 **2399** 라쿠텐 그룹 '금융 개편'의 압도적 파괴력(비즈니스 인사이더 재팬, 2019년 4월) **2400** 창조적 파괴력으로 승부수를 띄운 스타트업의 행보는?

Problem 문제

문제점 지적하기 ·················· **30쪽**

문제 / 실수 / 자주 하는 실수 / 실수투성이 / A만이 꼭
B는 아니다 / 벽(壁) / 환상 / 거짓말 / 나쁜 습관 / 잘
안되는 사람 / 아쉬운 / 자주 일어나는 문제 / 금기 / 매
년 어려워집니다 / 부끄러운 기억 / ○○에도 정도가
있다

긴박감 나타내기 ·················· **35쪽**

끝 / 종말 / 요즘 누가? / 한참 뒤처진 / 심각한 / 말
로 / 닥쳐오다 / 어제의 / 이제 ○○이 아니다 / 모르면
손해 / 알아둬야 할 / 모르면 망신 / 재등장 / 리스크 / 어
둠 / 덫 / 함정 / 맹점 / 한계 / 격차 / 적(敵) / 무서운 / 결
여되어 있는 / 긴급 / 카운트다운 / 잇따르다

욕망에 호소하기 ·················· **42쪽**

인기 있는 / 돈 버는 / 돈 벌 수 있는 / 돈벌이가 되
다 / 떼돈을 벌다 / 부(富) / 성공 / 즐거운 / 이기다 / 지
지 않는 / 싸우다 / 공격적인 / 지키다 / 대비하다 / 대
책 / 준비 / ○○하기 전에 / 이상적인 / 몰입 / ○○하
고 싶어지다 / 사고 싶다 / 놓칠 수 없는 / 실패하지 않

는 / 후회하지 않는 / 탈(脫) / 안녕

질문 던지기 ·················· **49쪽**

○○이란? / 왜 ○○은 ○○일까? / 어째서 ○○인 걸
까? / 어떻게 / 왜 어떤 사람은 ○○할 수 있을까? / 왜
어떤 사람은 ○○하지 못할까? / 이런 실수 하지 않나
요? / 이런 증상이 나타나지 않나요? / 이런 징후 없습
니까? / 어느 쪽? / 어떤 타입? / 무슨 파? / 무엇이 무
제인가? / ○○하고 있습니까? / 살 예정인가요? / 알고
계신가요? / 갖고 싶지 않나요? / 할 예정인가요? / 만
약 ○○이라면 어떻게 하겠습니까? / 할 수 있나
요? / 잊으신 건 없나요? / 어떻게 될까?

호기심 유발하기 ·················· **55쪽**

이유 / 사정 / 의미 / 해야 할 이유 / 실패하는 이유 / 진
짜 / 진짜 이유 / 사실은 대단한 / 저력 / 근원 / 이렇
게 / 미지 / 이토록 / 밝혀지다 / 글로벌 / 거짓과 진
실 / 주목 / 내비 / 경향 / 생생한 목소리 / 탐험 / 그 / 킬
러 패스 / ○○으로 / ○○도 / 뒤엎다

갭 만들기 ·················· **62쪽**

(게으름뱅이)가 (성공했다) / 인생을 바꾼 / 보통을 뛰

어넘는 / 장난 아닌 / 비약적 / 전대미문 / 마법 / 파괴
적인 / 극비 / 차원이 다른 / 압도적 / 놀라운 / 경이로
운 / 10배 / 잠 못 들 정도로 / 평범한 / 충격 / 상상을
초월하는

비교로 흥미 끌기 ················· **67쪽**

할 수 있다 vs 할 수 없다 / 우는 사람, 웃는 사람 / 되
는 사람, 안 되는 사람 / 좋다 vs 나쁘다 / A vs B / 빛과
그림자 / 비교 / ○○을 뛰어넘는 / 파격적인 / A도 아니
고 B도 아니다 / ○○ 없이, ○○ 없이, ○○ 없이 / A가
아니라 B / 더 ○○, 더 ○○ / ○○보다 효과적 / 보기보
다 / A인데도 B / A일수록 B / ○○개분 / 더 나은 / 종이
한 장 / 유령 / ○○급

주의 끌어모으기 ················· **73쪽**

하면 안 되는 / 사면 안 되는 / 하지 마세요 / ○○은
이제 필요 없다 / ○○은 잊어주세요 / 버려라! / 경
고! / 주의 / 잠깐만! / ○○하라! / 고작 / 가로막다

[Empathy 공감]

스토리 담기 ················· **83쪽**

이야기 / 비화 / 되살아나다 / 모두가 웃었습니다. 하
지만 / 어쩌다 내가 / 벼랑 끝 / 기적의 / 들려주고 싶
다 / 정말로 있었던 / 거짓말 같은 진짜 / 부활 / 선
물 / 시작되다 / 도전 / 역습 / 반격 / 이유가 있어서 / 무
대 / 운명 / 유전자·DNA / 정체 / 문이 열리다

읽는 사람의 감정에 공감하기 ················· **90쪽**

지긋지긋 / 귀찮은 / 고민할 필요가 없다 / 함께 / 포
기한 / 포기할 수 없는 / 당신 편 / ○○세부터도 가능
한 / 늦지 않다 / 기준이 되는 / 작은 회사 / 혼자 / 부
드러운 / 공유 / 동반 / 마음을 사로잡는 / 우선 / 인생
의 / 사랑 / 자랑 / 휴식 같은 / 구하다 / ○○답다 / ○○
해버렸다 / 사항 / 추억의

상황에 맞게 권유하기 ················· **97쪽**

자, / 자, 이제 / ○○하자 / ○○하지 않으시겠어요? / ○
○해보지 않으시겠어요? / ○○처럼 ○○하자 / 깔끔
하게 ○○합시다 / 힘들게 ○○하는 건 이제 그만둡시
다 / 고민인 분은 상담해주세요 / 구해주자 / 모집 / 급
구 / 구함! / ○○ 가능한 분 구합니다 / 찾습니다 / 또
없습니까? / 불문 / 챌린지

동질감 높이기 ················· **102쪽**

A 하면 B / ○○인간 / 나의 / ○○녀·○○남·젠더리
스 / 싱글 / 7080 / ○○세대 / ○○라이프 / ○○대부
터 / 아침·점심·저녁 / 시대 / 응원 / ○○계 / 이웃의 / 평
소 / 파트너

오감 자극하기 ················· **107쪽**

상상해보세요 / ○○처럼 / 마치 / 두근두근 / 시선을 빼
앗는 / 눈이 휘둥그레지는 / 경쾌한 / 시각화 / 속속 / 날
려버리다 / 농후 / 즙이 많은 / 따끈따끈 / 바삭바삭 / 향
기로운 / 녹는다 / 폭신폭신 / 부드럽고 말랑한 / 실
컷 / 저격하다 / 아삭아삭 / 찰랑찰랑 / 점점 더 / 순식간
에 / 돋보이다 / 터지다 / 넘치다 / 화려한 / 신(新) / 줄
줄이

성실하고 친절한 마음 표현하기 ······················ **115쪽**

부탁 / 도와주세요 / ○○주년 감사 / 감사 이벤트 / 어서 오세요 / 당신의 힘 / 솔직하게 / 고백 / 실토 / 사실은… / 꼭 / 알려드립니다 / 희소식 / 두 번 다시 안 한다고 단언한 사람에게 희소식 / 안내 / 소개 / 질문에 답해드립니다 / 도움 / 기쁨 / 경탄

Solution 해결

중요 포인트 짚기 ···························· **127쪽**

것 / 일 / 중요한 일 / ○○이 생명 / 빼놓을 수 없는 / 이렇게 된다 / 결정된다 / 결정 / 전략 / 공략법 / ○가지 스텝 / 해석하다 / 바뀌다 / 바꾸다 / 요령 / 열쇠 / 핵심 / 방정식 / 필승 패턴 / 철칙 / 비장의 카드 / 승리하는 / 돌파구 / 찬스 / 찬스로 바꾸다 / 처방전

방법 알려주기 ···························· **134쪽**

○○하는 방법 / ○○하기 위한 방법 / ○○하는 #가지 방법 / ○○하지 않는 방법 / ○○ 그만두는 방법 / ○○ 막는 방법 / ○○을 손에 넣는 방법 / A를 얻고 B를 얻는 방법 / 효과적인 방법 / 벗어나는 방법 / ○○으로 ○○하는 방법 / ○○을 사용해서 ○○하는 방법 / ○○하면서 ○○하는 방법 / A를 B로 만드는 방법 / A하지 않고 B하는 방법 / ○○하지 않고 끝내는 방법 / 사용법 / 현명한 사용법 / 법(法) / 한 가지 방법 / 활용법 / 활용술 / 또 하나의 / 제3의 / 효능 있는

간담함 강조하기 ···························· **141쪽**

간단히 ○○하는 방법 / ○○의 간단 사용법 / 누구

나 / 쉬운 / 심플한 / 대표적인 / 국룰 / 정석 / 편하게 / 잠자는 사이에 / 자연스레 익히는 / 애쓰지 않아도 / 자동 / 반자동 / 무리 없이 / 주머니 / 스마트폰으로 / 만화로 보는 / 언제라도 / ○○만 / 이것만으로 / 하나로 / 이것 하나로 / 사소한 / 손쉽게 / 깔끔하게 / 그 자리에서 / 한 방에 / 가뿐하게 / ○○프리

효율성에 초점 맞추기 ······················ **150쪽**

단 ○분 만에 / ○분 만에 알 수 있는 / 절반의 시간으로 / 절반 / 눈 깜짝할 사이에 / 직방 / 순간 / 3분 / 지름길 / 최단 루트 / 시간 단축 / 단번에 / 가속 / 얼마 안 되는 / 레버리지 / 비용 대비 효과 / 가성비 / 돈 들이지 않고

기대감 높이기 ···························· **155쪽**

드디어 / 마침내 / 데뷔 / 지금 / 이것이 / 이번에야말로 / 두 번 다시 / 온갖 / 심금을 울리는 / ○○이래의 / 최적 / 가장 / 제일 / 확 / 딱 맞는 / 거대한 / 드라마틱한 / 실로 / 도래 / 다채로운 / 마음대로 / 만끽

비밀스러운 분위기 만들기 ······················ **161쪽**

○○의 비밀 / 놀랄 만한 ○○의 비밀 / ○○의 비결 / 공개 / 미공개 / ○○의 이면에 있는 비밀 / ○○이 절대로 말하지 않는 / 놀랄 만한 사실 / 진실 / 본질 / 진상 / 불편한 진실 / 전모 / 숨겨진 / 금단의 / 이면 / 아무도 알려주지 않는 / 아무에게도 말 못 할 / 비법 / 진수 / 최후의 수단 / 알려지지 않은 / 몰래 / 얄미운 / 수수께끼 / 은신처 / 베일을 벗다

배움의 요소 강조하기 ······················ **169쪽**

○○의 가르침 / ○○으로 이끌다 / 조언 / 배우다 / 배울

293

점 / 독학 / 교과서 / 수업 / 레슨 / ○○에서는 알려주지 않는 / 학원 / 복습 / 진심을 다해 / 마스터 / 부트캠프 / 따라 하다 / 알려줘 / 연구소 / 집중 / 빠지다

Offer 제안

제안 내용 전달하기 ···················· 181쪽

(기간)이면 당신도 할 수 있습니다 / 맡겨주세요 / 전해드립니다 / 그래서 / 떠오르다 / 진단 / ○○이라면 ○○할 수 있습니다 / ○○하면서 ○○할 수 있습니다 / ○×○ / ○○하는 기술 / 테크닉 / 어떻습니까? / 느껴보세요 / ○○을 권해드립니다 / 추천 / 강추 / 시도해보세요 / 지금이 바로 사야 할 때 / 무조건 / 한마디로

새로움 강조하기 ···················· 187쪽

새로 나왔어요 / 새로운 / 새로운 상식 / 새로운 발견 / 상상 그 이상 / 상식을 뒤엎는 / 발견 / 리뉴얼 / 진화 / 획기적 / 혁명 / 개막 / 힙한 / 최신 정보 / 한발 앞서 / 차세대 / 가장 먼저 / 선점 / 창조하다 / AI 시대 / 최첨단 / 흐름

쓸모 있는 정보 제공하기 ···················· 193쪽

솔깃한 정보 / 가져오다 / 업(up) / 통째로 / 비용 절감 / 무릎을 치게 되는 / 장점만 골라놓은 / A뿐만이 아니라 B도 / 차마 물어볼 수 없는 / 조건 / 힘 / 계속 ○○하다 / 평생 지속되다 / 쭉 / 몇 번이나 / 더 / 더욱 / 한층 더 / 매일 쓰는 / 불변의 / 의외로 모르는 / 가이드북 / 숨은 방법 / 공통점 / 일거에 / 응축

재미있는 정보 제공하기 ···················· 200쪽

취급설명서 / 베스트 ○ / 가이드 / 핸드북 / 꿀팁 / 매뉴얼 / 도움이 되는 / ○○에서 사용할 수 있는 / ○○으로 알았다 / 힌트 / 스위치 / 포인트 / 잡학 / 원칙 / 관계 / 편한 / 예측 / 앞으로 / ○년 후 / 언제나 이용 가능 / 이런 적 있다 / 습관 / 상식 / 특집 / ○○기(記) / 극히

독창성과 우월성 강조하기 ···················· 207쪽

○○스타일 / ○○식(式) / 노하우 / 생각법 / 이론 / 얼리버드 / 선택받은 / ○○이 선택받는 이유 / ○○과 다르다 / 이것이 다르다 / 세상에 하나뿐인 / 사상 최○○ / 의외로 없었던 / 존재감 / ○○의 법칙 / 더(The) ○○ / 비교해보세요 / 평판이 좋은 ○○ / 보통이 아닌 / 같지 않다 / 차이 / 업계 / No. 1 / 독보적 / 오리지널 / ○○발 / 주특기 / 최고 / 왕

판매 조건 제시하기 ···················· 215쪽

단 / 딱 / 2개 사면 1개 무료 / 무료 / 수수료 무료 / ○○비 무료 / 공짜 / 캐시백 / 할인 / 출시 이벤트 / 재고 처분 / 신규 가입 이벤트 / 소개 이벤트 / 홈(home) / 템플릿 / 보상 판매 / ○○의 날 / 프로그램

Narrow 범위 좁히기

읽는 사람을 특정해서 말 걸기 ···················· 227쪽

○○인 분에게 / ○○이 고민인 분에게 / 언젠가 ○○하고 싶은 분에게 / 앞으로 #년 안에 ○○하고 싶은 분에게 / 어떻게 하면 좋을지 모르는 분에게 / 어머님께·아버님께 / ○○을 사용하는 분에게 / ○○한 분에

294

게, 긴급 안내! / ○○을 위한 / 바쁜 사람을 위한 / ○○을 생각하는 분 / ○○야말로 / 가족을 소중히 여기는

가치를 높이는 한정하기 ………… 231쪽

○개 한정 / ○명 한정 / 기간 한정 / 지금이 기회 / ○○(계절) 한정 / 회원 한정 / ○○하는 분 한정 / 단, ○○인 분에 한합니다 / ○○인 분은 무료 / 권하지 않습니다 / 환상의 ○○ / 전설의 / 단 하나의 / 유일한 / 나만의 / 유니크한 / ○○할 수밖에 없는

특별함 나타내기 ………… 236쪽

프리미엄 / 하이퀄리티 / 극상 / 극대화한 / 더할 나위 없는 / 이그제큐티브(executive) / 엘리트 / 어른의 / 잘나가는 사람 / 차이를 아는 / 천재 / 럭셔리 / 사치 / 욕심쟁이 / 여유 / 느긋하게 / 전통 / 숨겨둔 / 특별한 / ○할(割) / 우대 / 초대 / 당신만 / 마음에 드는 / 한 단계 업그레이드 / 감싸다 / 장인

수준 나누기 ………… 244쪽

입문 / 기초 / 첫걸음 / 기본 중의 기본 / 처음 / 초보자 / 제로부터 / 가볍게 시작하는 / 속성 / ○○도 알 수 있는 / ○○도 가능한 / 그림으로 이해하는 / 한눈에 알 수 있는 / ○○에서 가장 쉬운 / 달인 / 프로 / 까다롭게 / 본격 / 완전 / 상급 편 / 능숙한 / 프로 뺨치는

여성의 마음 사로잡기 ………… 250쪽

엘레강스 / 셀럽 / 쁘띠 / 촉촉한 / 집에서 / 무드 / 귀여운 / 멋진 / 깨끗한 / 미인 / 매력적인 / 매혹적인 / 세련된 / 엄마 / 사랑스러운 / 기뻐하는 / 괜찮아요 / 한때 / 화사한 / 아리따운 / 아름다운 / 포상

Action 행동

구체적인 행동 촉구하기 ………… 264쪽

지금 바로 ○○해주세요 / 우선 ○○해주세요 / 답은 ○○에 / 여기로 / 추신 / 서둘러주세요 / 앞으로 ○일 / 종료 / 마지막 / 두 개의 길

대세를 따르려는 심리 이용하기 ………… 267쪽

요즘 화제인 / 유행 / 소문난 / 친숙한 / 가장 많이 팔린 / 거의 모든 사람 / ○○이 선택한 / 성황리에 / 줄 서서 먹는 / 국민○○ / 자신 없어 하는 분도 / 축제

신뢰감 심어주기 ………… 271쪽

고객만족도 / ○○명이 구입 / 수상 / 감사장 / 효과 검증 완료 / 역대 / ○위 / 반신반의 / ○○에 의하면 / 인기 No. 1 / 체계적 / 경력 ○○년의 / 전문가 / 엄선 / 수많은

권위에 기대기 ………… 275쪽

○○이 반드시 하는 / ○○인증 / ○○이 추천한 / ○○애용 / ○○납품용 / ○○은 이렇게 말했다 / ○○만이 알고 있는 / ○○이 밝히는 / ○○이 절대 하지 않는 / ○○이 하고 있는

고객 안심시키기 ………… 278쪽

안심 / 역시 / ○○이기에 / 부동의 / 만능 / 어울리는 / ○○하기를 잘한 / 일절 / 환불 / 요금은 받지 않습니다 / 후결제 / 보증 / 후회하지 않으실 겁니다 / 무조건 증정 / 노마진

분위기 끌어올리기 ………… 283쪽

단연코 톱 / 궁극의 / 최강의 / 대단한 / 슈퍼 / 중독

되다 / 월등한 / 위험한 / 엄청 / 마음껏 / 갓(god) / 폭발 / 강렬한 / 필살기 / 메가 / 초(超) / 폭풍 / 자이언트 / 메가톤급 / 미친 / 가득한 / 풍성한 / 대작전 / 절찬 / 바로 이것이 / 120% / 너무 ○○하다 / 찐 / 파괴력

책에서 소개한 단어가 사용된 예문을 빠르게 찾을 수 있도록 정리한 목록이다.
단어는 가나다순이며, 단어당 예문은 중요도를 고려해 최대 10개로 한정했다.
단어가 표제어에 해당할 때의 예문 번호는 붉은색으로 표시해 구분했다.

ㄱ

○○ 가능한 분 구합니다 ·················· 0688, 0689

가득한 ·················· 0467, 0480, 0655, 0785, 2353, 2374, 2375, 2376

가로막다 ·················· 0016, 0502, 0503, 0504

가볍게 시작하는 ·················· 1961, 2020, 2021, 2022

가뿐하게 ·················· 1005, 1138, 1139, 1140

가성비 ·················· 0355, 1192, 1193, 1194, 1613, 2341

가속 ·················· 0126, 1180, 1181, 1182

가이드 ··· 0194, 0324, 0613, 1615, 1616, 1617, 2055

가이드북 ·················· 0479, 1594, 1595, 1596, 2340

가장 ····· 0902, 1182, 1189, 1231, 1232, 1233, 2342

가장 많이 팔린 ·················· 2173, 2174

가장 먼저 ·················· 1232, 1513, 1514

가져오다 ·················· 1534, 1536

가족을 소중히 여기는 ·················· 1864, 1865, 1866

○가지 스텝 ·················· 0931, 0932, 0933

간단히 ○○하는 방법 ·················· 1054, 1055

감사 이벤트 ·················· 0850, 0851

감사장 ·················· 2206, 2207, 2208

감싸다 ·················· 0803, 1993, 1995

갓(god) ·················· 2344, 2345, 2346

강렬한 ·················· 2350, 2351, 2352

강추 ·················· 1450, 1451, 1452

갖고 싶지 않나요? ·················· 0253, 0254

같지 않다 ·················· 1744, 1745

○개 한정 ·················· 1867, 1868

개막 ·················· 1498, 1499, 1500

○○개분 ·················· 0454

거대한 ························· 0403, 1243, 1244, 1245

거의 모든 사람 ····················· 2176, 2177

거짓과 진실 ······················· 0316, 0317

거짓말 ················· 0022, 0023, 0024, 0513

거짓말 같은 진짜 ··················· 0532, 0533

것 ············· 0115, 0144, 0901, 0902, 0903, 2166

(게으름뱅이)가 (성공했다) ········ 0349, 0350, 0351,
0395, 0396, 0520

격차 ··················· 0106, 0107, 0108, 2218

결여되어 있는 ····················· 0115, 0522

결정 ··················· 0625, 0922, 0923, 0924

결정된다 ······················· 0919, 0920, 0921

경고! ··················· 0487, 0488, 0489

경력 ○○년의 ····················· 2227, 2229

경이로운 ················· 0385, 0386, 0387

경쾌한 ························· 0769, 0770

경탄 ··················· 0898, 0899, 0900

경향 ··················· 0325, 0326, 0327

○○계 ··················· 0739, 0740, 0741

계속 ○○하다 ········· 0907, 1295, 1564, 1565,
1566, 2259

(계절) 한정 ····························· 1880

고객만족도 ····················· 2197, 2198

고민인 분은 상담해주세요 ········· 0673, 0674, 0675

고민할 필요가 없다 ················· 0577, 0578

고백 ··························· 0862, 0863

고작 ··················· 0499, 0500, 0501, 1775

공개 ········· 0373, 0466, 0768, 0917, 1273,
1274, 1275, 1948, 2384

공격적인 ························· 0160, 0161

공략법 ················· 0928, 0929, 0930

공유 ··················· 0610, 0611, 0612

공짜 ··················· 1792, 1793, 1794

공통점 ········· 1600, 1601, 1602, 2097

○○과 다르다 ········· 1711, 1712, 1713

관계 ······ 0779, 1590, 1626, 1651, 1652, 1653, 2280

괜찮아요 ················· 2113, 2114, 2115

교과서 ········· 1063, 1073, 1363, 1364, 1365

구하다 ················· 0634, 0635, 0636

구함! ··················· 0685, 0686, 0687

구해주자 ························· 0676, 0678

국룰 ··························· 1072, 1074

국민○○ ························· 2188, 2190

궁극의 ········· 0508, 0772, 1426, 1616, 1853, 1864,
2317, 2318, 2319

권하지 않습니다 ········· 1894, 1895, 1896

귀여운 ········· 0441, 1364, 2083, 2084, 2208

귀찮은 ················· 0574, 0575, 0576

그 ········· 0334, 0335, 0336, 0380, 0386

○○ 그만두는 방법 ········· 0991, 0992, 0993

그 자리에서 ················· 1132, 1133, 1134

그래서 ························· 1414, 1415

그림으로 이해하는 ················· 2032, 2033

극대화한 ························· 1927, 1928

극비 ··························· 0373, 0374

극상 ········· 1924, 1925, 1926, 1997

극히 ··························· 1684, 1685

근원 ··························· 0298, 0299

글로벌 ·············· 0313, 0314, 0315, 1036, 1431, 2004

금기 ··· 0037

금단의 ································· 1306, 1307, 1308

○○급 ········ 0466, 0467, 0468, 1720, 2252, 2311

급구 ····························· 0682, 0683, 0684

○○기(記) ········ 0546, 1681, 1682, 1683

기간 한정 ··············· 1277, 1783, 1873, 1875

(기간)이면 당신도 할 수 있습니다 ······· 1405, 1406,
1407

기본 중의 기본 ··············· 2008, 2009, 2010

기뻐하는 ···················· 0875, 2110, 2111

기쁨 ······· 0612, 0895, 0896, 0897, 1717, 1951

기적의 ·························· 0523, 0524, 0525

기준이 되는 ····················· 0598, 0599, 0600

기초 ············· 1174, 1420, 1630, 1885, 2002, 2026

긴급 ··························· 0118, 0119, 0680

까다롭게 ································· 2047, 2048

깔끔하게 ············· 1008, 1129, 1130, 1131, 1249

깔끔하게 ○○합시다 ········· 0667, 0668, 0669

깨끗한 ························· 0253, 2089, 2091

꼭 ············· 0173, 0177, 0448, 0479, 0726, 0871,
0872, 1191, 1611

꿀팁 ·············· 0610, 1545, 1621, 1622, 1623

끝 ···························· 0049, 0051, 1160

나쁜 습관 ························· 0025, 0026, 0027

나의 ························ 0709, 0710, 0711, 1767

날려버리다 ····················· 0778, 0780, 0793

○○남 ······························· 0712, 1245

○○납품용 ·························· 2251, 2252

내비 ································· 0322, 0323

너무 ○○하다 ········· 0048, 0595, 2392, 2393, 2394

넘치다 ············· 0777, 0829, 0830, 0831, 2096

○년 후 ············· 0919, 1307, 1663, 1664, 1665

노마진 ························· 2311, 2312, 2313

노하우 ········· 0136, 0373, 1135, 1603, 1606, 1693,
1694, 1695, 1948, 2155

녹는다 ··············· 0796, 0797, 0798, 1474

놀라운 ··· 0354, 0382, 0383, 0384, 1251, 1287, 1639

놀랄 만한 ○○의 비밀 ··············· 1267, 1268, 1269

놀랄 만한 사실 ··················· 1285, 1286

농후 ··························· 0781, 0782, 0783

놓칠 수 없는 ···················· 0190, 0192, 0915

누구나 ········· 0006, 0699, 1060, 1061, 1062,
1141, 2031

눈 깜짝할 사이에 ················ 1156, 1157, 1158

눈이 휘둥그레지는 ·················· 0766, 0767, 0768

느긋하게 ············· 0795, 1963, 1964, 1965, 2118

느껴보세요 ······ 0781, 1441, 1442, 1443, 1932, 2070

능숙한 ············· 0822, 2059, 2060, 2061

늦지 않다 ······························ 0596, 0597

ㄴ

나만의 ················· 0254, 1909, 1910, 1911

ㄷ

다채로운 ························· 1255, 1256, 1257

닥쳐오다 ······················· 0067, 0068, 0069

단 ··············· 0696, 1406, 1774, 1776, 1888

단 ○분 만에 ····························· 1144, 1146

단 하나의 ·········· 0821, 0956, 1903, 1904, 1905

단, ○○인 분에 한합니다 ··· 1888, 1889, 1890, 2150

단번에 ·············· 0310, 1177, 1178, 1179, 2267

단연코 톱 ······················· 2314, 2315, 2316

달인 ···························· 2041, 2042, 2043

○○답다 ············· 0637, 0638, 0639, 2065

답은 ○○에 ······················ 2137, 2138, 2139

당신 편 ································· 0589, 0590

당신만 ··············· 1719, 1760, 1984, 1985, 1986

당신의 힘 ············· 0845, 0856, 0857, 0858

대단한 ························· 2323, 2324, 2325

○○대부터 ············· 0727, 0728, 0729, 1960

대비하다 ·· 0166, 0167, 0168, 1032, 1044, 1534

대작전 ························· 2380, 2381, 2382

대책 ······· 0169, 0170, 0171, 0246, 0465, 1029

대표적인 ························· 1069, 1071, 1088

더 ·········· 1117, 1576, 1577, 1578, 1840, 1841, 1842

더 ○○, 더 ○○ ···················· 0439, 0440, 0441

더 나은 ··················· 0457, 0458, 1123

더(The) ○○ ····················· 1732, 1733, 1734

더욱 ································· 1429, 1579

더할 나위 없는 ················· 1930, 1931, 1932

덫 ····························· 0094, 0095, 0096

데뷔 ················· 0763, 1204, 1205, 1206

○○도 ···························· 0343, 0344, 0345

○○도 가능한 ················ 1141, 2029, 2031

○○도 알 수 있는 ············· 2026, 2027, 2028

도래 ········· 0970, 1178, 1252, 1253, 1254

도와주세요 ············· 0677, 0844, 0845, 0846

도움 ············· 0892, 0893, 0894, 2046

도움이 되는 ············· 1415, 1627, 1628, 1629

도전 ····· 0089, 0498, 0544, 0545, 0546, 0584, 0596,

1243, 1574, 1984

독보적 ···························· 1756, 1757

독학 ············· 0606, 1360, 1362, 2007

돈 들이지 않고 ················ 1195, 1196, 1197

돈 버는 ·· 0015, 0130, 0131, 0132, 1000, 1570, 2224

돈 벌 수 있는 ····················· 0134, 0135

돈벌이가 되다 ························· 0136, 0138

돋보이다 ············· 0823, 0824, 0825, 2109

돌파구 ························· 0967, 0968, 0969

동반 ························· 0613, 0615, 0651

되는 사람, 안 되는 사람 ············· 0409, 0410, 0411

되살아나다 ············· 0511, 0512, 0513, 1735

두 개의 길 ················ 2158, 2159, 2160

두 번 다시 ····················· 1216, 1217, 1218

두 번 다시 안 한다고 단언한 사람에게 희소식 ·········

0880, 0881

두근두근 ············· 0760, 0761, 0762, 1682

뒤엎다 ································· 0346, 0347

드디어 ··· 0569, 1198, 1199, 1200, 1300, 1342, 1950

드라마틱한 ····························· 1246, 1247

300

들려주고 싶다 ················ 0526, 0527, 0528

따끈따끈 ············· 0787, 0788, 0789, 1412

따라 하다 ············· 0171, 1111, 1390, 1596

딱 ···················· 1777, 1778, 1779, 1877

딱 맞는 ···················· 1240, 1241, 1242

떠오르다 ············· 0299, 1417, 1418, 1419

떼돈을 벌다 ························ 0139, 0141

또 없습니까? ······················ 0694, 0696

또 하나의 ··················· 1045, 1046, 1047

ㄹ

○○라이프 ········· 0476, 0480, 0724, 0725, 0726

럭셔리 ············· 1302, 1720, 1951, 1952, 1953

레버리지 ···················· 1186, 1187, 1188

레슨 ····· 0656, 0807, 1215, 1369, 1370, 1371, 2078,
2136

리뉴얼 ········· 0817, 1200, 1486, 1487, 1488

리스크 ·· 0088, 0089, 0166, 0487, 0972, 0989, 1061

ㅁ

마법 ························· 0367, 0368, 0369

마스터 ··· 0696, 1384, 1385, 1386, 1749, 1839, 2054

마음껏 ························· 2341, 2342, 2343

마음대로 ···················· 1258, 1259, 1260

마음에 드는 ············· 1987, 1988, 1989, 2088

마음을 사로잡는 ············· 0616, 0617, 0618, 1818

마지막 ········· 0069, 0863, 1041, 1804, 2145, 2155,
2156, 2157

마치 ························· 0757, 0758, 0759

마침내 ························· 1201, 1202, 1203

○○ 막는 방법 ················ 0994, 0995, 0996

○○만 ················· 0135, 1111, 1112, 1113

○○만이 알고 있는 ········· 0460, 1937, 2257, 2258

만끽 ············· 0896, 1261, 1262, 1263, 2052

만능 ························· 1907, 2282, 2283

만약 ○○이라면 어떻게 하겠습니까? ···· 0259, 0260

만화로 보는 ······················ 1105, 1107

말로 ························· 0064, 0065, 0066

맡겨주세요 ········· 0671, 1408, 1409, 1410, 1421

매년 어려워집니다 ················ 0040, 0042

매뉴얼 ········ 0508, 1055, 1624, 1625, 1626, 2104

매력적인 ···················· 1266, 2095, 2097

매일 쓰는 ························· 1585, 1586

매혹적인 ························· 2098, 2100

맹점 ···························· 0100, 0101

멋진 ·········· 0580, 1062, 1250, 2086, 2087, 2088

메가 ························· 0565, 2356, 2357

메가톤급 ···················· 2368, 2369, 2370

○명 한정 ············· 1870, 1871, 1872, 2147

○○명이 구입 ···························· 2200

몇 번이나 ············· 1516, 1573, 1574, 1575

모두가 웃었습니다. 하지만 ········· 0514, 0515, 0516

모르면 망신 ························ 0082, 0083

모르면 손해 ················ 0076, 0077, 0078

모집 ······ 0040, 0283, 0449, 0679, 0680, 0681, 0858,
1741, 2152

몰래 ················· 0744, 1330, 1331, 1332, 2266

몰입 ····················· 0181, 0182, 0183, 1917

무대 ····················· 0392, 0556, 0557, 2345

무드 ······························ 2080, 2081

무료 ····· 0951, 1783, 1784, 1785, 1873, 1882, 1889,
2136

무릎을 치게 되는 ················· 1546, 1547, 1548

무리 없이 ······················ 1096, 1097, 1098

무서운 ··············· 0112, 0113, 0114, 0487, 0492

무슨 파? ························· 0238, 0239

무엇이 문제인가? ····················· 0241, 0242

무조건 ·················· 0590, 1459, 1460, 1461

무조건 증정 ···················· 2308, 2309, 2310

문이 열리다 ························ 0568, 0570

문제 ··············· 0001, 0003, 0330, 1299, 1432

미공개 ····················· 1276, 1277, 1278

미인 ················· 2092, 2093, 2094, 2097

미지 ····························· 0304, 0305

미친 ······················ 2371, 2372, 2373

바삭바삭 ························· 0790, 0791, 0792

반격 ······················ 0550, 0551, 0552

반신반의 ······················ 2215, 2216, 2217

반자동 ····················· 1093, 1094, 1095

○○발 ························· 1762, 1763, 1764

발견 ········· 1483, 1484, 1485, 1590, 2046, 2220

밝혀지다 ·············· 0310, 0311, 0312, 1301

방정식 ····················· 0952, 0953, 0954

배우다 ··· 0096, 1028, 1354, 1355, 1356, 1830, 2043

배울 점 ····················· 1357, 1358, 1359

버려라! ····················· 0484, 0485, 0486

법(法) ········ 0428, 1033, 1034, 1035, 1124, 1356

벗어나는 방법 ···················· 1006, 1007,1008

베스트 ○ ······· 0188, 0713, 1332, 1403, 1612, 1613,
1991, 2165

베일을 벗다 ················· 0569, 1342, 1343, 1344

벼랑 끝 ····················· 0520, 0521, 0522

벽(壁) ················· 0016, 0017, 0018, 0502

보기보다 ····················· 0445, 0446, 0447

○○보다 효과적 ·········· 0442, 0443, 0444, 1003

보상 판매 ························· 1819, 1821

보증 ···················· 2271, 2302, 2303, 2304, 2305

보통을 뛰어넘는 ··················· 0355, 0356, 0357

보통이 아닌 ························· 1741, 1742

복습 ·························· 1378, 1379, 1380

본격 ························· 2050, 2051, 2052

본질 ················· 1291, 1292, 1293, 1432

부(富) ·········· 0142, 0143, 0144, 1308, 1567

부끄러운 기억 ························· 0044, 0045

ㅂ

바꾸다 ··· 0140, 0394, 0486, 0940, 0941, 0942, 1530

바뀌다 ····················· 0937, 0938, 0939

바로 이것이 ···················· 2386, 2387, 2388

바쁜 사람을 위한 ················· 1855, 1856, 1857

부동의 ·················· 2278, 2279, 2280

부드러운 ··········· 0607, 0608, 0609, 1474

부드럽고 말랑한 ········· 0802, 0803, 0804

부탁 ··········· 0841, 0842, 0843, 1022, 0264

부트캠프 ················· 1387, 1388, 1389

부활 ··········· 0240, 0535, 0537, 1213

○분 만에 알 수 있는 ········ 1144, 1147, 1148, 1149

불문 ··········· 0697, 0698, 0699, 2295

불변의 ············· 1588, 1589, 1590, 2018

불편한 진실 ········· 0865, 1297, 1298, 1299

○○비 무료 ··········· 1789, 1790, 1791

비교 ··········· 0421, 0422, 0423, 1154

비교해보세요 ············ 1735, 1736, 1737

비법····· 0435, 0770, 1062, 1138, 1318, 1319, 1320,

1342, 1902

비약적 ··········· 0361, 0362, 0363, 2324

비용 대비 효과 ·········· 1189, 1190, 1191

비용 절감 ············· 1544, 1545, 1553

비장의 카드 ··········· 0961, 0962, 0963

비화 ··········· 0508, 0509, 0510, 2260

빛과 그림자 ··········· 0418, 0419, 0420

빠지다 ··········· 1402, 1403, 1404

빼놓을 수 없는 ··········· 0206, 0913

쁘띠 ··········· 2071, 2072, 2073

사랑 ··········· 0538, 0625, 0626, 0627

사랑스러운 ············· 2107, 2108, 2109

사면 안 되는 ········· 0472, 0473, 0474, 2014

사상 최○○ ········· 1720, 1721, 1722, 2321

사소한 ········· 0452, 1123, 1124, 1125, 1223

사실은 대단한 ·········· 0292, 0293, 0294

사실은… ··········· 0868, 0869, 0870, 1079

사용법 ········· 0088, 0108, 0939, 1027, 1028, 1029,

2056, 2095

사정 ··········· 0274, 0276, 2258

사치 ··········· 1941, 1954, 1955

사항 ··········· 0490, 0643, 0644, 2132, 2142

살 예정인가요? ·········· 0247, 0248, 0249

상급 편 ··········· 2056

상상 그 이상 ··········· 1477, 1478, 1479

상상을 초월하는 ·········· 0400, 0401, 0402

상상해보세요 ·········· 0751, 0752, 0753

상식 ··········· 0011, 0024, 1675, 1676

상식을 뒤엎는 ·········· 0346, 1480, 1481

새로 나왔어요 ··········· 1465, 1466, 1467

새로운 ··········· 0205, 0855, 1468, 1469, 1470, 1499,

1700, 1901, 1961, 2255

새로운 발견 ··········· 1475

새로운 상식 ··········· 1471, 1472, 1473

생각법 ··········· 1210, 1696, 1697, 1698

생생한 목소리 ··········· 0328, 0330

서둘러주세요 ··········· 2143, 2146, 2147, 2148

선물 ··········· 0538, 0539, 0540, 1276

선점 ··········· 1516, 1517, 1518, 1700

ㅅ

사고 싶다 ··········· 0187, 0188, 0189

선택받은 ················ 1705, 1706, 1707, 1753, 1754

성공 ······ 0404, 0145, 0146, 0147, 0419, 0953, 1169,

1349

성황리에 ···························· 2182, 2183

○○세대 ·················· 0294, 0721, 0722, 0723

세련된 ·················· 2101, 2102, 2103, 2113

○○세부터도 가능한 ················· 0592, 0593, 0594

세상에 하나뿐인 ················· 1717, 1718, 1719

셀럽 ··············· 2068, 2069, 2070, 2248

소개 ······ 0886, 0887, 0888, 0894, 1172, 1230, 1396

소개 이벤트 ························· 1810, 1811

소문난 ················ 1193, 2167, 2168, 2169

속성 ······················ 2023, 2024, 2025

속속 ······················ 0775, 0776, 0777

손쉽게 ·········· 0786, 1056, 1126, 1127, 1128, 1166,

1197, 2077

솔깃한 정보 ············· 1531, 1532, 1533, 1848, 1860

솔직하게 ·························· 0859, 0860

수많은 ···················· 2236, 2237, 2238

수상 ······························ 2203, 2204

수수께끼 ················ 1136, 1137, 1138

수수료 무료 ················· 1786, 1787, 1788

수업 ······ 0525, 1366, 1367, 1368, 2001, 2038, 2044

순간 ··········· 0183, 1161, 1162, 1403, 1546, 2076

순식간에 ·············· 0350, 0640, 0820, 0821, 1735

숨겨둔 ················ 1969, 1970, 1971, 2396

숨겨진 ·········· 1268, 1286, 1303, 1304, 1305

숨은 방법 ················· 1597, 1598, 1599

쉬운 ······ 0001, 0095, 0285, 0630, 1063, 1064, 1065,

2007

슈퍼 ··························· 2326, 2327, 2328

스마트폰으로 ················· 1102, 1103, 1104, 2063

스위치 ················· 1639, 1640, 1641

○○스타일 ········· 1687, 1688, 1689, 2008, 2065

스페셜리스트 ··························· 2232

습관 ····· 0111, 0452, 0469, 0821, 1060, 1672, 1673,

1674

승리하는 ······························ 0964

시각화 ······················ 0772, 0773, 0774

시간 단축 ············· 1174, 1175, 1176, 1866

시대 ······ 0160, 0283, 0318, 0733, 0734, 0735,

0925, 1498

시도해보세요 ················· 1453, 1454, 1455

시선을 빼앗는 ············· 0741, 0763, 0764, 0765

시작되다 ··············· 0273, 0541, 0542, 0548

○○식(式) ·············· 1690, 1691, 1692

신(新) ·················· 0835, 0836, 0837

신규 가입 이벤트 ················· 1807, 1808, 1809

실로 ···················· 1249, 1250, 1251

실수 ········· 0004, 0006, 0846, 1315, 2015

실수투성이 ···························· 0010

실컷 ······························ 0805, 0806

실토 ·························· 0865, 0866

실패하는 이유 ················· 0283, 0284, 0285

실패하지 않는 ············· 0193, 0194, 0195, 1352

심각한 ················ 0061, 0062, 0969

심금을 울리는 ··············· 1222, 1223, 1224

심플한 ········· 0976, 1066, 1067, 1068, 1465, 1928

싱글 ··· 0715

싸우다 ································ 0157, 0158, 0159

ㅇ

아름다운 ················· 0207, 2125, 2126, 2127

아리따운 ··························· 2122, 2123, 2124

아무도 알려주지 않는 ··········· 1312, 1313, 1314

아무에게도 말 못 할 ····················· 1315, 1317

아버님께 ··· 1845

아삭아삭 ································· 0811, 0812

아쉬운 ·· 0031

아침 ···················· 0730, 1074, 1407, 1674

안내 ·················· 0680, 0883, 0884, 0885, 1870

안녕 ····································· 0202, 0204

안심 ·········· 0748, 1411, 2269, 2270, 2271, 2303

알고 계신가요? ···················· 0250, 0251, 0252

알려드립니다 ········· 0874, 0875, 0876, 0951, 1267

알려줘 ···························· 1393, 1394, 1395

알려지지 않은 ···················· 0502, 1327, 1329

알아둬야 할 ···· 0079, 0080, 0081, 0155, 0176, 0958

압도적 ············ 0379, 0380, 0381, 1728, 1758, 2399

앞으로 ············ 0131, 0151, 1660, 1661, 1662, 1700,
                                     2364, 2368

앞으로 #년 안에 ○○하고 싶은 분에게 ··········· 1837,
                                     1838, 1839

앞으로 ○일 ······························· 2149, 2151

애쓰지 않아도 ···················· 1087, 1088, 1089

○○애용 ···················· 1847, 2248, 2249, 2250

○○야말로 ············ 0141, 0947, 0971, 1861, 1862,
                                     1863, 1907

얄미운 ································ 1333, 1335

어느 쪽? ···················· 0232, 0233, 0234, 0239

어둠 ···························· 0092, 0093, 0419

어떤 타입? ······························· 0235, 0236

어떻게 ············ 0214, 0215, 0216, 0728, 1462, 1585

어떻게 될까? ···················· 0268, 0269, 0270

어떻게 하면 좋을지 모르는 분에게 ····· 0641, 1840,
                                     1841, 1842

어떻습니까? ··············· 1438, 1439, 1440

어른의 ············ 1939, 1941, 1965, 2090, 2116, 2388

어머님께 ··· 1844

어서 오세요 ························· 0853, 0855

어울리는 ······· 0382, 0873, 2045, 2080, 2096, 2284,
                                     2286, 2332

어제의 ································ 0070, 0071

어쩌다 내가 ··························· 0517, 0519

어째서 ○○인 걸까? ···················· 0211, 0212, 0213

언제나 이용 가능 ··············· 1666, 1667, 1668

언제라도 ································ 1109, 1110

언젠가 ○○하고 싶은 분에게 ······· 1834, 1835, 1836

얼리버드 ···························· 1702, 1703, 1704

얼마 안 되는 ··························· 1183, 1185

엄마 ···················· 2104, 2105, 2106, 2110

엄선 ···················· 0479, 2233, 2234, 2235

엄청 ················ 0114, 2338, 2339, 2340, 2390

업(up) ···························· 1537, 1538, 1539

업계 ······ 0346, 0947, 1157, 1413, 1750, 1751, 1752, 2304, 2366

○○ 없이, ○○ 없이, ○○ 없이 ············ 0433, 0434

○○에 의하면 ··················· 2218, 2219, 2220

○○에도 정도가 있다 ·················· 0046, 0047

○○에서 가장 쉬운 ·················· 2038, 2039, 2040

○○에서 사용할 수 있는 ············· 1630, 1631, 1632

○○에서는 알려주지 않는 ··········· 1372, 1373, 1374

엘레강스 ························· 2065, 2066, 2067

엘리트 ····················· 0924, 1936, 1937, 1938

여기로 ························· 2140, 2141, 2142

여유 ····· 0152, 1175, 1549, 1960, 1961, 1962, 2067

역대 ○위 ······················ 2212, 2213, 2214

역습 ··························· 0547, 0548, 0549

역시 ······················· 0703, 2272, 2273, 2274

연구소 ······························· 1396, 1398

열쇠 ······················· 0946, 0947, 0948, 1633

예측 ··························· 0424, 1657, 1658

오리지널 ··············· 1759, 1760, 1761, 1764, 1867

온갖 ··························· 1219, 1220, 1221

완전 ·········· 1375, 1564, 1805, 2017, 2053, 2054, 2055, 2155

왕 ···················· 0374, 1771, 1772, 1773, 2026

왜 ○○은 ○○일까? ········· 0012, 0208, 0209, 0210, 0308, 1225, 1943

왜 어떤 사람은 ○○하지 못할까? ·· 0220, 0221, 0222

왜 어떤 사람은 ○○할 수 있을까? ······ 0218, 0219

요금은 받지 않습니다 ·············· 2296, 2298

요령 ····· 0363, 0943, 0944, 0945, 1151, 1156, 1352, 1373, 1975

요즘 누가? ····················· 0055, 0056, 0057

요즘 화제인 ················ 2161, 2162, 2163, 2262

욕심쟁이 ····················· 1957, 1958, 1959

우는 사람, 웃는 사람 ········ 0406, 0407, 0408, 0625, 1136

우대 ······················· 0684, 1978, 1979, 1980

우선 ································· 0619

우선 ○○해주세요 ·········· 1455, 2134, 2135, 2136

운명 ··························· 0559, 0560, 0561

원칙 ················· 0083, 1648, 1649, 1650, 2320

월등한 ························· 2332, 2333, 2334

위험한 ························· 2335, 2336, 2337

유니크한 ····················· 1912, 1913, 1914

유령 ··························· 0463, 0464, 0465

유일한 ························· 1906, 1907, 1908

유전자 ···························· 0564, 1639

유행 ··············· 0288, 1687, 2164, 2165, 2166

○○으로 ················ 0340, 0341, 0557, 0832

○○으로 알았다 ···················· 1633, 1634

○○으로 이끌다 ··············· 1348, 1349, 1350

○○으로 ○○하는 방법 ····· 0747, 1009, 1010, 1011, 1155, 1519, 2029

○○은 이렇게 말했다 ············· 2254, 2255, 2256

○○은 이제 필요 없다 ············· 0478, 0479, 0480

○○은 잊어주세요 ·················· 0481, 0482

은신처 ···························· 1339, 1340

○○을 권해드립니다 ············· 1444, 1445, 1446

○○을 뛰어넘는 ······ 0018, 0424, 0425, 0426, 0947,

1243, 1903

○○을 사용하는 분에게 ·········· 1846, 1847, 1848

○○을 사용해서 ○○하는 방법 ···· 1012, 1013, 1014

○○을 생각하는 분 ················ 1858, 1859, 1860

○○을 손에 넣는 방법 ············ 0979, 0999, 1011

○○을 위한 ········· 0602, 0627, 0929, 0978, 1065,
1436, 1852, 1853, 1854

○○의 가르침 ··············· 1345, 1346, 1347

○○의 간단 사용법 ············ 1027, 1057, 1058, 1059

○○의 날 ·············· 1680, 1822, 1823, 1824

○○의 법칙 ········· 0380, 0536, 1222, 1713, 1729,
1730, 1731

○○의 비결 ·········· 0482, 1080, 1271, 2348

○○의 비밀 ········· 0129, 0306, 0742, 1264, 1265,
1266, 1282, 1316, 1343, 1521

○○의 이면에 있는 비밀 ········· 1279, 1280, 1281

○○이 고민인 분에게 ················ 1831, 1832, 1833

○○이 반드시 하는 ··············· 2239, 2240

○○이 밝히는 ··············· 2260, 2261, 2262

○○이 생명 ··············· 0910, 0911, 0912

○○이 선택받는 이유 ············ 1708, 1709, 1710

○○이 선택한 ·········· 2179, 2180, 2181, 2247

○○이 절대 하지 않는 ··············· 2263, 2264, 2265

○○이 절대로 말하지 않는 ········· 1282, 1283, 1284

○○이 추천한 ··············· 2245, 2246

○○이 하고 있는 ····· 0744, 1125, 2266, 2267, 2268

○○이기에 ··············· 2275, 2276, 2277

○○이라면 ○○할 수 있습니다 ··· 1423, 1424, 1425

○○이란? ····· 0205, 0206, 0207, 0437, 0821, 0955,

0956, 1937

○○인 분에게 ················ 1828, 1829, 1849, 1895

○○인 분은 무료 ············ 1891, 1892, 1893

○○인간 ··············· 0706, 0707, 0708

○○인증 ··············· 2243

응원 ············ 0736, 0737, 0738, 1399

응축 ············ 1606, 1607, 1608

의미 ············ 0277, 0278, 0279

의외로 모르는 ··············· 1592, 1593

의외로 없었던 ··············· 1723

이것 하나로 ··············· 1120, 1121, 1122

이것만으로 ··············· 1114, 1115, 1116

이것이 ···· 1170, 1210, 1211, 1212, 1565, 1954, 2344

이것이 다르다 ······· 0134, 0723, 1714, 1715, 1716

이그제큐티브(executive) ·········· 1933, 1934, 1935

이기다 ············ 0151, 0152, 0965, 0981

○○ 이래의 ··········· 1255, 1226, 1227, 1721

이런 실수 하지 않나요? ················ 0223, 0224

이런 적 있다 ··············· 1669, 1670, 1671

이런 증상이 나타나지 않나요? ············ 0226, 0228

이런 징후 없습니까? ············ 0229, 0230, 0231

이렇게 ··········· 0039, 0301, 0302, 0303, 0497, 1944

이렇게 된다 ··············· 0916, 0917, 0918

이론 ············ 0284, 1699, 1700, 1701

이면 ············ 1283, 1309, 1310, 1311

이번에야말로 ··············· 1213, 1214, 1215

이상적인 ······· 0178, 0179, 0180, 0437, 0570, 1634

이야기 ············ 0434, 0505, 0506, 0529

이웃의 ··············· 0036, 0742, 0743

이유 …… 0046, 0271, 0272, 0273, 0472, 0922, 1213,
1915, 2355

이유가 있어서 ……………… 0553, 0554, 0555

이제 ○○이 아니다 ………… 0073, 0074, 0075

이토록 ……………………… 0307, 0308, 0309

인기 No. 1 ……… 1754, 2221, 2222, 2223, 2278

인기 있는 ………………… 1089, 1235, 1612

인생을 바꾼 ……………… 0352, 0353, 0354

인생의 ……………… 0570, 0622, 0623, 0624

일 ……………… 0060, 0281, 0904, 0905, 0906

일거에 …………………………… 1603, 1604

일절 ……………… 1779, 2290, 2291, 2292

입문 ……………… 0592, 1999, 2000, 2001

잇따르다 ………… 0124, 0125, 0126, 0839

잊으신 건 없나요? ……………… 0265, 2066, 0267

ㅈ

자, ……………………………… 0649, 0650, 0651

자, 이제 ……………… 0652, 0653, 0654, 1442

자동 …………… 0635, 0662, 0888, 1090, 1091, 1576

자랑 …… 0355, 0429, 0628, 0629, 0630, 0833, 1758,
1913, 1967, 2378

자신 없어 하는 분도 ……… 2191, 2192, 2193

자연스레 익히는 ……………… 1084, 1085

자이언트 …………………………… 2365, 2366

자주 일어나는 문제 … 0034, 0035, 0036, 0176, 0234

자주 하는 실수 ……………… 0007, 0009, 0225

작은 회사 ………………… 0601, 0602, 0603

잘 안되는 사람 ……………………………… 0028

잘나가는 사람 ……………… 1942, 1943, 1944

잠 못 들 정도로 ……………………… 0391, 0392

잠깐만! ……………… 0493, 0494, 0495

잠자는 사이에 …………………………… 1081, 1082

잡학 ……………… 1645, 1646, 1647

장난 아닌 ……………… 0358, 0360, 1743

장인 ……………… 0833, 1996, 1997, 1998

장점만 골라놓은 …………… 1549, 1550, 1551

재고 처분 ……………… 0555, 1804, 1805, 1806

재등장 ……………………………………… 0085

저격하다 ……………………… 0808, 0810

저녁 …………… 0583, 0707, 0730, 0731, 0732, 1561

저력 ……………… 0295, 0296, 0297

적(敵) ……………… 0109, 0110, 0111

전대미문 ……………… 0364, 0365, 0366

전략 …… 0002, 0160, 0374, 0734, 0925, 0926, 0927

전모 ……………… 1300, 1301, 1302

전문가 ………… 0493, 1073, 1308, 1597, 2229, 2230,
2231, 2233

전설의 ……………… 1347, 1900, 1902

전통 ……………… 0334, 1608, 1966, 1967, 1968

전해드립니다 ……………… 1411, 1412, 1413

절반의 시간으로 …………… 1150, 1151, 1152

절반 ………… 0623, 1153, 1154, 1155, 1307, 1526

절찬 ……………… 2382, 2384, 2385

점심 ……………………………… 0731, 2083

점점 더 ……………… 0107, 0817, 0818, 0819

정말로 있었던 ·················· 0529, 0530, 0531

정석 ····························· 1075, 1076, 1077

정체 ····················· 0504, 0565, 0566, 0567

제3의 ························ 1048, 1049, 1050

제로부터 ························· 2017, 2019

제일 ·························· 1234, 1235, 1236

젠더리스 ····························· 0714

조건 ················ 1348, 1558, 1559, 1560, 1737

조언 ·········· 0462, 0607, 1351, 1352, 1353, 1386

존재감 ······················· 1726, 1727, 1728

종료 ············ 2148, 2152, 2153, 2154, 2183

종말 ·································· 0052

종이 한 장 ················· 0460, 0461, 0462

좋다 vs 나쁘다 ·········· 0412, 0413, 0414, 1747

주머니 ······················· 1099, 1100, 1101

○○주년 감사 ·············· 0847, 0848, 2311

주목 ················· 0319, 0320, 0321, 0714, 0838

주의 ·························· 0490, 0491, 0492

주특기 ························· 1765, 1766, 1767

준비 ······ 0172, 0173, 0174, 0244, 0327, 1017,
　　　　　　　　　　　　 1146, 1454, 2070

줄 서서 먹는 ·············· 2185, 2186, 2187

줄줄이 ························· 0838, 0839, 0840

중독되다 ··············· 2329, 2330, 2331, 2337

중요한 일 ························· 0907, 0908

즐거운 ··· 0148, 0149, 0150, 1019, 1263, 2339, 2392

즙이 많은 ····························· 0784

지금 ············· 1207, 1208, 1209, 1440, 1461

지금 바로 ○○해주세요 ········· 2131, 2132, 2133

지금이 기회 ····················· 1876, 1877

지금이 바로 사야 할 때 ········· 1456, 1457, 1458

지긋지긋 ················· 0571, 0572, 0573

지름길 ················· 1168, 1169, 1170, 1172

지지 않는 ·········· 0071, 0154, 0156, 1958

지키다 ·········· 0163, 0164, 0165, 0770, 2352

직방 ························· 1159, 1160, 1161

진단 ·········· 1102, 1167, 1420, 1421, 2046

진상 ························· 1294, 1295, 1296

진수 ························· 1321, 1322, 1323

진실 ······ 0243, 0865, 1288, 1289, 1290, 2177, 2215

진심을 다해 ····················· 1381, 1383

진짜 ······ 0023, 0286, 0287, 0288, 0972, 1148, 2274

진짜 이유 ·········· 0286, 0288, 0289, 0290, 0291

진화 ·········· 1489, 1490, 1491, 1579, 1583, 2285

질문에 답해드립니다 ········· 0889, 0890, 0891, 1556

집에서 ········ 0285, 0670, 1078, 1344, 1361, 2003,
　　　　　　　　　　　　 2077, 2078, 2079, 2230

집중 ·········· 0143, 1399, 1400, 1401, 2360

쭉 ························· 1570, 1571, 1572

찐 ························· 2395, 2396, 2397

ㅊ

차마 물어볼 수 없는 ············· 1555, 1556

차세대 ·········· 0342, 1510, 1511, 1512

차원이 다른 ············· 0376, 0377, 2196

차이 ············· 0252, 0460, 0625, 0936, 1747, 1748,

1749, 2386

차이를 아는 ································ 1945, 1946, 1947

찬스 ············· 0141, 0970, 0971, 0972, 1685, 1804

찬스로 바꾸다 ···················· 0973, 0974, 0975, 1270

찰랑찰랑 ····································· 0814, 0816

창조하다 ································· 0854, 0883, 1519

찾습니다 ····················· 0683, 0691, 0692, 0693

챌린지 ···································· 0700, 0701, 0702

○○처럼 ································· 0513, 0754, 0756

○○처럼 ○○하자 ···················· 0664, 0665, 0666

처방전 ···································· 0976, 0977, 0978

처음 ············· 0007, 0083, 2011, 2012, 2013

천재 ···································· 1948, 1949, 1950

철칙 ···································· 0958, 0959, 0960

첫걸음 ···································· 2005, 2006, 2007

체계적 ···································· 2224, 2225, 2226

초(超) ········· 0311, 0716, 0739, 0895, 1371, 2031,

2359, 2360, 2361

초대 ············· 0613, 1480, 1882, 1981, 1982, 1983

초보자 ································· 2001, 2014, 2029

촉촉한 ····················· 0786, 0791, 2074, 2075

최강의 ···································· 2320, 2321, 2322

최고 ········· 1280, 1768, 1769, 1770, 1909, 2329

최단 루트 ······································ 1171, 1173

최신 정보 ········· 0768, 1413, 1504, 1505, 1506

최적 ···························· 0500, 1228, 1230

최첨단 ····················· 1480, 1525, 1526, 1527

최후의 수단 ·································· 1324, 1326

추신 ··· 2143

추억의 ··· 0646, 0647, 0648, 0660, 1101, 1255, 2116

추천 ············· 0237, 0984, 1104, 1447, 1448, 1449,

1614, 1947, 2303

축제 ···································· 0466, 2194, 2196

출시 이벤트 ······················ 1801, 1802, 1803

충격 ············· 0168, 0397, 0398, 0399, 2197

취급설명서 ······················ 1609, 1610, 1611

친숙한 ··· 2170, 2171

ㅋ

카운트다운 ······························· 0121, 0122

캐시백 ································· 1795, 1796, 1797

킬러 패스 ································· 0337, 0338, 0339

ㅌ

탈(脫) ·································· 0199, 0200, 0201

탐험 ··· 0331, 0332

터지다 ································· 0826, 0827, 0828

테크닉 ········· 0435, 1044, 1186, 1435, 1436, 1437,

2062, 2093

템플릿 ····················· 0772, 1816, 1817, 1818, 2209

통째로 ····················· 1540, 1541, 1542, 1941

특별한 ····················· 0883, 0884, 1972, 1973, 1974

특집 ············· 0647, 0829, 1678, 1679, 1680, 2370

파격적인 ·················· 0427, 0428, 0429

파괴력 ····················· 2398, 2399, 2400

파괴적인 ··································· 0370, 0371

파트너 ·························· 0748, 0750, 2249

편하게 ·························· 1078, 1079, 1080

편한 ····························· 1654, 1655, 1656

평범한 ·············· 0394, 0395, 0396, 0432

평생 지속되다 ······················ 1567, 1568

평소 ················· 0031, 0745, 0746, 0747

평판이 좋은 ○○ ······················ 1739, 1740

포기한 ·························· 0583, 0584, 0585

포기할 수 없는 ····················· 0587, 0588

포상 ······································· 2128, 2130

포인트 ··········· 0914, 1642, 1643, 1644, 1975

폭발 ·························· 2347, 2348, 2349

폭신폭신 ······················ 0799, 0800, 0801

폭풍 ················· 0053, 2362, 2363, 2364

풍성한 ····································· 2377, 2378

프로 ········· 0177, 0482, 0545, 1318, 2044, 2045,

2046, 2246

○○프리 ····································· 1141, 1142

프로 뺨치는 ···················· 2062, 2063, 2064

프로그램 ······· 1053, 1825, 1826, 1827, 1852, 2025

프리미엄 ······· 0718, 1756, 1883, 1918, 1919, 1920,

1954

필살기 ·························· 2353, 2354, 2355

필승 패턴 ······························· 0955, 0957

○○하고 싶어지다 ·········· 0184, 0185, 0186, 1390

○○하고 있습니까? ············ 0244, 0245, 0246

○○하기 위한 방법 ······· 0982, 0983, 0984, 1906

○○하기 전에 ········· 0010, 0175, 0176, 0177, 0488,

0594, 1904, 2240

○○하기를 잘한 ················ 2287, 2288, 2289

하나로 ············· 1103, 1117, 1118, 1119, 2103

○○하는 #가지 방법 ········· 0966, 0985, 0986, 0987

○○하는 기술 ············ 0354, 1432, 1433, 1434, 1903,

2034, 2266

○○하는 방법 ········· 0179, 0313, 0389, 0979, 0980,

0981, 1305, 2259

○○하는 분 한정 ············ 1885, 1886, 1887, 2013

○○하라! ············· 0496, 0497, 0498, 1534, 1830

하면 안 되는 ················ 0469, 0470, 0471

○○하면서 ○○하는 방법 ········· 1015, 1016, 1017

○○하면서 ○○할 수 있습니다 ··· 1426, 1427, 1428

하이퀄리티 ···················· 1921, 1922, 1923

○○하자 ············ 0655, 0656, 0657, 0666, 1113

하지 마세요 ···················· 0475, 0476, 1677

○○하지 않고 끝내는 방법 ········· 1024, 1025, 1146

○○하지 않는 방법 ············ 0988, 0989, 0990

○○하지 않으시겠어요? ·········· 0658, 0659, 0660,

1095, 1096, 2118

학원 ················· 1176, 1360, 1375, 1376, 1377

한 가지 방법 ···················· 1036, 1037

한 단계 업그레이드 ················ 1990, 1991, 1992

한 방에 ·················· 1135, 1136, 1137

○○한 분에게, 긴급 안내! ········ 1849, 1850, 1851

한계 ··············· 0103, 0104, 0105, 1243

한눈에 알 수 있는 ··········· 2035, 2036, 2037

한때 ················· 2116, 2117, 2118

한마디로 ··············· 1462, 1463, 1464

한발 앞서 ··············· 1507, 1508, 1509

한참 뒤처진 ············· 0058, 0059, 0060

한층 더 ················ 1582, 1583, 1584

○할(割) ······················· 1976

할 수 있나요? ············· 0262, 0263, 0264

할 수 있다 vs 할 수 없다 ······ 0403, 0404, 0405

○○할 수밖에 없는 ····· 0407, 1915, 1916, 1917

할 예정인가요? ··············· 0256, 0258

할인 ······· 1011, 1423, 1424, 1798, 1799, 1800, 1980

함께 ············· 0580, 0582, 1989, 2343

함정 ········· 0077, 0097, 0098, 0099, 1404

○○해버렸다 ············· 0640, 0641, 0642

○○해보지 않으시겠어요? ········· 0661, 0662, 0663,
1984, 2102

해석하다 ········· 0934, 0935, 0936, 1310

해야 할 이유 ······················ 0280

핵심 ······· 0193, 0949, 0950, 0951, 1149, 1256

핸드북 ················· 1618, 1619, 1620

향기로운 ··············· 0793, 0794, 0795

혁명 ·········· 0112, 0604, 1252, 1495, 1496, 1497,
1517, 1536, 1861

현명한 사용법 ············· 1030, 1031, 1032

혼자 ············· 0604, 0605, 0717, 1361

홈(home) ··············· 1813, 1814, 1815

화려한 ················· 0832, 0833, 0834

화사한 ················· 2119, 2120, 2121

확 ··················· 1237, 1238, 1239

환불 ················· 2293, 2294, 2295

환상 ························· 0021

환상의 ○○ ············· 1897, 1989, 1899

활용법 ········· 0820, 1039, 1040, 1041, 1131, 1141,
1303, 1865, 2164

활용술 ············· 1042, 1043, 2389

회원 한정 ··················· 1882, 1883

획기적 ················· 1492, 1493, 1494

효과 검증 완료 ············ 2209, 2210, 2211

효과적인 방법 ············· 0443, 1003, 1004

효능 있는 ··············· 1051, 1052, 1053

후결제 ························· 2300

후회하지 않는 ········· 0196, 0197, 0198, 0951

후회하지 않으실 겁니다 ············· 2305, 2306

휴식 같은 ··············· 0631, 0632, 0633

흐름 ················· 1528, 1529, 1530

희소식 ········· 0585, 0877, 0879, 0880, 0881, 0882

힌트 ················· 1636, 1637, 1638

힘 ·············· 0294, 1327, 1561, 1562, 1563

힘들게 ○○하는 건 이제 그만둡시다 ·········· 0670,
0671, 0672

힙한 ··················· 1502, 1503

기타

120% ···································· 2389, 2390, 2391

2030 ································· 0240, 1052, 2175

3040 ······································ 0720, 2086

4050 ·· 0718

7080 ·· 0719

10배 ····························· 0388, 0389, 0390, 0948

2개 사면 1개 무료 ···················· 1780, 1781, 1782

3분 ··························· 0293, 1165, 1166, 1167

A vs B ··············· 0161, 0415, 0416, 0417, 0653

A 하면 B ························· 0703, 0704, 0705

AI 시대 ························· 1522, 1523, 1524

A가 아니라 B ··· 0208, 0436, 0437, 0438, 0903, 1186

A도 아니고 B도 아니다 ··············· 0430, 0431, 0432

A를 B로 만드는 방법 ······· 0979, 1018, 1019, 1020

A를 얻고 B를 얻는 방법 ············· 1000, 1001, 1002

A만이 꼭 B는 아니다 ················· 0013, 0014, 0015

A뿐만 아니라 B도 ····················· 1552, 1553, 1554

A인데도 B ····················· 0448, 0449, 0450

A일수록 B ·········· 0275, 0451, 0453, 0511, 1404

A하지 않고 B하는 방법 ······ 1021, 1022, 1023, 1146

DNA ································· 0562, 0563

No. 1 ························· 1753, 1754, 1755, 2197

P.S. ·· 2144

○ × ○ ······················· 1429, 1430, 1431

'단어의 힘'을 알게 되면 새로운 인생이 펼쳐진다

이 책의 초판은 꾸준히 사랑받아 4년 내내 중쇄를 거듭했다. 이번에 단어와 예문을 대폭 추가한 개정증보판을 출판하게 된 것도 모두 독자 여러분 덕분이다.

초판 출간 이후 코로나 사태와 AI의 진화 등 카피라이팅을 둘러싼 환경에도 커다란 변화가 있었다. 되돌아보니 본서 초판 출간일인 2020년 4월 7일은 도쿄에 신종 코로나바이러스 긴급사태 선언이 내려진 날이었다. 코로나 사태로 인해 재택근무와 부업이 급속도로 확산되었으며, 이를 계기로 자신의 의사를 잘 전달하는 일이 그 어느 때보다 중요해졌다. 일상 업무는 물론이고, SNS를 통한 홍보에도 카피라이팅은 필수적이다. 짧은 길이의 영상에서도 매력적인 제목과 스크립트 구성이 조회수를 좌우하기 때문이다.

AI는 할 수 없는, 인간만이 할 수 있는 영역은 무엇일까?

'개인이 자신의 의사를 전달하는' 일이야말로 카피라이팅의 본질이다. 그리고 그것이 확연히 드러난 것이 챗GPT로 대표되는 생성형 AI의 진화와 보급이다.

글쓰기는 진화한 생성형 AI에 의해 상당 부분이 대체 가능해졌다. 하지만 AI에게는 '무언가를 전하고 싶다'는 의사를 갖는 일이 불가능하다. AI가 인간의 의사와는 관계없이 자신의 생각으로 판단하는 시대가 오지 않을 거라고 단언할 수는 없으나 AI가 인간의 통제 범위 내에 있고 하나의 도구인 이상, 무언가를 전달하고자 하는 의사를 갖는 일은 인간만의 영역이다.

'글쓰기의 대부분이 AI로 대체된다면, 단어들을 모아놓은 책이 필요 없는 것 아닌가?' 하는 의문이 들지도 모른다. 물론 이 책을 단순한 '단어장'으로 본다면 그럴지도 모른다. 하지만 이 책은 0에서 1을 만들어내는 '아이디어 모음집'이다.

이 아이디어에 관해서는 16쪽의 '이 책을 120% 활용하는 법'에서도 잠깐 언급했지만, 좀 더 구체적으로 설명해보겠다. 예를 들어, 당신이 영어 강사라고 가정해보자. 당신은 과연 어떤 영어 강사이고, 주로 어떤 사람을 대상으로, 어떤 영어를 가르치고 싶은가? 또한 영어를 사람들에게 알기 쉽게 전달하려면 어떻게 표현해야 할까? 그럴 때 이 책을 넘겨가면서 아이디어를 찾아보길 바란다.

한 가지 예를 들어보자.

• 해외에 처음 부임하는 사람을 위한 비즈니스 영어회화

  (245쪽 '처음', 229쪽 '○○을 위한' 사용)

• 단 2주일 만에 현장에서 바로 쓸 수 있는 비즈니스 영어를 익히는 방법

  (150쪽 '단 ○분 만에', 202쪽 '○○에서 사용할 수 있는', 134쪽 '○○하는 방법' 사용)

• 상상해보세요. 당신이 파티에서 원어민과 즐겁게 대화하고 있는 모습을

  (107쪽 '상상해보세요' 사용)

• 누적 1만 2132명이 수강. 여행 영어회화 학습의 새로운 상식

  (271쪽 '○○명이 구입', 188쪽 '새로운 상식' 사용)

• 누구나 할 수 있다. 토익 800점 속성 클래스

(142쪽 '누구나', 246쪽 '속성' 사용)

이처럼 '자신을 어떻게 포지셔닝할 것인가?'를 생각할 때, 표현 방법을 알고 있는 것과 모르는 것 사이에는 큰 차이가 있다. 반대로 말해서, 표현 방법을 모르면 애초에 '무엇을 말해야 할지'를 생각하는 것 자체가 불가능하다. 따라서 800개의 단어에 주목하는 것뿐만 아니라 각 단어의 구체적인 사용법을 보여주는 2400개의 예문을 참고함으로써 당신만의 독창적인 아이디어를 만들어낼 수 있다.

카피라이팅의 본질은 팔고자 하는 상품 또는 서비스의 진정한 매력을 찾아내 사람들에게 전달하는 것이지만, 앞서 영어 강사의 예로 알 수 있듯이 궁극적으로는 판매자 또는 발신자가 '나자신이란 무엇인가?'를 표현하는 기술이기도 하다. 그렇게 자신의 강점이 잘 팔리도록 표현하는 방법에 대해서는 공저 『당신의 강점을 비싸게 팔아라』(간다 마사노리, 기누타 준이치, 동양북스, 2024)에 정리해놓았다. 그 책을 통해서도 카피라이팅이 단순한 문장 기술이 아닌 자기 표현의 수단이라는 사실을 알 수 있을 것이다.

인생의 변화를 바란다면
지금 바로 카피라이팅을 시작하라!

나(기누타 준이치)의 경우, 카피라이팅과의 만남은 완전히 우연이었다. 내게는 뇌성마비에 걸린 아이가 있다. 아내 혼자서 아이를 돌보고 있었지만 나 또한 회사 생활을 계속하는 데 한계를 느꼈다. 당시는 재택근무가 일반화되지 않았던 시절이었기에 집에서 할 수 있는 일을 찾다가 우연히 카피라이팅을 접했다. 그때 간다 마사노리가 쓴 『금단의 세일즈 카피라이팅』을 읽게 되었고, 책 속에 있던 다음 문장에 충격을 받아 제2의 인생에 도전해보겠다고 결심했다.

여기서 내가 전하려 하는 것은…

단순히 카피를 쓰는 노하우가 아니다.
카피라이팅이라는 기술은
불타버린 들판에 서 있어도
종이와 펜만 있으면 다시 일어날 수 있는 힘이다.

모든 것을 잃은 상황, 희망이 보이지 않는 상황에서도
카피라이팅 기술만 알고 있으면 다시 일어날 수 있는 힘을 얻을 수 있다니 그냥 지나칠 수 없었다. 그리고 내가 받은 느낌과 정확히 일치하는 문장을 발견했다.

카피라이팅이라는 말을 들어본 적이 없는 사람이
일단 이 분야에 발을 들이면 공통적으로 하는 말이 있다.
그것은 바로 "이런 세계가 있었다니!!!!!!!!!!"라는 것이다.

정말로 이 말 그대로였다. 나는 책을 읽는 내내 무릎을 치며 "세상에, 이런 세계가 있었다니!!!!!!!!!!"라는 말을 연신 내뱉고 있었던 것이다. 만약 당신도 이 책을 계기로 카피라이팅이라는 세계를 처음 알게 되었다면 분명 나처럼 반응했을 것이다.

이렇게 카피라이팅의 세계를 알게 된 후, 기획서나 사내외 자료 등에도 이 기술을 활용할 수 있다는 걸 점점 더 깨닫게 되었다. 그러면서 '사람의 마음을 움직이는 문장은 이러한 원리로 탄생했던 거구나' 하고 납득하는 일이 많아졌다. 나는 문과 출신이라 원래 글을 읽고 쓰는 것을 좋아했다. 졸업 후 철강회사에 입사해서 약 30년 동안 영업과 기획 업무를 하며 사람들을 설득해왔는데, 카피라이팅 기술을 익히게 되자 지금까지의 경험이 하나로 연결되었다. 그와 동시에 '물건이 팔리는 메커니즘'이 뭔지 터득하게 되자 일에 자신감이 붙었다.

정말로 불타는 들판에 서 있어도 처음부터 다시 일어설 수 있겠다는 생각이 들었던 것이다. 당신이 지금 어떤 일을 하고 있는지, 어떤 상황인지 모르지만, '언어의 힘'을 갈고닦는 것은 당신의 인생에 어떤 형태로든 큰 도움을 줄 것이다. 아니 어쩌면 그 힘이 당신의 인생을 크게 바꿔

놓을지도 모를 일이다.

이 책을 처음 출간할 때 SB크리에이티브의 스기타 모토무 편집자에게 전폭적이고 든든한 지원을 받았다. 그리고 이번 개정증보판을 출간하는 과정에서도 같은 출판사의 후쿠이 소스케와 가와노 다이치 편집자에게 말할 수 없이 큰 도움을 받았다. 특히 이번 개정증보판에만 제공되는 두 종류의 부록을 완성하기 위한 검색성 향상 작업은 통상적인 색인을 만드는 것과는 달랐음에도 다양한 아이디어로 힘을 보태주었다. 초판에 이어 함께해준 이노우에 신파치 북디자이너에게도 진심으로 감사드린다. 집필 기회를 주신 간다 마사노리 씨, 언제나 지지해주는 가족, SNS를 통해 응원해주시는 많은 분들께도 이 자리를 빌려 깊은 감사의 말씀을 전한다.

카피라이팅 기술은 학교나 직장에서 가르쳐주는 것이 아니기 때문에 잘 모르고 있었을 뿐, 배우기만 하면 누구나 사용할 수 있다. 어쩌면 다른 기술보다 더 쉽게 배울 수 있는 것일 수도 있다. 그럼에도 카피라이팅 기술을 아는 사람은 의외로 소수다.

그러므로 이 책에 나오는 카피 단어를 보면서 조금만 기술을 연마한다면 분명 당신의 인생에 변화가 시작될 것이다. 만약 언젠가 우리가 만나게 되면, 그때는 카피라이팅을 만나 당신의 인생이 얼마나 드라마틱하게 바뀌었는지 꼭 이야기해주길 바란다.

기누타 준이치

무조건 팔리는
카피 단어장

ⓒ 2025. 간다 마사노리, 기누타 준이치

1판 1쇄 발행 2021년 3월 22일
1판 14쇄 발행 2024년 5월 10일
2판 1쇄 발행 2025년 6월 20일

지은이 간다 마사노리, 기누타 준이치
옮긴이 김윤경

발행인 김태웅
책임편집 엄초롱
디자인 곰곰사무소
마케팅 총괄 김철영
마케팅 서재욱, 오승수
온라인 마케팅 김도연
인터넷 관리 김상규
제 작 현대순
총 무 윤선미, 안서현
관 리 김훈희, 이국희, 김승훈, 최국호

발행처 (주)동양북스
등 록 제2014-000055호
주 소 서울시 마포구 동교로22길 14 (04030)
구입 문의 전화 (02)337-1737 팩스 (02)334-6624
내용 문의 전화 (02)337-1739 이메일 dymg98@naver.com
인스타그램 @shelter_dybook

ISBN 979-11-7210-109-1 03320

*이 책은 저작권법에 의해 보호받는 저작물이므로 무단 전재와 무단 복제를 금합니다.
*잘못된 책은 구입처에서 교환해드립니다.
*(주)동양북스에서는 소중한 원고, 새로운 기획을 기다리고 있습니다.
  http://www.dongyangbooks.com